리드미컬
커뮤니케이션

리드미컬 커뮤니케이션
- 템포, 타이밍, 플로우로 완성하는 대화의 기술

김용모 지음

2025년 8월 1일 초판 1쇄 인쇄
2025년 8월 1일 초판 1쇄 발행

펴낸이 | 이재필
펴낸곳 | 움직이는책
등록 | 2021년 6월 15일 제2021-000054호
주소 | (02717) 서울특별시 성북구 보국문로18가길 52, 302호(정릉동)
전화 | 010-2290-4973
팩스 | 0508-932-4973
전자우편 | moving-book@naver.com

표지 · 본문디자인 | 로로브레인
교정 · 교열 | 이은미
인쇄 | 보임디자인(주)
도서유통 총판 | (주)자유서적 (전화 031-955-3522, 팩스 031-955-3520)

ⓒ 김용모, 2025
ISBN 979-11-976327-4-7 03320

책값은 뒤표지에 있습니다.

템포

타이밍

플로우로

완성하는

대화의 기술

리드미컬
커뮤니케이션

김용모 지음

움직이는 책

■ 추천사 ■

현직 시절 그룹 인재개발원장으로서 탁월한 전문성을 보여주었던 저자가, 이제 그 오랜 경험과 통찰을 『리드미컬 커뮤니케이션』이라는 보석 같은 책으로 완성했다. 평소 유쾌하고 솔직한 소통으로 사람들의 마음을 여는 그의 특별한 재능이 고스란히 담긴 이 책은, 리더라면 반드시 곁에 두고 읽어야 할 소통의 지침서다.

- **박병룡** 前 파라다이스 그룹 부회장

IT 기술의 발전으로 소통은 편리해졌지만, 사회적 불통과 비효율적 커뮤니케이션 문제는 여전히 우리 주변에 존재한다. 이 책은 탄탄한 학문적 연구와 실제 경험을 바탕으로 우리가 찾던 소통의 해답을 제시하며, 저자의 솔직한 실패 사례까지 담아 독자들과의 진정성 있는 만남을 이루어낸다. 소통으로 시작해서 소통으로 끝나는 우리 삶에서, 이 책을 통해 더 행복한 직장과 가정의 일상이 되길 소망한다.

- **강정흔** 커뮤니케이션 전문가, 꽃피울소통학교 대표

회사 생활을 할 때, 제일 중요하면서도 어려운 것 중 하나가 소통이다. 글로 하는 소통이 문서(기획안, 보고서 등)이고, 말로 하는 소통이 '대화'이다. 회사에서 인정받는 인재는 문서를 잘 만들고, 대화를 잘해서 성과를 창출하는 사람을 말한다. 저자는 상대방과 대화할 때 Tempo(말의 속도와 리듬), Timing(말하는 순간의 선택), Flow(대화의 자연스러운 흐름)를 강조한다. 소통 관련 다른 도서에서 찾아보기 힘든 독창적인 주안점이다. 본 도서는 실제 회사 생활을 할 때, 업무추진과 상사/동료와 관계 형성할 때 큰 도움이 되리라고 생각한다.

- **엄기성** LS 미래원 원장

나와 생각이 다른 사람과 대화하는 능력은 무엇보다 실행이 중요하다. 이 책은 강의를 듣는 것처럼 쉽게 읽히고 3-3-6 법칙은 대화의 실행력을 높여주는 노하우를 제공해 준다. 저자의 오랜 현장 경험과 예리한 통찰력이 돋보이며 사례 중심적이라 지금까지의 대화 습관을 반성하게 만들고 자신감 있게 대화하도록 용기를 주는 실용적인 책이다.

― 신제구 한국과학종합대학원 교수

산업현장의 교육 경험이 많은 작가는 커뮤니케이션을 이론 중심의 방법론이 아닌 현장 사례를 바탕으로 풀었다. 사례 연구를 모아서 방법론을 만든 그래서 더욱더 현장감 있는 작가의 새로운 접근법이 머리가 아닌 가슴으로 스며든다.   ― 조남채 용인다 교수, 前 대한민국HRD교류회 회장

커뮤니케이션(대화)을 다룬 기존 책들은 대화 자체보다는 스피치에 집중한다. 그러나 이 책은 '대화에 관한 대화'(메타 대화)를 강조한다. 실패한 대화를 다시 회복할 수 있는 아주 유용한 방법이다.

― 신임철 아톤모빌리티 대표, 前 GS그룹 차지비 대표

소통이 중요하다고 이야기하지만 "어떻게?"를 모르는 경우가 많다. 이 책은 소통하는 방식에 대해 A부터 Z까지 최고의 문제 해결 방안을 제시해 준다.   ― 양기훈 용인대 교수

저자는 TTF 대화를 구성하는 다양한 이론/용어의 날줄을 현실 세계의 입체적이고 몰입감 있는 경험/사례의 씨줄로 단단히 엮어내어 마지막까지 페이지를 빠져나가지 못하게 만든다. 사례 곳곳에 따뜻한 공감과 친절한 설명을 보다 보면 의외의 재미를 느낄 수 있다.

― 이동훈 LG AI 연구소 HR담당 상무

차례

프롤로그 • 9

1부 | 템포(Tempo)
: 말의 속도가 대화의 결과를 바꾼다

1장　**3-3-6 법칙**
　　　-말의 속도가 대화의 결과를 바꾼다 • 19

2장　**템포 컨트롤의 심리학**
　　　-말의 속도가 설득력을 좌우한다 • 37

3장　**맞춤형 템포 활용법**
　　　-설득, 갈등, 협상의 최적 속도 • 57

2부 | 타이밍(Timing)
: 말하는 순간이 모든 것을 결정한다

4장　**대화의 턴 테이킹**
　　　-말할 때와 들을 때의 균형 예술 • 81

5장　**소통 실패의 순간들**
　　　-대화가 깨지는 결정적 타이밍 • 115

6장　**대화 회복의 기술**
　　　-꼬인 소통을 되돌리는 해법 • 136

3부 | 흐름(Flow)
: 대화를 물 흐르듯 이어가는 연결의 기술

7장 **끊김 없는 대화의 비결**
−주제 전환의 다리 놓기 • 176

8장 **질문의 힘**
−상대방의 생각과 감정을 끌어내는 방법 • 195

9장 **타이밍 감각, 공감의 시그널**
−대화의 깊이를 더하는 순간들 • 207

4부 | 대화의 DNA
: 전설적 소통가들의 비밀 레시피

10장 **대화의 골든룰**
−그라이스가 밝혀낸 무의식적 협력의 법칙 • 231

11장 **매끄러운 관계의 기술**
−리치의 공손성 원리와 관계 역학의 해부 • 244

12장 **소통의 마에스트로 되기**
−TTF 프레임워크의 실전 적용과 마스터 전략 • 265

에필로그 • 300

■ 프롤로그 ■

　대화에는 춤과 같은 리듬이 있습니다. 살사를 추듯 빠르고 열정적으로 몰아갈 때가 있고, 왈츠처럼 우아하게 주고받아야 할 때가 있으며, 때로는 탱고처럼 긴장감 있는 침묵이 필요할 때도 있지요. 이 책은 그런 '대화의 리듬'에 관한 이야기입니다. 어떻게 하면 상황에 맞는 적절한 템포를 찾을 수 있는지, 언제 침묵이 필요한지, 어떻게 대화의 흐름을 자연스럽게 이어갈 수 있는지를 함께 탐구해 보려 합니다.

　이 책을 쓰면서 한 가지 재미있는 사실을 발견했습니다. 시중에 나온 많은 커뮤니케이션 관련 책에는 정작 '대화'가 별로 없다는 사실입니다. 아이러니하지 않나요? 대화에 관한 책인데 의외로 대화가 별로 없는 경우가 많습니다. 원리와 이론, 기술적 설명은 충실한데 생생한 대화의 현장은 찾아보기 어렵죠. 마치 요리책에 맛있는 음식 사진은 없고 조리법만 나열된 것처럼 말입니다. 대화의 리듬을 설명하는 책이라면, 그 자체로 리듬감 있는 대화가 넘쳐야 한다고 생각합니다. 그래서 책의 많은 부분을 소설책처럼 대화 중심의 사례로 구성했습니다. 실제 삶에서 경험한 대화의 순간들, 그 속에서 발견한 리듬감의 비밀을 여러분과 나누고 싶었기 때문입니다.

대학 시절 어느 봄날, 자그마한 동아리방. 그날도 나는 여느 때처럼 열변을 토하고 있었습니다. 시대는 무겁게 흘러가고 있었지만, 갓 대학생이 된 저는 설렘으로 가득했죠. 특히 문학동우회는 신세계였습니다. 중고등학교 시절 책상 서랍 속에 몰래 시 노트를 숨겨두던 문학 소년이 마음껏 글을 쓰고 이야기할 수 있는 곳이었으니까요.

"저는 이런 부류의 서정시가 좋아요. 김영랑의 '돌담에 속삭이는 햇발'처럼…."

혼자 계속 지껄이자 점차 동아리방의 공기가 무거워져 갔습니다. 선배들의 표정이 미묘하게 굳어지는 게 보였지만, 그저 제 생각을 쏟아내기에 바빴죠. 누군가 말을 건네려 했지만 제 목소리는 계속해서 높아졌고, 김소월부터 조지훈까지 그동안 읽은 시인들 이름을 줄줄이 늘어놓으며 일방적인 강의를 이어갔습니다.

"그리고 말이죠, 박남수 시인은……."

누군가 한숨을 쉬었지만, 계속 말을 이어갔습니다. 저는 약간 ADHD 기질이 있어서 한번 말문이 터지면 속도 조절도, 말할 타이밍도 놓치고, 대화 흐름은 한없이 산으로 흘러갑니다. 브레이크와 핸들, 바퀴가 모두 고장 난 자전거처럼요.

그때 동아리방을 나서며 들려온 말들.

"난 쟤가 말한 것을 하나도 못 알아듣겠어!"

"쟤 원래 저래."

그 순간 깨달았습니다. '대화'가 아닌 '독백'을 하고 있었다는 것을요.

그날, 한 선배의 모습이 유독 눈에 띄었습니다. 신입회원 환영식 때부터 제게 따뜻한 관심을 보여주셨던 H 선배였죠. 다른 선배들이 저를 질타할 때도, 선배는 마치 갓 내린 커피 향을 음미하듯 잠시 생각을 정리하셨습니다. 이어서 저를 바라보며 부드러운 미소를 지으셨고, 그런 다음에 차분히 입을 여셨죠.

"후배야, 너의 열정은 이해해. 하지만……."

지금 생각해 보건 선배의 말에는 특별한 뭔가 있었습니다. 천천히 말을 꺼내시면서도 묘하게 집중을 끌었고, 적절한 순간에 멈추며 여운을 남기셨죠. 나중에 알게 되었지만, 그것은 오랜 시간 다듬어진 대화의 지혜였던 겁니다.

그날 이후 저는 많은 것을 바꿔야 했습니다. 때로는 침묵하는 법을, 상대의 말을 끝까지 듣는 법을, 무엇보다 자연스러운 대화의 흐름을 만드는 법을 배워야 했죠. 그때 선배들은 제게 가장 중요한 것을 가르쳐 주려 하셨습니다. 단순히 말의 내용을 넘어, 대화의 리듬이 가진 힘을요. 어떤 말은 마음을 움직이고, 어떤 말은 관계를 만들며, 어떤 말은 생각을 바꿉니다. 하지만 그 어떤 말도, 적절한 리듬 없이는 상대의 마음에 닿을 수 없다는 것을.

돌이켜 보면 신호는 곳곳에 있었습니다. 회사 회의실에서 불편한 피드백이 들어오면 견디지 못하고 말을 쏟아내다 상사에게 제지당하던 순간들, 결혼하고 나서 아내와 갈다툼하며 그녀의 이야기를 끝까지 듣지 않고 늘 엉뚱한 맥락으로 빠져 버리던 실수들… 모두 제가 '대화의 리듬'을 놓치고 있었다는 증거였습니다. 하지만 진정한 깨달음은 뜻밖의 순간에 찾아왔습니다.

"여보, 가슴이 너무 이상해."

작년 어느 가을밤, 아내의 떨리는 목소리를 듣는 순간 제 심장도 덩달아 쿵쾅거리기 시작했습니다. 평소 건강하던 아내가 쪼그려 앉아서 가슴을 부여잡고 있는 모습은 마치 공포영화의 한 장면 같았죠. 머릿속은 하얗게 되고, 온갖 불안한 생각들만 파도처럼 날뛰었습니다.

지하 주차장에서 차를 뺄 때부터 저는 이미 반쯤 미친 사람이 되었습니다. 한밤중이라 다행히 차는 없었지만, 신호등 몇 개는 제가 그냥 지나쳤는지도 모르겠네요. 백미러로 힐끗힐끗 보이는 아내의 창백한 얼굴이 저를 더욱 다급하게 만들었습니다.

"아플 때는 말을 해야지! 아니, 평소에 운동도 안 하면서 갑자기 이게 무슨 난리야!"

겁에 질려 제가 할 수 있는 건 잔소리뿐이었습니다. 그 소리는 불안을 덜어내는 주문이 되었죠. 응급실로 달려가는 동안 계속해서 손가락으로 핸들을 두드렸고, 아내는 그런 모습이 더 불안했는지 창밖만 바라보았습니다.

응급실은 그야말로 전쟁터였습니다. 담요를 뒤집어쓴 채 기침하는 환자들, 술에 취해 고성을 지르는 사람들, 그 사이를 종종걸음으로 오가는 의료진들, 응급실 한가운데서 저는 폭발 직전의 화산이 되어있었죠.

"우리 아내 좀 빨리 봐주세요. 심장이 이상하다는데 왜 이렇게 늦어요! 접수는 했는데 왜 아무도 안 오는 거예요. 지금 당장!"

목소리는 점점 더 커졌고, 손짓은 더욱 거칠어졌습니다. 간호사가 와서 차분히 설명하려 했지만, 어떤 말도 들어오지 않았죠.

그때 당직 의사가 들어왔습니다. 그는 간호사들에게 신속하고 빠른 말투로 관련 지시를 내린 후, 저를 바라보며 잠시 멈추었습니다.

"보호자분."

(3초의 간격)

"지금부터 차례대로 설명해 드리겠습니다."

(다시 3초)

"먼저 심전도 검사부터 시작하겠습니다."

신기하게도 제 심장 소리가 조금씩 잦아들기 시작했습니다. 의사는 계속해서 3초 간격을 두며 차분히 설명을 이어갔고, 그 사이사이 의료진들은 지시에 따라 빠르게 움직이며 필요한 조치를 했습니다.

검사 결과, 아내의 증상은 급성 부정맥이었습니다. 약을 처방받고 돌아오는 길에 아내가 저를 빤히 쳐다보더니 한마디 했습니다.

"여보, 방금 응급실에서 당신이 제일 급한 환자 같았어. 근데 의사 선생님은 참 대단하더라. 바쁘게 움직이면서도 우리한테 설명할 때는 얼마나 차분하시던지."

그제야 제가 얼마나 정신없이 굴었는지 알게 되었습니다. 또 하나 깨달은 게 있었죠. 그 의사 선생님은 단순히 환자의 심장만 보는 게 아니라, 완벽한 대화의 균형을 만들어 내고 계셨습니다. 상대방(의료진, 환자)에 따라 말의 속도를 조절하고, 적절한 순서와 간격을 두며, 설명의 흐름을 일관되게 유지했습니다. 마치 숙련된 지휘자처럼요. 음악에서 빠르기와 박자 그리고 선율이 완벽한 하모니를 이루듯, 이 세 요소가 조화롭게 어우러질 때 비로소 진정한 대화가 시작된다는 것을 밝혀낸 겁니다.

제가 오랜 시간 연구하고 경험한 'TTF 3박자'는 이러한 깨달음으로 완성되었습니다.

TTF 첫 번째 요소는 템포Tempo입니다.

마치 음악에서 빠르기가 곡의 분위기를 결정하듯, 대화의 속도는 소통의 온도를 조절합니다. 긴장된 순간에는 말의 속도가 빨라지고, 편안한 대화에서는 자연스럽게 느려지죠. 이런 미묘한 속도 변화가 대화의 감정을 전달하는 것입니다.

둘째는 타이밍Timing입니다.

대화는 혼자 하는 것이 아닌, 함께 만들어 가는 것이기에 말을 주고받는 순간이 중요합니다. 우리는 눈빛을 교환하고, 목소리 높낮이를 조절하며, 때로는 작은 손짓으로도 대화 순서를 정합니다. 무용수들이 서로의 동작을 읽어가며 춤을 추듯 우리도 이런 미묘한 신호들로 대화의 박자를 맞춰가는 것이죠.

마지막은 흐름Flow입니다.

좋은 대화는 잘 흐르는 강물처럼 자연스럽게 이어집니다. 때로는 잔잔하게, 때로는 힘차게 흐르면서도 절대 막히지 않죠. 주제는 자연스럽게 전환되고, 대화 에너지는 상황에 맞게 조절되며, 서로 반응을 살피며 방향을 조금씩 바꾸기도 합니다.

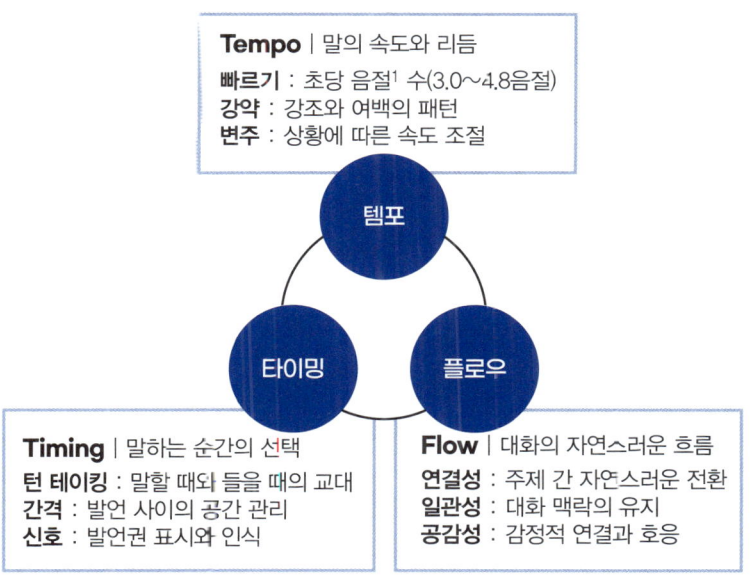

이 세 가지 요소가 톱니바퀴처럼 맞물려 돌아갈 때, 비로소 우

---

1 음절 : 하나의 모음을 중심으로 형성되는 발음의 기본 단위로, '안-녕' 2음절, '사랑'은 '사-랑' 2음절처럼 모음의 개수만큼 음절이 나뉩니다.

리는 진정한 대화의 미학을 경험하게 됩니다. 이 책은 세 가지 요소(템포, 타이밍, 플로우)를 중심으로, 더 나은 대화 방법을 찾아가는 여정이 될 것입니다.

그날 이후로 저에겐 새로운 습관이 생겼습니다. 대화를 시작하기 전, 먼저 'TTF 3박자'로 대화의 리듬을 읽어보는 것입니다. 놀랍게도 이러한 작은 관찰이 대화를 완전히 바꿔 놓았습니다. 물론 실수도 합니다.

얼마 전에는 아내가 오늘 기분이 안 좋다는 말을 꺼내자마자 저도 모르게 "자, 천천히… 심호흡부터 하고…."라며 의사 선생님 흉내를 내다가 등짝을 한 대 맞기도 했습니다. 대화의 리듬은 상황과 관계에 따라 달라져야 한다는 것을, 아내 덕분에 뼈저리게 깨달은 순간이었습니다.

우리는 이미 능력을 갖췄습니다. 그동안 몰랐을 뿐이죠. 이제 그 능력을 깨우기만 하면 됩니다. 어디서부터 시작해야 할까요? 'TTF 3박자' 중 가장 기본이 되는 '템포'부터 시작해 보려 합니다.

그 첫 번째 열쇠가 바로 '3-3-6 법칙'입니다.

1부

템포 Tempo
: 말의 속도가 대화의 결과를 바꾼다

1장

3-3-6 법칙
–말의 속도가 대화의 결과를 바꾼다

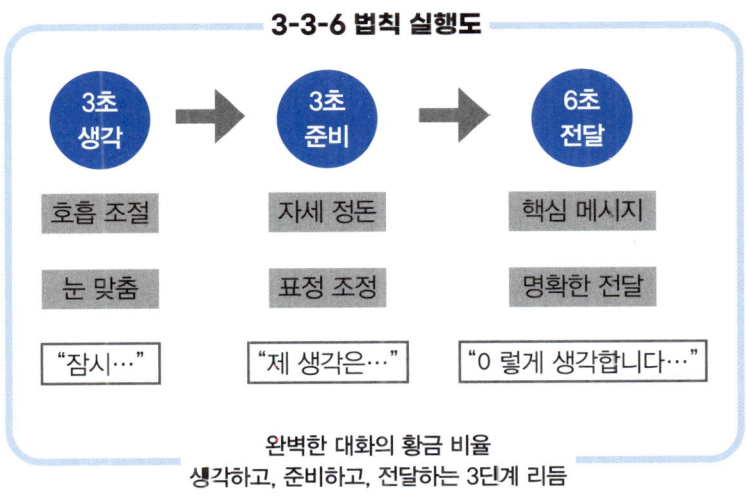

    3-3-6 법칙은 말하기 기술이 아닌, 대화의 전체 리듬을 형성하는 기본 템포입니다. 위 다이어그램에서 볼 수 있듯이, 이 법칙은 타이밍과 플로우에도 직접적인 영향을 미칩니다.

    첫 3초 생각 과정은 대화의 타이밍을 인식하는 시간이 되며, 두 번째 3초 준비 과정은 대화의 흐름을 파악하는 순간이 됩니다. 마지막 6초 전달 과정은 대화 내용과 감정을 효과적으로 연결하는 플로우를 형성합니다.

지난해 늦가을 어느 날이었습니다.
"이제 마지막 슬라이드입니다."
유명 게임 회사의 MZ 세대 직원 27명을 대상으로 한 강의에서, 저는 나름 완벽한 프레젠테이션을 준비했다고 자부했습니다. 100여 장의 슬라이드, 트렌디한 밈으로 가득한 영상 3편, 심지어 '웃음 유발용 팀 게임'까지. 넷플릭스 시리즈 모든 시즌을 하루 만에 몰아보는 구성이었죠.
"소통의 5단계 법칙!"
(청중의 시선이 슬라이드를 스쳐 지나갑니다.)
"협상 프레임워크!"
(몇몇은 고개를 끄덕이지만, 뭔가 부족해 보입니다.)
"마지막으로 초특급 비밀 팁!"
(공들여 준비한 화려한 애니메이션이 울려 퍼집니다.)
분명 좋은 내용을 전달한다고 생각했는데, 청중의 반응은 예상과 달랐습니다. 제가 준비한 콘텐츠가 스팸 메일처럼 자동으로 '정크' 폴더로 분류되는 느낌이랄까요?
그러다 오후 3시, 같은 회사의 Y 대표님 강의실에서 목격한 장면은 제게 새로운 통찰을 주었습니다. 그의 강의에는 뭔가 특별한 리듬이 있었습니다. 처음에는 차분하다고 생각했습니다. 하지만 자세히 관찰할수록 그의 말하기에는 분명한 패턴이 있었습니다. 새로운 주제로 넘어갈 때마다 먼저 3초 정도 생각을 정리하는 시간을 가졌습니다. 다음 이야기를 꺼내기 위해 숨을 고르는 것처럼요. 다시 3초 동안 청중과 눈을 맞추며 그들의 표정을 살폈습니다. 짧은 순간 청중들은 자연스럽게 다음 이야기를 기대하였습니다. 마지막으로 주요 개념을 설명할 때는 천천히, 약 6초에 걸쳐 차분하게 메시지를 전달했고, 그 뒤에 이어지는 사례나 구체적인 예시는 좀 더 빠른 템포로 생동감 있게 설명했습니다. 개념과 사례 간의 템포 변화가 만들어 내는 리듬감이 완벽한 호흡을 이뤘습니다.

"그렇다면 우리가 진정으로 원하는 변화는(3초 생각) 여러분도 공감하시겠지만(3초 교감) 바로 고객의 마음을 움직이는 진정성 있는 서비스입니다(6초 개념 전달, 천천히). 지난달 고객 만족도 조사에서도 이 점이 명확하게 드러났는데요(사례 설명, 약간 빠르게)."

흐름과 템포의 변화가 자연스럽게 반복되면서 기이한 일이 벌어졌습니다. 청중들의 고개가 하나둘 들리더니, 몸이 점점 앞으로 기울기 시작했습니다. 조용한 음악회장에서 청중들이 연주의 강약과 빠르기 변화에 빠져드는 것처럼요.

반면 제 강의는 어땠습니까?

100여 장의 슬라이드와 영상들로 정신없이 몰아치는 폭포수 같았죠. 청중들에게 잠시 숨 돌릴 여유조차 주지 않았던 겁니다. 그들은 잠시 멈춰 서서 생각하고 싶었을 텐데, 저는 계속해서 앞으로만 떠밀고 있었던 거죠.

그날 저녁, 다소 쓰라린 가슴을 안고 인근 빌딩에서 근무하는 옛 동료 K를 찾았습니다. 우리는 저녁을 먹으며 두 시간 동안 온라인 쇼핑몰의 '추천 상품'처럼 무작위로 주제를 넘나들었습니다. 최근 반도체 시장 흐름부터 AI의 미래, 그의 막내 건강 문제까지.

그런데 그날따라 K와 나누는 대화도 Y 대표님 강의만큼 깊이 있는 소통은 이루어지지 않았습니다. 정보의 양은 훨씬 많았지만, 그 어떤 것도 마음 깊이 남지 않았거든요. 버퍼링이 심한 유튜브 영상을 본 것처럼, 서로 대화는 많았는데 기억은 흐릿했습니다. 앞서 제가 강의할 때 교육 참가자가 하품하는 모습도 겹치면서 말이죠.

그때 대학 시절 H 선배의 모습이 떠올랐습니다. 그날 선배가 제게 보여주셨던 특별한 매력이 이제야 이해되었습니다. 선배는 질문을 받으면 바로 대답하시는 대신, 커피를 음미하듯 잠시 생각을 정리하셨고, 그다음 부드러운 미소와 함께 제 눈을 바라본 후, 천천히 답을 이어 가셨죠. 그날 밤, 저는 노트북을 펼쳐놓고 Y 대표님 강의와 H 선배 대화를 곱씹어 보았습니다. 서로 다른 시간, 다른 공간에서 만난 두 사람의 말하기가 똑같은 리듬이었다는 게 놀라웠습니다. 완벽한 커피 추출을 위한 황금비율처럼, 그들 대화에는 분명한 법칙이 숨어있었던 거죠. 생각을 정리하는 3초, 교감을 나누는 3초, 메시지를 전하는 6초. 저는 그것을 3-3-6 법칙이라고 이름 붙였습니다.

호흡과 발화의 생리학

"호흡이 생명이다!"

운동 트레이너들이 즐겨 쓰는 진부한 이 말이 알고 보니 말하기에서는 '팩트'였습니다.

우리 몸 안에는 미니 오케스트라가 숨어있습니다. 폐는 관악기, 횡격막은 지휘자, 늑간근은 연주자들이죠. 이 중 '마에스트로' 횡격막의 역할이 특히 중요한데 아, 잠깐. 너무 거창한가요? 이렇게 복잡한 이야기를 꺼낸 이유는 여러분의 소중한 목소리를 만드는 진짜 주인공, 성대 이야기를 하고 싶어서입니다.

성대는 길이 1.5~2cm, 두께 3mm의 아주 작은 근육입니다. 손톱보다도 작은 근육이 모든 대화를 만들어 낸다니, 놀랍지 않나요?

"성대는 매우 민감한 기관입니다."

제가 자문한 이비인후과 교수의 설명입니다. 성대는 적절한 수분과 압력이 유지되어야 최적의 기능을 발휘합니다. 성대 아래 압력이 정확히 7~8cmH_2O일 때 가장 이상적인 활성이 가능하다고 합니다. 성대가 있는 후두는 근육과 연골로 이루어진 복잡한 기관인데 갑상연골, 윤상연골, 피열연골 등이 정교한 기계처럼 움직입니다. 연골들의 미세한 움직임이 성대의 긴장도를 조절하고, 목소리의 높낮이를 결정한다고 합니다.

"처음 아나운서 학원에 갔을 때 배운 게 있어요. 배에 손을 얹고 호흡을 세어보는 거였죠. 그런데 신기하게도 편안하게 말할 수 있는 최적의 호흡 길이가 있더라고요." 현직 아나운서 정연주 씨의 경험담입니다.

실제로 성대의 진동과 호흡 사이에는 과학적으로 입증된 상관관계가 있습니다. 적절한 호흡은 안정적인 성대 진동을 만들어 내고, 명료한 발성으로 이어집니다. 이런 과학적 발견들은 동서양의 오랜 지혜와 맞닿아 있습니다.

서양에서는 말하기를 '화술'이라 하고, 동양에서는 '화법'이라고 합니다. 술術과 법法의 차이죠. 즉, 서양은 '어떻게'에 집중했고, 동양은 '무엇을'에 집중했던 거죠.

예를 들어, 서양의 대표적인 스피치 기법인 Monroe's Motivated Sequence는 주의 환기, 요구 제시, 해결책 제안 등 구체적인 단계를 제시합니다.[1] 반면 동양의 전통적인 화법에서는 '기氣'의 운용을 중시했죠. 동양 철학에서 '기'는 우주와 만물을 구성하는 근본적인 요소로 여겨졌고, 말하기에서도 기의 조절과 운용이 핵심이었습니다. 흥미로운 점은, 이 둘이 만나는 지점이 있다는 겁니다. 서양의 Pause for effect(효과를 위한 멈춤)와 동양의 '여백의 미'는 같은 이야기를 하고 있어요. "가끔은 숨 좀

---

[1] Monroe's Motivated Sequence는 1930년대 Alan H. Monroe가 개발한 설득 기법으로, 청중의 주의를 끌고 특정 행동을 유도하기 위해 전략적으로 구성된 단계별 접근법입니다(위키피디아).

쉬어가자."라는 거였죠. 그 여백을 만드는 것이 바로 호흡입니다.

그러고 보니 이 글도 이쯤에서 잠시 여백이 필요할 것 같네요. 다음 이야기로 넘어가기 전에 동서양의 지혜를 담은 심호흡 한 번 어떠신가요?

마법의 숫자 3

"이상하죠? 같은 내용인데 어떤 사람 말은 쏙쏙 들어오고, 어떤 사람 말은 한 귀로 들어왔다가 한 귀로 나가는 게, 세대 차이 때문인가?"

얼마 전 한 임원 연수에서 만난 모 상무님 말씀입니다. 20년 경력의 베테랑 영업맨이신데, 요즘 MZ 세대와 소통이 고민이라고 하시더군요. 이런 고민은 세대 차이의 문제만은 아닐 것 같습니다. 우리 뇌가 정보를 받아들이고 처리하는 방식에는 어떤 보편적인 패턴이 있기 때문이죠.

인지심리학에서는 흥미로운 현상을 발견했습니다. 뇌는 정보를 그룹으로 처리하는 경향이 있는데, 특히 3개의 요소로 구성된 정보를 효과적으로 처리하고 기억한다는 것이죠.

"위대한 연설문은 3개의 핵심 메시지로 구성됩니다."

"좋은 이야기에는 3막 구조가 있습니다."

"가장 설득력 있는 논증은 3개의 근거를 제시합니다."

이렇게 3이라는 숫자는 인류의 소통 방식에서 오랫동안 중요한 역할을 해왔습니다. 이것을 Rule of Three라고 부르는데 교육에서 마케팅까지 다양한 분야에서 활용됩니다.

MIT 연구진들은 인간이 리듬을 지각하고 생성하는 방식에 관해 흥미로운 현상을 발견했습니다. 사람들은 1:1:2나 2:3:3과 같은 정수 비율의 리듬을 선호하는 경향이 있다는 것이죠.[2]

어느 직장인의 회고입니다.

"그러고 보니 저희 할아버지도 그러셨어요. 이야기를 들으실 때면 늘 일정한 리듬이 있었거든요. 생각하고, 고개를 끄덕이고, 천천히 대답해 주셨는데 그때 대화가 가장 잘 통했던 것 같아요."

여기서 우리는 하나의 통찰을 얻을 수 있습니다. 효과적인 대화에는 어떤 '리듬'이 존재한다는 것이죠. 일상적인 관찰에서도 이런 패턴을 발견할 수 있습니다.

생각 → 준비 → 전달

이 세 단계는 자연스러운 대화의 기본 구조를 이룹니다. 음악

---

[2] MIT 연구진을 중심으로 한 국제 공동연구팀은 인간의 리듬 인지 체계에 내재한 기본적 원리를 규명하기 위해 15개국 39개 집단을 대상으로 대규모 실험을 수행했습니다. 2024년 *Nature Human Behaviour*에 발표된 최신 연구에 따르면, 모든 문화권에서 피험자들은 1:1:1, 1:1:2, 2:3:3과 같은 단순 정수 비율로 구성된 리듬 패턴을 인지하고 재생할 때 뚜렷한 선호 경향을 보였습니다. 이는 2017년 초기 MIT 연구에서 미국인과 볼리비아 원주민을 대상으로 발견된 현상을 확장하여 전 지구적 차원에서 검증한 결과입니다.

에서 도입부, 전거부, 클라이맥스가 있는 것처럼요.

한 방송인의 경험담도 마찬가지입니다.

"무대 공포증이 심했을 때 연극 선생님이 이런 조언을 해주셨어요. '대사 전에 잠깐 생각하고, 몸의 긴장을 풀고, 그다음에 편하게 말해보세요.' 그렇게 하니까 관객과 교감이 훨씬 좋아지더라고요."

이런 패턴은 단순히 개인의 경험을 넘어 자연스러운 소통 방식을 반영하고 있습니다.

"요즘은 다 빨리빨리 아닌가요? 이런 리듬이 통할까요?"

많은 사람이 의문을 가집니다. 하지만 오히려 정보의 홍수 속에서 적절한 리듬을 가진 소통의 중요성은 더 커지고 있습니다.

유튜브나 SNS에서 인기 있는 콘텐츠를 보면, 대부분 나름의 리듬감을 가졌습니다. 내용을 쉽게 소화하는 적절한 호흡이 있습니다.

"처음에는 그냥 빨리 말하면 되는 줄 알았어요. 그런데 시행착오 끝에 깨달았죠. 청중에게 생각할 시간을 주고, 기대감을 만들고, 그다음에 핵심을 전달할 때 반응이 가장 좋더라고요."

한 콘텐츠 크리에이터의 경험담입니다.

솔직히 말씀드리면, 모든 게 완벽하게 과학적으로 증명된 것은 아닙니다. 하지만 우리의 경험과 관찰 그리고 일부 연구 결과들은 대화에 어떤 자연스러운 리듬이 존재한다는 것을 시사합니다.

3-3-6 법칙의 적용 방법

"그런데 3-3-6 법칙을 실제로 어떻게 적용하나요?"

질문에 간단히 답해드리자면, 3-3-6은 초시계처럼 정확히 시간을 재는 것이 아닙니다. 자전거 타기처럼 처음엔 의식적으로 연습하다가 점차 자연스러워지는 리듬입니다.

첫 번째 3초 : 생각의 문 열기

갑작스러운 질문을 받았을 때, "그게…" 하고 당황하거나 "음…" 하며 길게 침묵하는 대신,

- 깊게 숨 쉬고
- 눈을 마주치고
- 답변 방향을 정하세요.

분노 조절이 어려웠던 임원의 경험 : "3초가 지나면 묘하게 마음이 가라앉아요. 마치 흐린 물이 맑아지는 것처럼."

두 번째 3초 : 몸의 준비

- 자세를 바로잡고
- 적절한 표정을 갖추고

- 목소리를 준비하세요.

한 직장인의 경험 : "버스에서 실수로 발을 밟았을 때, 이 방법대로 잠시 준비하고 사과했더니 '진심 어린 사과'라는 반응을 들었어요."

마지막 6초 : 메시지 전달

6초는 말의 완벽한 호흡 단위입니다. 예를 들면,
"지난 회의에서 제가 보인 반응은…" (3초 생각)
"적절하지 않았다고 생각합니다." (3초 준비)
"앞으로는 더 건설적인 방식으로 의견을 나누겠습니다." (6초 전달)

실전 꿀팁

- 시계 대신 자연스러운 호흡에 집중하세요.
- 완벽보다는 리듬감을 추구하세요.
- 상황에 따라 템포를 조절하세요.

처음, 이 방법을 시도했을 때는 슬로 모션처럼 답답했습니다. 그러나 얼마 후 한 부하직원이 말했죠.
"전에는 원장님 말씀을 받아 적느라 바빴는데, 요즘은 이상하게 기억이 잘 나요."

그 순간 깨달았습니다. 단지 말의 리듬이 바뀌었을 뿐인데, 소통의 질이 완전히 달라진다는 것을요.

비즈니스 상황 : 주간 1 on 1 미팅에서

"팀장님, 잠시 시간 되실까요?"

수요일 오후 3시, 주간 1 on 1 미팅 시간이었습니다. 평소 똑 부러지던 이영주 대리 목소리가 묘하게 떨리고 있었죠.

"이번 신규 프로젝트 건에 대해서 말씀드리고 싶은 게 있어서요."

박정민 팀장은 순간 긴장했습니다. 작년까지만 해도 그는 1 on 1 미팅을 그저 형식적인 절차로 여겼습니다.

"업무 진행 상황은 어때요?"

"네, 별일 없습니다."

이런 식의 단순 대화가 전부였죠. 하지만 올해 초, 한 교육 과정에서 배운 3-3-6 리듬이 짧은 미팅을 완전히 바꿔 놓았습니다.

(3초 동안 이 대리의 표정과 몸짓을 관찰합니다.)

살짝 굽은 어깨, 책상 밑에서 꼬고 있는 발가락을 발견합니다.

(3초 동안 편안한 분위기를 만들며)

등받이에 기대앉아 부드러운 미소를 짓습니다.

(6초에 걸쳐 차분하게)

"영주 씨, 무슨 고민이 있는 것 같은데 천천히 이야기해 볼까요?"

이 대리의 긴장된 어깨가 조금씩 풀리기 시작했습니다.

"사실 제가 맡은 AI 기반 고객 분석 프로젝트가 너무 버거워요. 데이터 사이언스 공부를 시작한 지 얼마 안 됐는데, 팀에서 기대하는 수준이…."

박 팀장은 또다시 3-3-6 리듬을 타기 시작했습니다.

(3초 동안 이 대리의 말을 곱씹어 보며)

'아, 이래서 지난주 회의 때 계속 노트북만 들여다보고 있었구나.'

(3초 동안 공감의 표정을 지으며)

고개를 살짝 끄덕이고, 한 손으로 턱을 괴었습니다.

(6초 동안 천천히)

"새로운 분야를 맡게 되면 누구나 그런 불안감을 느낄 수 있어요. 저도 처음 팀장이 됐을 때는……."

대화는 자연스럽게 흘러갔습니다. 이 대리는 자신의 고민을 털어놓았고, 박 팀장은 경청했습니다. 때로는 3초 침묵이 수십 마디 말보다 더 큰 위로가 되기도 했죠.

"팀장님, 요즘 이상한 게 하나 있어요."

"음, 어떤 건가요?"

"팀장님이랑 1 on 1 미팅할 때마다 묘하게 마음이 편해져요. 처음에는 긴장되고 부담스러웠는데, 이제는 기다려지는 시간이 되었다고 할까요?"

박 팀장은 속으로 미소를 지었습니다. 3-3-6이 만들어 내는 자연스러운 대화의 흐름을 이 대리도 은연중에 느꼈던 거죠.

"그렇다면 편안한 분위기에서, 이번 프로젝트에 대해 좀 더 구체적으로 이야기해 볼까요? 제가 생각해 본 지원 방안이 몇 가지 있어요."

30분 후, 이 대리는 한결 가벼워진 발걸음으로 돌아갔습니다.

일상적 상황 : 부부 싸움

"여보, 나 이제 볼링 그만둘래."

늦은 밤, 아내가 침대 모서리에 걸터앉아 한숨을 내쉬었습니다. 오늘 동호회에서 있었던 일 때문이었죠. 동호회 정기전에서 볼링 고수 J 회원이 아내의 폼을 지적하며 "이러니까 아직도 초보 수준을 못 벗어나시는 거요." 하며 날카로운 피드백을 했습니다. 평소 주변에서 얼음 여왕 또는 차도녀라 불리던 아내에겐 매우 불쾌한 경험이었을 겁니다.

"그래도 그 회원 말이 틀리진 않잖아. 팔꿈치가 자꾸 벌어지니까 볼이 엉뚱한 방향으로 가는 거고. 그리고 발 딛는 자세도…."

"염병!"

아내 목소리가 한 옥타브 높아졌습니다. 평소 차분하고 도도한 그녀 표정이 순식간에 냉랭해졌습니다.

"내가 지금 당신한테까지 또 피드백 받아야 해? 게다가 여러 사람이 있는 데서 내가 지적받고 있을 때, 당신마저 '그러게요, 아내가 좀 더 노력해야 할 것 같네요'라고 말해서 얼마나 서운했는지 알아?"

"아니, 그게 아니라 객관적으로 보면…."

아내가 차갑게 눈썹을 치켜올리며 저를 응시했습니다.

"객관적이요? 그래, 내 남편 참 객관적이네. 그런데 뭐가 중한디? 당신, 요즘 나한테 왜 이래요? 연수원에서 뭘 가르치는지 몰라도…."

순간 머리를 한 대 맞은 것 같았습니다. 맞습니다. 3-3-6. 아내의 이야기를 듣자마자 '해결책'을 제시하려 들었던 제 모습이 아득합니다.

"내가 얼마나 열심히 한다고요. 거의 매일 종일 연습하고, 유튜브로 자세도 연구하는데 사람들 다 있는 데서 내가 그렇게 무시당하는데, 당신은 왜 내 편이 되어주지 않은 거예요?"

아내 눈가가 붉어지고 있었지만, 그녀는 여전히 강당했습니다. 약해 보이는 것을 끔찍하게 싫어하는 그녀답게 턱을 치켜들고 있었습니다.

"차라리 당신이 아무 말도 안 했으면 그 회원 말도 그냥 넘어갈 수 있었을 텐데… 근데 내 남편마저……."

그제야 깨달았습니다. 아내에게 필요한 건 기술적인 조언이 아니었다는 걸. 그저 '당신 편'이 되어주는 것, 그게 전부였다는 걸.

"여보, 그만 자고 내일 이야기하지."

아내가 매서운 눈빛으로 저를 쏘아봅니다.

"됐어! 거실 소파 비었어. 당신이나 잘 퍼질러 자요."

그때였습니다. 문득 연수원 교육이 떠올랐습니다. 때로는 해결책보다 공감이 필요하다는 것을.

(3초 동안 아내의 표정을 살피며) 꼭 쥔 주먹, 떨리는 어깨, 의도적으로 태연함을 가장한 차가운 눈빛을 관찰합니다.

(3초 동안 다가가며) 아내 곁으로 살며시 갔습니다. 그녀가 제 움직임을 감지하고 경계하는 듯했지만, 여전히 자신의 위엄을 유지하고 있었습니다.

(6초에 걸쳐 진심을 담아) "미안해. 내가 당신 마음은 생각하지도 않고… 얼마나 속상했어…. 사실 당신이 모든 시선의 중심인데, 그런 모습 보여줬다면 더 속상했겠네."

순간 아내의 차가운 표정에 미세한 틈이 생겼습니다. 차도녀다운 위엄을 잃지 않으려 애쓰는 모습이 어쩐지 더 사랑스러웠습니다.

"당신도 그게 좀 그랬죠?" 아내가 여전히 도도함을 유지하며 물었습니다.

"그랬지. 그 회원 앞에서 내가 먼저 '우리 아내는 이 동호회 센터피스야. 실력은 그때그때 늘어나는 거지만, 열정만큼은 아무도 따라올 수 없어요.'라고 말해야 했어."

"그 한마디만 해줬어도…."

아내의 표정이 조금씩 풀리기 시작했습니다.

다음 날, 퇴근길에 꼭 들러야 할 곳이 있었습니다. 볼링용품점입니다.

"이 미니스커트가 제일 잘 나가는 아, 아니… (3초 동안 아내를 바라보며) 당신처럼 세련된 사람이 입으면 어떤 옷이든 명품이 될 것 같아. 마음에 드는 걸로 골라."

아내가 만족스러운 미소를 지었습니다. 그녀는 자신의 안목을 신뢰하는 제 말에 고개를 살짝 끄덕이며 우아하게 쇼핑을 이어갔습니다.

일주일 후, 볼링장에서.

"오호, 사모님 오늘 폼이 많이 좋아지신 것 같네요?"

J 고수님 말에 저도 얼른 한마디 거들었습니다.

"그러게요. 우리 아내가 열심히 연습하더니 실력이 많이 늘었죠? 그런데 사실 실력보다 더 빛나는 건 여왕님의 자태죠. 볼링장 분위기가 다릅니다."

아내가 우아하게 미소 지으며 핀을 향해 볼을 굴렸습니다. 완벽한 스트라이크. 동호회 회원들이 감탄과 함께 박수를 보냈습니다.

지금도 가끔 그날의 '볼링장 사건'을 떠올립니다. 3초만 더 기다리고, 3초만 더 생각하고, 6초 동안 공감해 줬더라면 아내의 스트라이크만큼 시원한 결말이 되지 않았을까요?

또한 파트너의 자존심과 품격을 인정하고 지지하는 것이 얼마나 중요하고 관계에 도움이 되는지 깨달았습니다. 특히 제 아내처럼 당당함을 중요시하는 이에게는 더욱 그렇습니다.

2장

템포 컨트롤의 심리학
―말의 속도가 설득력을 좌우한다

"아빠, 나 게임 BJ 할 거예요."

어느 날 저녁, 딸의 입에서 나온 한마디에 저는 순간 숨이 멎는 것 같았습니다. 초등학교 때부터 경찰이 되겠다며 한길로 달려온 아이였기에 더욱 충격이었습니다.

"잠깐… 게임 B… 뭐라고?"

처음에는 제가 잘못 들은 줄 알았습니다. 사실은 정확히 들었지만 믿기 싫었던 거죠. 마치 꿈에서 깨고 싶은데 깨지 못하는 기분이었습니다. 옆에서 아내는 이미 안색이 창백해졌고요.

"작년부터 방송을 봤는데 공무원보다 내 성격에 훨씬 더 맞는 것 같아. 잘 되면 1년에 몇십억 벌기도 하고요."

순간 머릿속이 하얘졌습니다. 요즘 여성 BJ들의 선정적인 방송들, 악성 댓글, 후원을 빌미로 한 스토킹 사건 등 인터넷에서 본 모든 끔찍한 뉴스가 플래시백처럼 지나갔습니다.

"말도 안 돼! 너 그 바닥이 얼마나 위험한지 알기나 해? 여자

BJ들이 얼마나 위험한 상황에 노출되는데 도대체 이런 결정을 하기 전에 한 번이라도 깊이 생각은 해본 거니?"

목소리가 점점 커졌습니다. 이상하게도 회사에서는 늘 '이성적인 중재자'로 불리는데 정작 딸 앞에서는 초보 발표자처럼 감정 조절이 안 되었습니다. 30년 동안 기업 교육 현장에서 '침착한 협상가'라는 별명까지 얻었는데 말이죠.

"경찰 시험은? 초등학교 때부터 꿈꿔온 거 아니었어? 이제 와서 갑자기 왜?! 도대체 계획이란 게 있기는 한 거니? 그냥 충동적으로 결정한 거 아니야?" 질문 폭격에 딸은 방어막을 치기 시작했습니다.

"아빠! 저도 다 알아보고 결정한 거라고요! BJ들이 모두 선정적인 것도 아니고, 게임 실력으로 대결하는 여성 BJ들도 많아요. 저는….".

"실력? 그래, 네가 지금 프로게이머 수준은 되는 거니? 아니면 특별한 콘텐츠라도 있는 거야? 그냥 다른 BJ들 따라 하는 거 아냐?"

문제는 제가 강의할 때 항상 강조하던 '경청의 기술'을 완전히 잊었다는 점입니다. 마치 하드디스크 드라이브가 포맷된 것처럼요.

식탁 위로 무거운 침묵이 내려앉았습니다. 딸의 눈가가 붉어졌습니다.

"아빠는 내 말은 전혀 들으려고도 안 해! 가부장적이야!"

방문이 쾅 하고 닫혔습니다. 그 큰 소리에 우리 집 16년 된 냉장고까지 덜덜 떨리는 것 같았죠. 저는 앉아서 멍하니 있었습니다. 벽에 걸린 액자 속 사진이 눈에 들어왔습니다. 대학 졸업식 날, 학사모를 쓴 딸과 환하게 웃고 있는 제 모습이었죠. 벌써 4년 전 일입니다. 시간이 참 빠르게 흘렀습니다.

그날 밤, 한숨 섞인 아내의 목소리가 들려왔습니다.

"여보, 나도 걱정되긴 하지만, 우리가 너무 감정적이었던 것 같아요."

"그게……."

아내의 말을 듣고 갑자기 부끄러움이 밀려왔습니다. 회사 워크숍에서 항상 직원들에게 "감정이 올라올 때 오히려 말의 속도를 늦추세요."라고 조언했었는데 정작 가장 중요한 순간에 그걸 까맣게 잊고 있었으니까요.

문득 지난달 워크숍에서 다루었던 '템포 조절의 중요성'이 떠올랐습니다. 똑같은 메시지라도 어떤 템포로 전달하느냐에 따라 전혀 다른 결과를 낳았던 순간들이요.

다음 날 아침, 일부러 일찍 일어나 식탁에 앉아 있었습니다. 딸이 현관문을 향해 슬그머니 움직이는 발소리가 들렸죠. 아마도 저와 마주치지 않으려는 모양이었습니다.

"아가~!" (저는 아직도 성년이 된 딸아이를 아가라고 부릅니다.) 의식적으로 속도를 늦추었습니다. 순간순간이 3시간처럼 길게 느껴졌습니다.

"잠깐 앉아볼까?"

처음으로 딸의 눈을 제대로 마주했습니다. 어제와는 다른, 차분한 목소리로 말을 이어갔습니다. 세미나에서 말하는 게 아니라, 딸과 대화하는 것처럼요.

"아빠가 걱정하는 건."

다시 말 속도를 늦추었습니다. 그 순간 머릿속에서는 '빨리 말해, 빨리!' 하며 조급함이 엄습했고, 전 이겨냈습니다.

"너의 미래야. BJ 시장이 얼마나 불안정한지, 특히 여성 BJ들이 겪는 위험이 얼마나 큰지. 네가 이런 것들을 충분히 알아보고 결정한 건지 묻고 싶었는데, 어제는 내 감정이 앞섰구나."

신기하게도, 딸의 굳었던 표정이 조금씩 풀리기 시작했습니다. 긴장된 어깨 근육이 서서히 이완되는 것처럼 펴졌습니다.

"사실 아직 구체적인 계획은 없어요. 그냥 경찰이 되는 게 정말 내가 원하는 건지 혼란스러워서요."

이번에는 딸의 말을 끊지 않았습니다. 신기한 현상이었습니다. 제 입에서 "그러니까 말이야."라며 간섭이 튀어나오려고 했지만, 가까스로 참았죠. 말의 속도를 천천히 늦추고, 좋아하는 음악을 감상하듯 딸의 이야기에 귀를 기울였습니다.

무슨 일이 일어난 걸까요?

바로 '템포'였습니다. 전날 밤 제 다급한 질문 폭격과 딸의 즉각적인 방어 그리고 감정적인 폭발로 우리는 자신만의 템포로 이야기하려 했고, 결국 서로의 말을 듣지 못했습니다. 하지만 다음 날 아침, 의도적으로 늦춘 템포는 마법처럼 상황을 바꿔 놓았습니다.

우리는 진지하게 미래를 계획하기 시작했습니다. 늘랍게도 대화를 이어가면서 완전히 새로운 방향으로 합의점을 찾게 되었습니다.

일주일 후, 퇴근하며 몇 권의 책을 사 들고 집에 왔습니다.

"이게 뭐예요?" 아내가 의아해했습니다.

"음… '미식과 법률의 세계'와 '푸드 포토그래피 완벽 가이드' 공부해 보려고."

아내는 놀란 표정이었습니다. "당신이 요리 사진을요?"

"딸내미가 새로 시작하는 블로그에 도움이 될까, 해서."

"블로그요? 그러고 보니 요즘 녀석이 뭔가 열심히 하더니 게임 BJ는 어떻게 됐어요?"

저는 미소를 지었습니다. "타협점을 찾았어. '법식잉'이라고 들어봤어? 법학과 식객의 합성어라네. 법학 공부하면서 맛집 탐방하고 리뷰하는 블로그야. 우리 딸이 '배고픈 정의'라는 이름으로 시작했어."

아내는 입을 다물지 못했습니다. "어떻게⋯ 어떻게 그렇게 됐어요? 당신이 설득한 거예요?"

"아니, 그냥 템포를 늦추고 들었을 뿐이야. 그랬더니 녀석이 자기 관심사가 뭔지 찾아낸 것 같아. 법학에 대한 관심과 요리에 대한 열정을 결합하는 방법을⋯."

"당신 혹시 최면이라도 걸었어요?"

"최면? 아니야!"

저는 웃음을 터뜨렸습니다.

"그냥 대화 템포를 조절했을 뿐이야."

"템포라면 당신 회사에서 가르치는 그 기술요?"

저는 뒷머리를 긁적였습니다. "맞아. 하지만 그건 단순한 기술이 아니라 마음가짐이야. 상대의 말을 정말로 듣겠다는 의지랄까?"

그날 저녁, 딸이 저녁을 차려놓고 우리를 불렀습니다. 테이블에는 간단한 파스타와 샐러드가 놓여 있었고, 딸은 그것들을 다양한 각도에서 사진 찍고 있었습니다.

"오늘부터 블로그 콘텐츠 준비 시작했어요!" 딸이 자랑스럽게 말했습니다.

"첫 포스팅은 '범죄 수사와 함께하는 분자요리'예요. 재밌지 않아요?"

저는 웃음을 참을 수 없었습니다. 분자요리와 범죄 수사라니, 상상도 못 했던 조합이었습니다.

"그런데 아빠, 어떻게 갑자기 마음이 바뀐 거예요? 게임 BJ 한다고 했을 때는 완전히 폭발하셨잖아요."

잠시 생각했습니다. 그리고 이번에도 템포를 늦추었습니다.

"사실은… 아빠가 실수했던 거야. 주변에서는 강의 전문가라고 하면서 정작 가장 소중한 너에겐 그 기술을 쓰지 않았으니까."

"기술이요? 혹시 느리게 말하는 거요? 아빠가 갑자기 말투가 달라진 게 너무 신기했거든요. 다른 사람 같았어요."

"그걸 템포 조절이라고 해. 감정이 격해지면 말이 빨라지고, 서로 대화가 아니라 각자 주장만 하게 돼. 하지만 템포를 늦추면 상대방의 말이 들리기 시작하지." 딸은 고개를 갸웃거렸습니다.

"뭔가 이상한 사술 같은데요.

"그게 아니라, 진심으로 경청하는 거야."

"법식잉 블로그도 아빠가 원해서 하는 게 아니라 제가 알아서 선택한 거 맞죠?" 딸이 의심스럽게 물었습니다.

"물론이지! 아빠는 그냥 네 말을 들었을 뿐이야. 모든 선택은 네가 한 거고." 그때 아내가 살짝 웃으며 끼어들었습니다.

"그런데 이상하지도 당신이 바라는 방향이네요. 게임 BJ도 아니고, 경찰 공부도 계속하고." 저는 아내에게 윙크를 날렸습니다.

"순전히 우연의 일치야. 느린 템포의 마법이라고나 할까?"

딸은 의심스러운 눈초리로 저를 바라봤지간, 곧 웃음을 터뜨렸습니다.

"아, 알겠어요. 아빠의 '템포 전쟁'에서 제가 진 거군요?"

저는 머리를 절레절레 흔들었습니다.

"아니야. 우리 모두 이긴 거지. 특히 아빠는 중요한 걸 배웠어. 대화에서 가장 중요한 건 말하는 내용이 아니라, 어떤 템포로 말하냐는 거야."

그날 이후 우리 가족의 대화는 조금씩 달라졌습니다. 연주회장의 음악처럼, 때로는 빠르게, 때로는 느리게 그리고 무엇보다 서로의 리듬을 존중하며 흘러갔습니다.

한 달 후, 딸의 법식잉 블로그는 조금씩 팔로워를 모으기 시작했습니다. 특히 '형사소송법으로 알아보는 완벽한 라멘 육수의 비밀' 같은 기발한 콘텐츠가 인기를 끌었죠.

템포는 속도가 아니라 마음의 상태라는 점을 기억해야 합니다. 상대를 배려하는 마음, 그 사람 이야기를 진심으로 듣고 싶은 마음이 있을 때 비로소 자연스러운 템포가 살아나는 것이죠.

템포가 만드는 마법

"박 팀장님, 발표할 때 말을 천천히 하라고 하셨잖아요? 근데 듣는 사람들이 지루해 보여서 속도를 올렸더니 더 안 들리는 것 같은데요?"

예전에 신임 직원 교육을 진행한 후, 이수현 대리의 고민 상담이었습니다. 말 속도를 조절하는 게 이렇게 어려운 일인가 싶었지요. 박 팀장은 문득 20년 전 처음으로 프레젠테이션을 했던 때가 떠올랐습니다.

"여러분, 오늘은-마케팅-기본-원칙에-대해-말씀드리도록 하겠습니다." 긴장한 나머지 마치 기관총처럼 내뱉었던 첫 발표 오프닝. 앞줄의 참가자들(하필이면 생애 첫 발표가 중역들 앞에서였다니!)이 눈을 깜빡이며 어리둥절한 표정을 지었던 게 아직도 생생합니다.

"사실 발표 내용에 따라 템포를 조절하는 것이 중요해요."

박 팀장이 말했습니다.

"개념이나 원리를 설명할 때는 좀 더 천천히, 약 3.0음절 정도의 속도로 말하고, 사례나 이야기를 들려줄 때는 조금 빠르게, 약 4.2음절 정도로 속도를 올리는 것이 효과가 있어요. 같은 발표에서도 이런 템포 변화가 청중의 집중력을 유지하는 비결이죠."

이수현 대리가 고개를 끄덕였습니다.

"아, 그래서 같은 속도로 계속 말하면 지루해지는 거군요."

"맞아요. 음악에서 강약이 있듯이, 대화나 발표에서도 템포 변화가 필요합니다. 인간의 뇌는 초당 다섯 단어 이상을 정확하게 처리하지 못합니다."

어디선가 들었던 신경과학계의 발표가 떠올랐습니다.[1] 우리 뇌의 정보 처리 속도에는 분명한 한계가 있다는 것이지요. USB 2.0과 3.0의 차이처럼 말이죠. 아무리 좋은 내용도, 수신자의 '대

---

[1] 이탈리아 밀라노 대학 신경인지 연구실의 이중과제 실험에서 발견된 "마법의 숫자 4±1" 현상은 작업기억의 용량 한계를 보여줍니다. 음성 정보의 경우, 초당 5음절 이상 입력 시 단어 재인 정확도가 75% 이하로 감소하는 것이 관찰되었습니다. 다수의 신경학적 증거들은 인간 뇌가 초당 5단어 이상의 지속적 언어 처리를 위한 신경 자원을 물리적으로 보유하지 못함을 시사합니다. 그러나 신경 인터페이스 기술 발전으로 2030년까지 처리 용량을 40% 증강시킬 수 있을 것으로 전망됩니다.

역폭'을 초과하면 소용없습니다. 최신 스마트폰으로 4K 영화를 다운로드해도 2G 네트워크에서는 버퍼링만 반복되는 현상과 같은 이치입니다.

"그럼 무조건 천천히 말하면 되나요?"

이 대리의 질문은 계속됐습니다.

"한번 실험을 해볼까요?"

박 팀장은 일부러 아주 느린 속도로 말했습니다.

"지금… 내가… 이렇게… 말하면… 어떤… 느낌이… 드나요?"

"어우, 답답해요. 느린 재생 버튼을 누른 것 같아요."

맞는 말이었습니다. 너무 느린 템포는 오히려 듣는 이의 집중력을 흐트러뜨립니다. 심장이 너무 천천히 뛰면 산소 공급이 부족해지는 것처럼 말이죠. 그것은 연극에서 한 글자씩 끊어 말하는 초등학생 연기자를 보는 것과 비슷한 고통을 청중에게 안겨줍니다.

최근 유럽의 버츄얼 스피치Virtual Speech 연구진은 TED 강연 중 가장 호평받은 연사들의 말하기 속도를 분석했습니다.[2] 결과는 분당 평균 154단어에서 201단어 사이였습니다. 즉 2.5~3.4단어/초라는 공통점이 발견된 것이지요. 하지만, 일반적인 대화 속도는 분당 120~150단어로 알려져 있습니다.

"그럼, 모든 상황에서 이 속도를 유지하면 되나요?"

---

2 Dom Barnard, "Virtual Speech", *Average Speaking Rate and Words per Minute*, 2022.11.08.

이 대리가 또다시 질문했습니다.

"우리가 고등학교 시절 음악 시간에 배운 내용 중에 알레그로, 안단테, 아다지오 같은 다양한 템포가 있죠?"

"네. 곡의 분위기나 감정에 따라 다르게 쓰이잖아요."

"대화의 템포도 마찬가지랍니다. 상황과 목적에 따라 달라져야 해요. 비트코인의 가격 변동처럼 상황에 따라 급등락하는 게 좋은 템포니까요."

실제로 하버드 비즈니스 스쿨의 협상 연구에 따르면,[3] 협상 시에는 기본 템포보다 20~30% 느린 속도가 더 효과적이라고 합니다. 반면, 긴급 상황에서는 기본 템포보다 30~40% 빠른 속도가 신뢰감을 높인다고 하지요.

"아~ 그래서 팀장님이 아까 그 이야기를 하셨군요."

이 대리의 눈이 반짝였습니다.

"맞아요. 똑같은 대화도 템포에 따라 전혀 다른 결과를 만들어요. 감정이 격해졌을 때 우리는 보통…."

"말이 빨라지고 목소리가 높아지죠!"

"네. 맞아요. 마치 스트레스를 받으면 심장박동이 빨라지는 것처럼요. 하지만 그때 오히려 의도하며 템포를 조정하면 심리

---

3 Brooks, A. W. (2015). Emotion and the Art of Negotiation: How to use your feelings to your advantage. *Harvard Business Review*, 93(12), 56-64.

학자들이 처리 유창성(Processing Fluency)[4]이라 부르는 현상이 일어납니다. 청자의 두뇌가 정보를 더 쉽게 처리하게 되면서 긍정적 감정과 신뢰감이 형성되어, 상대방이 마음을 열기 시작하죠."

이 대리가 박 팀장의 말을 받았습니다.

"그럼 이게 일종의 심리적 트릭인가요? 최면처럼요?"

박 팀장은 고개를 저었습니다.

"트릭이 아니에요. 오히려 자연스러운 현상에 가깝죠. 짜장면을 먹다가 탕수육이 도착했을 때 젓가락이 모두 자연스럽게 그쪽으로 향하는 것처럼요. 신경과학 연구를 보면 재미있는 사실들이 있어요. 사람들이 대화하거나 경험을 공유할 때 서로의 뇌파가 동기화된다는 거예요. 다트머스 대학의 신경과학자들이 fMRI로 연구해 봤는데, 두 사람이 대화할 때 뇌 활동이 서로 영향을 미친다는 걸 발견했대요."

"어, 그래서 상대방의 말투나 리듬에 자연스럽게 맞춰지는 거군요?"

"그렇죠. 특히 음악 관련 연구를 보면 더 흥미롭습니다. 사람들이 같은 음악을 들을 때 청각 피질이나 전두엽, 두정엽 등 여

---

[4] 처리 유창성(Processing Fluency)이란 정보가 쉽고 빠르게 처리될 때, 긍정적인 감정과 신뢰가 형성된다는 심리학적 이론입니다. 대화에서 말의 속도와 명료성이 청자의 이해도와 신뢰도에 미치는 영향을 설명할 때 유용합니다(Reber, Schwarz, & Winkielman, 2004).

러 뇌 영역에서 반응이 동기화된다는 거예요. 오케스트라 단원들이 지휘자의 템포에 맞춰 하나가 되는 것처럼요. 그게 바로 콘서트장에서 모두가 함께 어깨를 흔드는 이유이지요."

이 대리의 표정이 밝아졌습니다.

"아~ 그래서 격양된 사람 말을 들으면 나도 모르게 흥분되고, 차분한 사람 말을 들으면 안정되는 건가요? 그럼, 여의도 주식 전문가들이 항상 빠르게 말하는 이유도 같은 맥락이군요."

"정확해요. 이걸 신경 동기화 현상[5]이라그 한대요. 특히 처음 만나는 순간 템포가 중요해요. 소개팅에서 왜 첫인상이 중요한지, 과학적으로 증명된 셈이죠."

그때였습니다. 갑자기 회의실 문이 벌컥 열리더니 급한 목소리가 들려왔습니다

"박 팀장님! 큰일 났습니다. 오늘 오후 CEO 미팅에 필요한 자료에 오류가 발생했대요!"

---

[5] 과학자들은 뇌 스캔 기술(fMRI, fNIRS)을 통해 화자가 말할 때의 뇌 패턴이 청자의 뇌에서 6초 앞서 나타나며, 이 동기화 정도가 이해도와 정비례한다는 사실을 발견했습니다(2010년 스텝헨스 연구). 2021년 연구에선 의견 충돌 시 논리 판단 영역(우측 전전두엽)이, 의견 일치 시 언어 처리 영역(좌측 브로카 영역)이 각각 활성화되는 패턴이 확인됐습니다. 이 신경 조율 현상은 TV 시청 중 표정·생체신호 동기화로도 이어지며(사회적 유대감 72% 상관관계), 친밀도나 공동 관심사가 있을 때 최대 45% 더 강해집니다. 실제 교육 현장에선 교사-학생 뇌 동기화 1% 향상이 학습 성적 15% 상승으로 연결되었으며, 심리 치료 시 동기화 회복은 재발률을 32%나 낮췄습니다.

순간 박 팀장은 의도적으로 말의 속도를 높였습니다. 일반 대화 속도보다 30% 빠른, 초당 5음절 정도의 템포로 즉각 대응했지요.

"언제 발견됐지? 가만… 지금 몇 시간 남았지?"

직원도 박 팀장의 템포에 맞춰 빠르게 상황을 전달했습니다.

"조금 전에 QA팀에서 연락이 왔고요. 시장 점유율 데이터가 잘못 들어갔대요. CEO 미팅까지 2시간 남았습니다!"

"오케이. 다들 빨리 조치합시다. 최 대리, 오류 수정팀 연락해 줘. 한 대리, 자료 재검증 부탁해. 김 과장, 백업 프레젠테이션 준비해 줘. 지금 바로!"

이렇게 위기 상황에서는 오히려 빠른 템포가 더 효과적입니다. 긴급성을 전달하고, 즉각적인 주의를 환기하며, 신속한 행동을 유도하는 데 도움이 되기 때문이지요. 응급실 의사가 위급한 상황에서 빠르고 명확한 지시를 내리는 것처럼요.

템포를 30% 높이는 것은 단순히 말을 빨리하는 게 아닙니다. 명확성을 유지하면서 긴급성을 전달하는, 그야말로 '통제된 긴급성'을 만들어 내는 것이지요. 라면을 끓이다 물이 넘치려 할 때 신속하게 불을 낮추는 빠르고 정확한 동작과도 비슷합니다.

상황이 해결되고 모두 함께하는 회식 자리였습니다.

"와! 박 팀장님은 실제로 그렇게 하시는군요? 마치 영화 속 작전 지휘관 같았어요." 이 대리가 감탄했습니다.

"항상 되는 건 아니에요." 박 팀장은 웃으며 답했습니다.

"특히 저 딸이랑 대화할 때는 가끔 실패하죠. 아무리 전문가라도, 가족 앞에서는 감정이 앞설 때가 많으니까요. 그게 바로 프로의 비애이지요. 미슐랭 요리사도 집에서는 라면만 끓인다는 말처럼요."

"그럼 어떻게 해야 할까요? 완벽한 템포 조절은 불가능한 건가요?"

바로 이 지점이었습니다. 많은 사람들이 궁금해하는 그리고 박 팀장이 지난 몇 년간 고민해 온 질문이었지요.

"완벽한 템포는 없어요. 다만 우리가 배워야 할 건 '템포 인식'이죠. 음악가가 메트로놈에 의존하다가 점차 자신만의 리듬감을 발견하는 것처럼요."

"그런데 팀장님, 궁금한 게 있어요."

이 대리가 잠시 생각하더니 말을 이었습니다.

"우리나라 사람들이 특히 빠르게 말한다고 하던데 이것도 템포와 관련이 있나요?" 좋은 질문이었습니다.

"실제로 음성학자들의 연구 결과를 보면 재미있는 사실이 나와요. 한국어는 분당 평균 약 300음절을 발화하는데, 영어는 220음절, 프랑스어는 430음절 정도라고 하더군요. 각 나라의 인터넷 속도 순위와 비슷한 양상이죠."[6]

---

6 Kim, J. (2018). Effects of gender, age, and individual speakers on articulation rate in Seoul Korean spontaneous speech. *Phonetics*

"우와, 한국어가 영어보다 빠르네요? 그래서 영어 듣기가 어려운 건가요?"

"이건 언어의 특성 때문이래요. 한국어는 음절 구조가 단순하고 규칙적이라 빠른 발화가 가능하거든요. 반면 영어는 강세와 억양의 변화가 커서 자연스럽게 속도가 늦춰지죠. 고속도로와 비포장도로의 차이라고 할까요? 구조가 단순하면 속도를 낼 수 있는 거죠."

예전에 보았던 음성 과학 연구진의 발표 자료를 떠올리며 박 팀장은 설명을 이어갔습니다.

"흥미로운 점은 말의 속도와 음높이의 관계라는데요. 음성학 연구에 따르면, 일반적으로 말이 빨라질수록 음높이가 올라가는 경향이 있다고 해요. 하지만 이 관계는 생각보다 복잡하대요. 주식시장처럼 예측이 어렵다고 할까요?"

박 팀장이 좀 더 진지한 표정으로 말을 이었습니다.

"이런 복잡한 관계 속에서도, 목소리와 설득 연구(Voice and Persuasion)[7]에 따르면 깊고 안정적인 목소리가 청자에게 더 높

---

and Speech Sciences, 10(4), 19-29.Dağ, B. (2024, June 10). *10 fastest spoken languages in the world*. Lingopie. Retrieved February 18, 2025

Tivadar, H. (2017). Speech Rate in Phonetic-Phonological Analysis of Public Speech (Using the Example of Political and Media Speech). Journal of Linguistics/Jazykovedný casopis, 68(1), 37-56.

7 Voice and Persuasion(목소리와 설득 이론)에 따르면, 목소리의 톤, 높

은 신뢰도를 형성한다는 일관된 결과가 나타난다고 해요. 진화심리학적으로도 낮은 톤은 사회적 지위와 도미넌스를 나타내는 신호로 작용한다더군요."

박 팀장이 목소리를 의도적으로 낮추며 말했습니다. "어쨌건, 높은 피치가 낮은 피치보다 듣는 사람에게 덜 신뢰받는다고 하더라고요. 준언어학(Paralinguistics) 이론⁸에서도 말의 내용뿐만 아니라 이런 목소리의 높낮이, 속도, 강세가 의미 전달에 결정적 역할을 한다고 설명하죠." 박 팀장이 갑자기 웃음을 터트렸습니다.

"그래서 목욕탕에서 저음으로 말하는 남자들이 더 매력적으로 들리는 거예요. 사실 제가 목욕탕에서 실험해 봤는데, 평소 목소리로 '수건 좀 주세요'라고 했을 땐 아무도 안 가져다주다가,

---

낮이, 속도는 청자의 신뢰도와 설득력에 큰 영향을 미친다고 합니다. 연구에 따르면, 낮고 안정적인 목소리는 권위와 신뢰감을 높이며, 적절한 억양 변화는 청자의 주의를 집중시키고 메시지의 설득력을 강화합니다(Apple, W., Streeter, L.A., & Krauss, R.M., 1979).

8 Paralinguistics(준언어학 이론)에서 언어의 의미는 단순히 단어의 조합으로 결정되지 않으며, 목소리의 높낮이(intonation), 강세(stress), 속도(speed), 리듬(rhythm) 등의 음성적 요소에 의해 강화되거나 변형될 수 있다고 합니다. Trager(1958)는 이러한 준언어적 요소가 감정 표현, 화자의 신뢰성 및 설득력에 중요한 영향을 미친다고 주장하였습니다. 연구에 따르면, 청자는 말의 내용뿐만 아니라 음성적 단서를 통해 화자의 감정 상태와 의도를 해석합니다. 이는 대화에서 운율(prosody)과 함께 메시지의 전달력을 극대화하는 핵심 요소로 작용합니다(Trager, 1958).

목소리를 한 옥타브 낮추고 '수건 좀 주시겠습니까?'라고 했더니 세 명이 달려오더라고요. 한 분은 등도 밀어주겠다고 하고요."

팀원들이 웃음을 참지 못하고 폭소했습니다. 박 팀장이 다시 진지한 표정으로 돌아왔습니다.

"농담은 그만하고… 실제로 낮은 톤의 목소리가 청자에게 더 높은 신뢰감과 설득력을 준다는 여러 연구 결과가 있어요. 정확한 수치보다 중요한 것은 음성 특성이 메시지 수용성에 상당한 영향을 미친다는 사실이죠. 이는 단순히 기술적인 것이 아니라 우리 뇌가 진화 과정에서 발달시킨 신뢰 메커니즘과 관련이 있어요."

이 대리가 고개를 끄덕이며 말했습니다.

"그래서 긴장할 때 목소리가 올라가는 게 문제가 되는 거군요? 우리 팀 막내는 발표할 때 목소리가 거의 돌고래 수준이 되던데요."

"맞아요. 우리 뇌는 높은 톤의 목소리를 위협이나 불안의 신호로 해석하는 경향이 있거든요. 반면 낮고 안정적인 톤은 자신감과 통제력을 암시하죠. 이런 해석은 인류의 사회적 진화 과정을 통해 형성된 것으로 보입니다."

"아… 그래서 제가 발표할 때 긴장하면 목소리가 점점 더 날카로워지는 거였군요. 곧 비명이 될 것 같아요."

"또 재미있는 건, 의사소통 방식이 문화권마다 다르게 나타난다는 거예요," 박 팀장이 눈을 반짝이며 말했습니다. "예를 들어 아프리카계 미국인이나 카리브해, 라틴계, 아랍 문화권에서는 큰 소리와 표현력 있는 말하기가 더 일반적이래요. 목소리 높낮이 변화도 크고, 몸짓도 많고요. 교회에서 '아멘!' 하며 화답하는 것처럼 대화에 활발하게 참여하는 문화죠."

"흥미롭네요." 이 대리가 반응했습니다.

"반면 그리스는 열정과 자발성을 중시하면서 직접적인 대화 스타일을 선호한대요. 제가 아테네 출장 갔을 때 현지 식당에서 깜짝 놀랐어요. 옆 테이블에서 심각한 부부 싸움이 난 줄 알았는데, 알고 보니 그냥 주말 계획을 세우는 거였어요.' 박 팀장이 웃으며 말했습니다. "그래서 그리스 식당은 항상 시끌벅적한 거죠!"

"그러면 우리나라는요? 왜 지하철에서 큰 소리로 전화하는 사람들이 있나요?" 신입사원이 궁금해했습니다.

"문화권마다 독특한 의사소통 패턴이 있어요. 우리나라도 그렇고요." 박 팀장이 고개를 끄덕였습니다.

"재미있는 예로, 이탈리아만 봐도 북부와 남부의 소통 방식이 완전히 달라요. 밀라노 같은 북부 사람들은 시간을 엄청나게 중시하는데, 나폴리 같은 남부 사람들은 '약속 시간? 그게 뭔데?' 하는 태도를 보인대요." 팀원들이 미소를 지었습니다.

"이렇게 같은 나라 안에서도 지역과 상황에 따라 다양한 소통 방식이 존재한다는 게 흥미롭지 않나요? 서울 사람과 제주도 사람의 말하기 속도 차이도 분명히 있을 거예요. 김치찌개를 끓이는 방식이 지역마다 다른 것처럼요." 박 팀장이 재미있게 덧붙였습니다.

"물론 지하철에서 큰 소리로 떠드는 사람들은 그냥 매너 문제이겠지만요." 이 대리의 눈이 반짝였습니다.

"그러고 보니 팀장님, 문화권마다 그렇게 다른 소통 방식이 있다면, 우리도 상황에 따라 다르게 말해야 하는 거 아닌가요? 상사에게는 느리게, 부하직원에게는 빠르게요."

"맞아요. 오케스트라에서 각 악기가 서로 다른 파트를 연주하면서도 하나의 하모니를 만드는 것처럼, 우리도 상황과 대화 상대에 따라 적절한 의사소통 방식을 찾아야 해요. 일종의 '대화의 재즈'라고 할까요?"

"그럼, 이제 실전으로 들어가 볼까요? 각각의 상황에서 어떻게 템포를 조절해야 하는지 궁금한데요. 특히 팀장이 된다면 꼭 필요할 것 같아요." 박 팀장은 미소를 지으며 고개를 끄덕였습니다.

"좋습니다. 이제부터 진짜 템포 전쟁 시작이에요. 혹시 리듬감 테스트부터 해볼까요? 손뼉을 치면서 '369 벌주 게임'이나 해봅시다."

이 대리는 잠시 당황한 표정을 지었지만, 곧 웃음을 터뜨렸습니다. 바로 이것입니다. 때로는 예상치 못한 유머로 템포를 갑자기 바꾸는 것도 효과적인 소통 전략이지요.

3장

맞춤형 템포 활용법
―설득, 갈등, 협상의 최적 속도

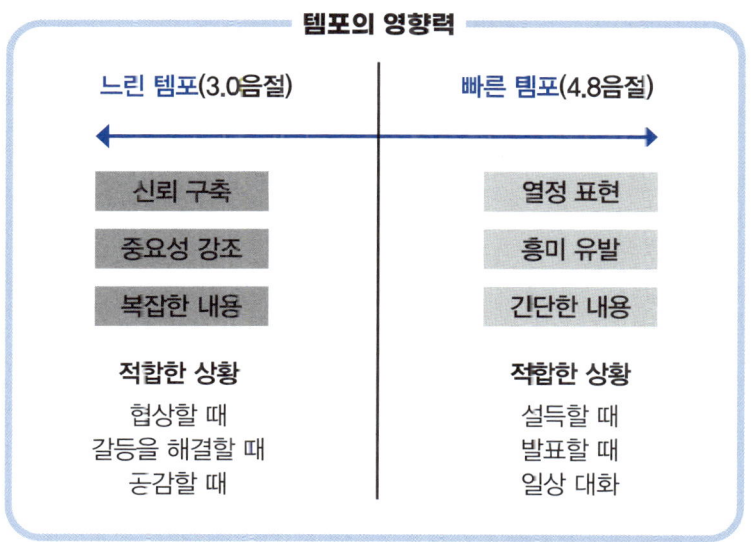

 템포는 단순한 말의 속도가 아닌, 메시지 전달과 수용의 균형을 결정하는 핵심 요소입니다. 위 다이어그램에서 볼 수 있듯이, 템포는 느린 것과 빠른 것 사이의 선택이 아니라 상황에 맞는 적절한 속도를 찾

는 전략적 결정입니다. 느린 템포(3.0음절)는 신뢰 구축, 중요성 강조, 복잡한 내용 전달에 효과적이며 협상이나 갈등 해결 상황에 적합합니다. 반면 빠른 템포(4.8음절)는 열정 표현, 흥미 유발, 간단한 내용 전달에 유리하며 설득이나 발표 상황에서 효과를 발휘합니다. 템포의 전략적 조절은 상대방의 집중도와 이해도를 높이고, 궁극적으로 메시지가 청자의 마음에 효과적으로 도달하는 결정적 요소가 됩니다.

설득은 알레그로[1]처럼

"아빠, 천문학 유튜브 채널을 운영하면서도 대학 천문학과 시험공부를 할 수 있어요!"

막둥이의 목소리가 식탁 위를 가로질렀습니다. 자신의 꿈을 포기하지 않으려는 완강한 의지가 느껴졌죠. 그때, 문득 제 머릿속에 연수원 강의가 스쳐 지나갔습니다.

'설득은 알레그로처럼, 빠르고 경쾌하게.'

인지심리학자들의 연구에 따르면, 설득력 있는 메시지는 일반 대화 속도보다 약 20~30% 빠른 템포로 전달될 때 가장 효과적이라고 합니다. 일반적인 대화 속도(분당 120~150단어)보다 빠른 160~190단어 정도의 속도가 청자의 비판적 사고를 약화

---

[1] 알레그로(Allegro)는 "빠르고 경쾌하게" 뜻으로, 본문에서는 설득할 때 일반 속도보다 1.2배 빠르게 대화하라는 의미로 사용되었습니다.

하고, 정보 처리에 더 많은 인지 자원을 사용하게 만든다는 것이죠.[2] 이는 급류를 타는 배처럼, 생각할 시간을 줄이고 흐름에 몸을 맡기게 한다는 원리입니다.

저는 의식적으로 말의 속도를 올렸습니다. 경쾌한 피아노곡처럼 리듬감 있게 말을 이어갔죠.

"그래, 네 말대로야. 지금 너의 '신박천문연구소' 채널 구독자가 17만 명이라며? 대단하지. 근데 넌 알아? 유튜브에서 성공한 사람 뒤에 얼마나 많은 사람들이 중도에 포기했는지? 더 중요한 건, 전문성 없는 과학 콘텐츠 제작자들이 겪는 위험에 대해서 들어봤어?"

막둥이의 눈이 커졌습니다.

"매년 수백 명의 과학 유튜버들이 가짜 과학 전파자라는 낙인, 학계의 비난, 시청자들의 환멸 등 잘못된 정보 전달로 비판을 받고 있어. 진짜 과학적 지식을 검증하고 대중에게 전달하는 건 누구지?"

잠시 호흡을 고르고 다시 경쾌하게 이어갔습니다. 일반 대화보다 약 25% 빠른 '설득 템포'는 상대의 방어막을 뚫는 데 효과가 있음을 직접 경험하고 있었습니다. 하버드 비즈니스 스쿨의

---

2 Rodero, E. (2016). Influence of speech rate and information density on recognition: The moderate dynamic mechanism. *Media Psychology*, 19(2), 224-242.

설득 커뮤니케이션 연구에 따르면, 빠른 템포는 상대방이 반론을 구상할 시간적 여유를 줄이고, 화자의 자신감과 전문성을 강조하는 효과가 있다고 합니다.

"바로 네가 되고 싶어 했던 그 천문학자들이야. 네가 초등학교 때 했던 말 기억나? 우주의 비밀을 풀고 싶다고. 특히 블랙홀과 외계 행성에 관한 연구로 인류의 지식을 넓히고 싶다고 했잖아."

속도를 유지하면서도 톤에 힘을 실었습니다. 이 기법은 '템포 리드'라고도 하는데, 화자가 대화의 템포를 주도함으로써 심리적 우위를 점하는 방법입니다.

"만약 네가 정식으로 천문학을 공부한다면, 이런 우주 현상을 누구보다 잘 아는 전문가가 될 수 있어. 더 나아가 NASA나 한국천문연구원에서 일하면서 실제로 새로운 천체를 발견할 수도 있고."

막둥이의 표정이 조금씩 변하기 시작했습니다.

"게다가 요즘은 천문대나 연구 기관에서도 유튜브 채널을 운영하잖아? 거기서 네가 꿈꾸던 두 가지를 다 이룰 수 있어. 천문학자로서 전문성을 발휘하며, 많은 사람에게 우주의 신비도 알려주고 말이야. 뉴턴이 유튜버였다면 어땠을지 상상해 봐."

"아, 그렇네요."

막둥이 눈이 반짝였습니다. 알레그로 템포가 효과를 발휘하는 순간이었습니다. 심리학자들은 이런 현상을 인지적 포화 상태[3]라

---

3 인지적 포화 상태(cognitive overload)는 정보 처리 능력을 초과하는 양

고 부릅니다. 정보가 빠르게 전달될 때 뇌는 모든 내용을 철저히 분석할 수 없어 오히려 전체적인 메시지의 흐름에 더 쉽게 동조하게 되는 것이죠.

"천문학자가 되면 제가 직접 새로운 별을 발견하고 이름도 지을 수 있겠네요?"

"그럼! 단순한 유튜버가 아니라, 전문성을 가진 천문학 콘텐츠 크리에이터가 되는 거야. 어때, 멋지지 않아? 네 이름을 딴 소행성이 우주를 떠다닐 수도 있어!"

막둥이가 고개를 끄덕였습니다. 물론 이게 끝은 아니었습니다.

"아빠, 그러면 대학 준비하는 동안만이라도 천문 유튜브 계속해 볼까요? 실전 경험 쌓는다고 생각하고요."

"어, 그건…."

"진짜 소규모로요. 일주일에 영상 하나만!"

"야, 그건 또…….'

"그리고 천체망원경 새로운 모델이 나왔는데, 연구용으로만 쓸게요!"

알레그로 템포로 설득했다고 생각했는데, 막둥이 템포는 이미 프레스티시모(매우 빠르게)를 향해 달려가고 있었습니다. 놀라

의 정보를 한꺼번에 받아들일 때 발생하는 현상입니다. 이는 작업 기억의 한계를 초과하여 학습 효과를 저하시킬 수 있으며, 효율적인 정보 조직과 분할이 이를 완화하는 데 도움이 됩니다(Sweller, 1988).

운 점은 제가 설득 템포 기법을 쓰는 동안, 막둥이도 본능적으로 자신만의 설득 템포를 구사하고 있었다는 것입니다.

스탠퍼드 대학의 연구[4]에 따르면, 청소년기에 접어들면서 아이들의 뇌가 부모의 목소리보다 낯선 목소리에 더 반응하고, 이는 독립성 추구와 맞물려 부모와의 대화에서 더 빠르고 설득력 있는 말하기 패턴으로 나타날 수 있다고 합니다. 진화적으로 발달한 생존 전략이라고나 할까요?

결국 그날 밤, 우리는 '천체 관측 장비 예산 협상'이라는 또 다른 템포 전쟁을 치러야 했습니다. 나중에 알고 보니, 막둥이의 '연구용 장비' 제안은 처음부터 계산된 것이었습니다. 제가 알레그로로 설득하는 동안, 막둥이는 이미 더 빠른 템포로 자신의 협상안을 준비했던 거죠. 심지어 쇼핑몰 장바구니에 이미 담아놓기까지 했더군요.

역시 아빠의 설득 템포보다 무서운 건 막둥이의 "이게 없으면 화성 촬영이 안 돼요." 작전이었나 봅니다.

설득은 빠른 템포였지만, 제 신용카드는 더 빠른 속도로 한도에 도달했습니다. 막둥이의 고급 천체망원경 구입 제안을 거절하지 못한 덕분에 이제 우리 집 옥상은 소형 천문대가 되었습니

---

4   Digitale, E. (2022, April 28). The teen brain tunes in less to Mom's voice, more to unfamiliar voices, study finds. Stanford Medicine News Center. https://med.stanford.edu/news/all-news/2022/04/mom-voice-teens.html

다. 아내는 빨래를 널 공간이 없다며 한숨을 쉬지만, 막둥이가 찍은 토성 사진을 보면 그래도 괜찮다는 생각이 듭니다. 제 지갑만 가벼워졌을 뿐, 우주에 대한 꿈은 더 무거워졌으니까요.

갈등 상황, "라르고[5]의 순간"

20여 년 전 여름, N그룹 HRD센터에서 제가 주니어로 일할 때였습니다. 저는 당시 신입 차장으로서 새로운 게이미피케이션 교육 과정 개발에 푹 빠져 있었죠. 밤낮으로 연구하고 기획하면서 글로벌 기업들의 사례를 분석하고, 기업 문화에 적합한 교육 프로그램을 만드는 게 제 업무였습니다.

"김 차장, USB 좀 빌려줄 수 있나? 교육 일정표 좀 참고하게."

선배인 J 차장님께서 요청하셨습니다. 당시 저는 오후 늦게까지 작업하느라 피곤한 상태였고, 마침 화장실도 급히 가고 싶어서 책상 서랍에 있던 USB를 아무 생각 없이 건넸습니다.

"네, 여기 있습니다. 화장실 좀 다녀오겠습니다."

돌아오는 길, 문득 USB에 프로젝트 파일이 모두 들어있다는 게 떠올랐습니다. 하지만 설마 다른 파일을 볼 리가 있겠나 하는

---

5 라르고(Largo)는 "여유롭고 폭넓게 천천히"의 뜻으로 본문에서는 갈등 상황의 경우 평소보다 0.8배로 더 천천히 대화하여 긴장을 완화하고 상황을 차분히 다루라는 의미로 사용했습니다.

생각에 느긋하게 발걸음을 옮겼죠.

그런데 우려했던 상황이 벌어졌습니다.

"어?! 지금 뭐 하시는 거죠?"

제 목소리가 사무실을 가로질렀습니다. J 차장님 모니터 화면에는 제 USB의 모든 폴더가 활짝 열려 있었고, 프로젝트 폴더의 파일들이 복사되고 있었던 겁니다. 순간 머릿속이 하얘졌습니다. 6개월간 준비한 프로젝트의 모든 것이 담긴 파일들. 해외 출장까지 다녀오며 수집한 자료들, 밤새 연구한 기획안들, 심지어 아직 완성되지도 않은 창의적인 아이디어들까지.

"아… 이거 참고만 좀 하려고 했는데…….

J 차장님 말씀이 귓가에 들리지도 않았습니다. 제 심장은 이미 격렬한 프레스토 템포로 뛰고 있었으니까요.

그날 저녁, J 차장님이 사과의 의미로 근처 생맥줏집으로 저를 이끌었습니다.

"많이 화났지? 내가 미안해. 한잔하면서 이야기 좀 하자."

한 잔, 두 잔 술잔이 비워지는 동안 제 분노의 템포는 점점 더 빨라졌습니다. 평소 예의 바른 후배라고 자부했던 제가, 술기운에 용기를 얻어 참을 수 없는 말을 내뱉고 말았죠.

"선배님, 죄송하지만 할 말이 있습니다. 차장이란 사람이 아니, 그 연차의 선배가 대리만도 못한 짓을 하셨네요?"

술집의 모든 소리가 멈춘 것 같았습니다. 테이블 위로 무거운 정적이 내려앉았죠. J 차장님은 소주잔을 천천히 내려놓으셨습니다. 예상과 달리 그분 목소리는 놀랍도록 차분했습니다.

"그래. 미안하다. 그런데 대리라는 말은 좀 심하다."

술기운에 흥분했던 제 마음이 순간 흔들렸습니다.

"사실 나도 몇 년 전에 게이미피케이션 교육을 기획하려다 실패했거든. 그런데 네가 새로운 시도를 하는 게 보이니까 솔직히 초조했어. 뭔가는 해야겠고 정말 참고만 하려고 했어."

J 차장님은 계속해서 느린 템포를 유지하며 말씀하셨습니다.

"하지만 그게 네 자료를 몰래 가져가도 되는 이유가 되진 않지. 난 선배로서, 인간으로서 정말 부끄러운 짓을 한 거야."

깊은 바다처럼 차분한 사과가 제 분노를 조금씩 가라앉혔습니다. 그제야 제가 실수한 것도 보이기 시작했죠. 아무리 화가 났어도, 연차가 높은 선배님께 "대리만도 못하다."라고 말한 건 너무 과했다는 사실을 말이죠.

1년 후, 우리는 각자의 길을 가게 됐습니다. 저는 다른 회사의 교육팀장으로 자리를 옮겼고, J 차장님은 그 길로 대학원에 진학하여 경영학 박사를 취득한 후 공공기관 팀장으로 자리를 옮기셨죠.

그리고 10여 년이 흘렀습니다. 은퇴를 앞둔 어느 날 문득, 그날 밤 제가 내뱉은 말이 가슴을 찔렀습니다. 반면 J 차장님의 차분한 사과는 10년이 지난 지금도 귓가에 맴돌았습니다. 휴대전화를 들어 그분의 번호를 눌렀습니다.

"여보세요?"

"J 박사님, 저입니다."

"어이구, 이게 누구야? 반갑네."

제가 이번에는 의도적으로 천천히 말을 이었습니다.

"박사님, 10여 년 전 그날 밤, 제가 술김에 실수로 한 말 정말 죄송했습니다. 그동안 늘 마음에 걸렸는데, 이제야 용기를 내서 전화드립니다."

전화기 너머로 잠시 침묵이 이어졌습니다.

"하하, 아직도 그 말을 기억하고 있었어? 난 벌써 잊었는데…."

"아니에요. 그때 박사님께서 차분하게 하셨던 사과가 문득 생각이 나서요. 지금도 제가 강의할 때 종종 그때 일을 이야기합니다. 갈등 상황에서 템포 조절의 중요성을 말하면서요."

"그런데 말이야."

J 박사님이 웃으시며 말씀하셨습니다.

"사실 난 그날 엄청나게 긴장했었거든. 네가 워낙 드물게 화를 내서 차분한 척했지만, 속으로는 땀을 한 바가지 쏟았다니까!"

우리는 한참을 웃었습니다. 10년이라는 시간이 흐른 뒤에 그날의 '템포'가 가진 진정한 의미를 이해하게 되었습니다.

갈등 상황에서 말하기 템포 조절의 중요성은 여러 연구에서 확인되고 있습니다. 연구에 따르면, 긴장된 상황에서는 말하기 속도를 의도적으로 늦추는 것이 상대방의 이해를 돕고 긴장을 완화하는 데 효과적일 수 있습니다. 갈등 해결을 위해서는 상대방이 생각하고 반응할 시간적 여유를 주는 것이 중요하다는 거죠.

이는 단순한 기술이 아닙니다. 갈등 상황에서 자연스러운 반응은 말을 빨리하고 목소리를 높이는 것이지만, 오히려 상황을 악화시킬 수 있습니다. 그날 J 박사님이 보여주신 것처럼, 진정성 있는 느린 템포야말로 해결의 열쇠가 됩니다.

깊은 강물이 바위를 부드럽게 감싸안듯이, 진심 어린 느린 템포는 딱딱하게 굳어버린 갈등의 매듭을 서서히 풀어주는 힘이 됩니다. 격앙된 감정은 빠른 템포로 달려가지만, 이해와 화해는 천천히 온다는 걸 그날 밤 깨달았습니다.

결국 라르고는 단순한 속도가 아닌, 마음을 여는 리듬이었던 거죠.

협상 상황, "안단테[6]의 균형"

"지금 이렇게 바쁜데 교육요? 현장 직원들이 야근에, 특근에 정신없는데 교육할 시간이 어딨다고요."

노조 위원장의 큰 목소리가 회의실을 가득 메웠습니다. 연간 필수 과정인 '우리 회사 WAY 교육'을 앞두고 열린 노사협의회였

---

6 안단테(Andante)는 "걸음걸이처럼 천천히"라는 뜻으로 여기서는 협상 시 0.9배로 기본보다 살짝 느리게 대화하라는 의미로 사용하였습니다.

죠. 저는 연수원장으로서 이 자리에 참석했는데, 솔직히 말씀드리면 위원장의 기관총 같은 말투에 저도 모르게 움찔했습니다.

문득 연구 데이터가 떠올랐습니다. 협상 상황에서는 보통 속도의 90% 정도로 말해야 가장 효과가 있다는 사실을요. 저는 의식적으로 말의 속도를 늦추었습니다.

"위원장님, 현장의 어려움 잘 알고 있습니다. 그래서 이번에는 조금 다르게 준비해 봤습니다."

김 위원장이 볼펜 돌리던 속도를 살짝 늦췄습니다.

"다르다니요?"

"네, '교육'이 아닌 '팀 워크숍'으로 진행하려고 합니다. 팀별로 원하는 곳에서 1박2일 동안 재충전의 시간을 가지는 거죠. 회사에서는 팀당 100만 원의 워크숍 지원금을 드리고…."

"잠깐만요, 그럼 교육은 전혀 없다는 건가요?"

대화 속도가 너무 빠르면 의심을 살 수 있고, 너무 느리면 기회를 놓칠 수 있는 중요한 순간이었습니다.

"한 가지 작은 조건이 있습니다. 워크숍 중간에 2시간만 사내 강사가 회사 비전에 대해 간단히 공유하는 시간을 가졌으면 합니다."

위원장이 고개를 갸웃거렸습니다.

"2시간요?"

"네, 나머지 시간은 모두 자유 시간입니다. 설악산이든 제주도든."

"제주도요?"

협상의 분위기가 미묘하게 변했습니다.

한 달 뒤, 제 책상 위로 한 장의 사진이 도착했습니다. 제주 한라산 정상에서 환하게 웃는 직원들과 그들 앞에서 열정적으로 프레젠테이션을 하는 사내 강사의 모습. 사진 밑에는 짧은 메시지가 적혀있었습니다.

"원장님, 이래서 이름이 'way' 교육인가 봅니다. 길 위에서 배우는 게 최고더라고요. 하하하."

이런 협상의 기술은 가정에서도 빛을 발휘했습니다.

몇 년 전 있었던 일인데요. 우리 막둥이가 한창 뛰어다니길 좋아할 때였습니다.

"저기… 아랫집인데요." 현관문을 열자 조심스러운 목소리가 들려왔습니다. 저는 의식적으로 말의 속도를 90%로 낮추었습니다.

"아, 많이 시끄러우시죠? 저희도 고민이 많습니다. 아이가 아직 어려서요."

"네, 이해합니다. 저도 아이 키워봐서 아는데 혹시 방음 매트 같은 걸 사용하시면……."

그렇게 시작된 대화는 점차 서로의 상황을 이해하는 시간이 되었죠. 저희는 방음 매트도 깔고 아이가 뛰는 시간도 조정하게 되었습니다. 지금은 밖에서 마주치면 가볍게 인사하는 정도의 이웃사촌이 되었네요. (나중에 알고 보니 아랫집에서 항의했던 쿵쿵 소리는 주로 제 발걸음 소리였더군요.)

협상은 적절한 속도 조절의 예술입니다. 과학적 연구가 말해주듯, 기본 속도의 90% 정도로 말하는 것이 가장 효과적입니다. 이는 상대방에게 생각할 시간을 주는 동시에, 신중함과 진정성을 전달하는 미묘한 균형점이죠. 물론 이것이 모든 상황에서 마법처럼 통하는 건 아닙니다. 하지만 적어도 우리는 서로를 이해하려 노력했다는 걸 보여줄 수 있고, 그것만으로도 충분한 시작이 됩니다. 때로는 적절한 속도 조절 하나만으로도, 갈등이 대화로, 대립이 이해로 바뀌는 순간을 만날 수 있으니까요.

위로 상황, "라르기시모[7]의 위로"

"김 원장, 잠시 시간 되나?"

12월의 마지막 주, 인사 발령이 난 다음 날이었습니다. 부회장님 목소리가 평소보다 한결 부드럽게 들려왔습니다. 평상시 부회장님이라면 "김 원장! 이리 와!" 하며 빠른 톤으로 부르셨을 텐데, 이날은 뭔가 달랐죠. 오래된 위스키를 음미하듯 천천히, 조심스럽게 말씀하셨습니다. 제 승진 누락을 위로하시려는

---

7 라르기시모(Larghissimo)는 "매우 느리고 장중하게"의 뜻으로 상대방을 위로할 때 평소보다 0.8배로 아주 천천히 대화하라는 의미로 사용했습니다.

건가. 이미 눈치채고 있었지만, 막상 마주하려니 마음이 무거워졌습니다.

부회장님 집무실로 들어서자, 응접실 소파에 앉아계셨습니다.

"여기 앉지."

(평소 속도의 80% 정도로 천천히)

"이번 인사로 많이 힘들지?"

순간 목이 메었습니다. 떨리는 목소리를 감추려 했지만, 역시 베테랑 앞에서는 쉽지 않았나 봅니다.

"아닙니다. 제가 부족해서…."

"김 원장."

부회장님이 커피잔을 천천히 들어 올렸습니다.

"그런데 말이야. 인생이란 게 참 재미있지 않나? 때로는 예상치 못한 길에서 더 큰 기회를 만나기도 하고 말이야."

늘 긍정적인 에너지로 가득했던 부회장님다운 말씀이었습니다.

"우리 김 원장이라면, 이런 상황에서도 분명 새로운 기회를 만들어낼 거라 믿어."

그날 부회장님과 30분 동안 나눈 대화는 빠르지는 않았지만, 그래서 더 깊이 마음에 스며들었습니다.

6개월 후. 연수원의 어느 과장이 제 방으로 찾아왔습니다. 언제나 밝게 웃던 얼굴이 어둡게 가라앉아 있었습니다.

"아내가 이혼하자고 합니다."

순간 그날의 부회장님이 떠올랐습니다. 저는 의식적으로 말의 속도를 늦추었습니다.

"자, 여기 앉아서 같이 이야기해 보자."

(기본 속도의 80%로)

"우선 커피 한잔할까?"

처음에는 말을 잇지 못하던 그가 천천히 자신의 이야기를 풀어내기 시작했습니다. 야근이 잦다 보니 대화가 줄었고, 서로에 대한 이해도 부족했다고. 저는 그저 천천히, 때로는 침묵으로 그의 이야기를 들어주었습니다.

"원장님." 한참을 이야기하던 그가 마지막으로 한마디를 덧붙였습니다. "이렇게 말씀드리니까 뭔가 길이 보이는 것 같아요. 오늘 퇴근하고 아내랑 진지하게 얘기해 볼게요."

한 달이 지난 후, 부부가 함께 휴가를 갔다는 소식을 들었습니다.

이렇게 위로는 라르기시모입니다. 현관문을 여는 첫 음처럼 조심스럽게, 차를 마시는 간주처럼 천천히 그리고 와인을 음미하는 피날레처럼 깊이 있게.

템포 조절의 실전 기술

"팀장님, 이번 영업 미팅에서 고객사가 제안을 시큰둥하게 받아들였다는 소식 들으셨죠?"

한 영업부장의 피드백 세션에서 시작된 이야기입니다. 그의 말 템포를 분석해 보니 초당 4.8음절. 우리 회사 영업/마케팅 권장 속도인 3.8~4.6음절을 훌쩍 뛰어넘는 수준이었죠. 열정만큼은 끓어오르는 용암 같았지만, 고객은 그 열정을 '조급함'으로 읽었던 것 같습니다.

호흡은 템포의 기초공사와 같습니다. 요즘 저는 업종별 '템포 지도'를 만드는 재미에 빠졌는데요. 재미있는 패턴이 보입니다. 영업/마케팅은 3.8~4.6음절로 다이내믹한 반면, 법률/금융은 2.8~3.2음절로 차분합니다. 의료/상담은 2.6~3.0음절로 가장 느리고요. 각 직업이 자신만의 심장박동 수를 가진 것 같지 않나요?

어느 날 IT 기업의 임원들과 워크숍을 하다가 깨달은 게 있습니다. 그들의 평균 말하기 속도는 3.2~3.8음절. 논리성과 전문성의 균형을 위한 '황금 비율'이라고 하더군요. 그런데 재미있는 건, 점심시간에 삼겹살을 구우며 나누는 사적인 대화에서는 템포가 4.5음절까지 치솟았다는 겁니다. 아마도 삼겹살이 익어가는 속도가 말의 템포를 끌어올린 게 아닐까, 생각합니다.

상황 읽기의 중요성은 고객 서비스 분야에서 가장 극명하게 드러납니다. 3.5~4.2음절이라는 기본 템포를 가진 이 분야는, 특이하게도 '불만 응대'와 '일반 안내'의 템포 차이가 무려 1.0음절이나 됩니다.

한번은 이런 일도 있었습니다. 한 고객이 화를 내며 전화를 걸어왔는데, 상담원이 3.2음절의 차분한 템포로 응대하자 오히려 더 화를 내더군요. "왜 이렇게 느긋하게 말해요!" 그래서 저희는 '템포 매칭 법칙'을 만들었습니다. 처음에는 고객의 템포에 맞추고, 점진적으로 낮추는 거죠.

교육/강의 분야 템포는 3.2~4.2음절입니다. 개념 설명할 때는 3.0음절로 느리게, 사례 설명할 때는 4.2음절로 빠르게 가는 게 가장 효과적이라는 거죠. 마치 드라마의 긴장과 이완처럼요. 한 번은 이러한 원칙을 무시하고 사례 설명을 느리게 했다가 앞줄에서 코 고는 소리가 들린 적도 있었습니다. 그날 이후 '템포는 카페인'이라는 진리를 깨달았답니다.

실전에서 템포 조절은 요리사가 불 조절하는 것과 비슷합니다. 너무 세게 올리면 타버리고, 너무 약하면 맛이 안 나죠. 의료/상담 분야의 2.6~3.0음절의 느린 템포는 약한 불로 오래 끓이는 보양식 같습니다. 반면 영업/마케팅의 4.6음절은 팬이 달궈질 때 지글거리는 소리처럼 청중의 흥미를 돋우죠.

가장 극적인 템포 차이는 IT/기술 분야 회의를 진행할 때 나타납니다. 기술 설명은 3.2음절로 차분하게, 회의 진행은 3.8음절로 빠르게.

한번은 IT 담당자가 템포를 반대로 했다가 재미있는 일이 일어났다고 합니다. 기술 설명을 빠르게 하니 참석자들이 노트북을 덮더니 "아… 그냥 메일로 주세요."라고 했다는군요. 템포는 단순한 속도가 아니라 '이해의 공간'을 만든다는 사실을 몰랐던 모양입니다.

다시 영업부장 이야기로 돌아가 보죠.

그는 템포를 4.8음절에서 4.2음절로 조정한 후, 같은 고객사를 재방문했습니다. 결과는 어땠을까요?

"이번에는 팀장님이 아주 여유로워 보이세요."라는 피드백과 함께 계약이 성사되었습니다. 재미있는 사실은 프레젠테이션 내용이 이전과 동일했다는 것입니다.

이쯤에서 드는 생각입니다. 우리가 진정으로 조절해야 하는 건 말의 속도가 아니라, 어쩌면 마음의 속도가 아닐까요? 그리고 잊지 말아야 할 것. 위대한 연설가와 마술사가 알고 있는 한 가지, 가장 중요한 순간에 반드시 잠시 멈출 것!

네, 이 장도 이쯤에서 잠시 멈추는 게 좋겠죠?

인생의 중요한 순간들은 모두 '템포'와 관련이 있었습니다. 응급실에서 의사가 보여준 차분한 안단테는 불안한 보호자의 심장 박동을 낮추었고, USB 사건에서 J 차장님의 타르고는 격앙된 감정을 가라앉혔으며, 유튜버가 되겠다는 막둥이와 대화에서 알레그로는 서로의 마음을 이해하게 했죠.

정리하면. 설득이 필요할 땐 알레그로로 다소 경쾌하게, 하지만 확실하게 다가가야 합니다. 깊은 강물이 바위를 깎아내듯이요. 갈등 상황에서는 라르고의 깊이가 필요합니다. 침묵이야말로 가장 강력한 무기가 될 수 있으니까요. 협상의 순간에는 약간 느린 안단테가 승부를 결정합니다.

이러한 템포의 변화는 언어학에서 운율(Prosody)[8]이라 부르는 더 넓은 개념의 일부입니다. 운율은 말의 억양, 리듬, 강세, 속도 등을 포함하는 음성적 특징으로, 우리가 전달하는 메시지의 감정적 색채와 의도를 형성합니다. 음악가가 같은 악보라도 다르게 연주하여 다양한 감정을 불러일으키듯, 운율을 통해 우리는 동일한 단어에도 전혀 다른 의미와 영향력을 부여할 수 있습니다.

어쩌면 우리는 수많은 '템포와 운율의 전쟁' 속에서 하루를 보내고 있는지도 모릅니다. 아침 회의실에서, 점심 식사 자리에서, 저녁 가족들과 대화에서 우리는 끊임없이 상황에 맞는 리듬을 찾아 헤매고 있었던 거죠.

다음 장에서는 '주고받음'의 예술, 즉 대화의 턴 테이킹(turn-taking)에 관해 이야기해 보려고 합니다. 말하는 순간과 듣는 순간이 어떻게 교차하며 대화 리듬을 만들어 내는지, 미묘한 그 춤을 어떻게 완벽하게 출 수 있는지 알아보겠습니다.

---

8 운율(Prosody)이란 발화의 억양, 리듬, 강세 등 음성적 요소가 언어의 감정과 의도를 전달하는 메커니즘을 설명하며, 대화에서 정서적 뉘앙스와 의미 전달의 효과를 극대화하는 핵심 요소로 작용합니다(Cutler, Dahan, & van Donselaar, 1997).

일상에서 템포 조절 7가지 실천 전략

1. **자신의 템포 인식하기** 스마트폰으로 자신의 대화를 녹음해 보세요. 흥분하거나 열정적일 때 템포가 어떻게 변하는지 관찰하세요. 신뢰할 수 있는 동료나 가족에게 말이 빨라질 때 알려달라고 부탁하는 것도 좋습니다. 자신의 자연스러운 템포를 파악하는 것이 변화의 시작입니다.

2. **리듬 가이드 활용하기** 메트로놈 앱을 사용해 초당 2~3박자 정도로, 의도적으로 느리게 말하는 연습을 해보세요. 리듬을 따라가다 보면 서두르지 않고 말하는 감각이 생깁니다.

3. **낭독 연습으로 템포 다듬기** 좋아하는 책이나 기사를 소리 내어 읽으며 녹음해 보세요. 천천히, 각 단어를 명확히 발음하며 문장 사이에 자연스러운 멈춤을 두세요. 이 연습은 말하기 근육을 '재훈련' 시키는 효과적인 방법입니다.

4. **과장된 발음으로 템포 조절하기** 각 음절을 의도적으로 과장해서 발음해 보세요. "안-녕-하-세-요"처럼 말이죠. 이렇게 과장된 발음은 자연스럽게 말하기 속도를 늦춰줍니다. 중요한 회의 전에 화장실에서 잠시 이 연습을 하는 것만으로도 발표에서 더 안정된 템포를 유지하게 됩니다.

5. **전략적 멈춤 활용하기** 대화 중에 의도적으로 멈추세요. 문장 사이에 3초 정도 쉬어가는 것만으로도 말의 효과가 크게 달라집니다. 이 '여백'은 청자에게 정보를 처리할 시간을 주고, 당신의 말에 무게를 더합니다. '3-3-6 법칙'을 기억하세요.

6. **볼륨 낮추기 전략** 목소리 볼륨을 의도적으로 낮추면 자연스럽게 말하기 속도도 줄어듭니다. 작은 목소리로 천천히 말하면 청자는 더 주의 깊게 들을 가능성이 높아집니다.

7. **감정 조절로 템포 관리하기** 불안이나 흥분은 말하기 템포를 빠르게 만듭니다. 중요한 대화 전에 심호흡을 5~10회 하는 것만으로도 심장 박동과 말하기 속도를 안정시킵니다. 템포가 빨라진다고 느끼면 물을 한 모금 마시며 호흡을 정돈하세요.

2부

타이밍 Timing
: 말하는 순간이 모든 것을 결정한다

4장

대화의 턴 테이킹 [1]
−말할 때와 들을 때의 균형 예술

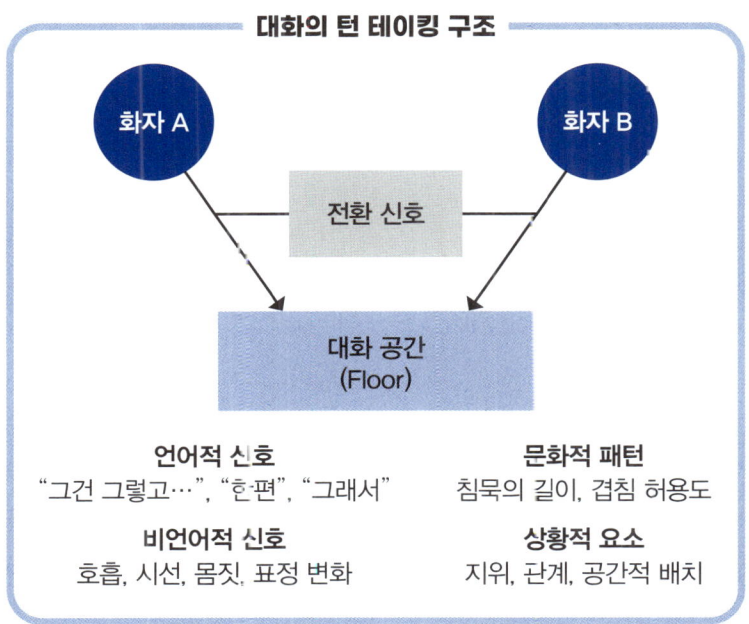

---

1 턴 테이킹 이론(Turn-taking Theory)이란 대화 참여자들이 언제 말을 이어가거나 멈출지 조율하는 과정을 설명하는 언어학적 모델로 자연스러운 대화 리듬을 형성하는 메커니즘을 이해하는 데 중요한 이론입니다 (Sacks, Schegloff, & Jefferson, 1974).

턴 테이킹은 대화의 기본 골격을 형성하는 핵심 메커니즘입니다. 위 다이어그램에서 볼 수 있듯이, 턴 테이킹은 단순한 말 주고받기가 아닌 복잡한 신호 체계를 통해 이루어지는 정교한 과정입니다. 화자 A와 화자 B 사이에는 '전환 신호'라는 암묵적 코드가 존재하며, 이를 통해 대화 공간(Floor)의 주도권이 자연스럽게 이동합니다.

언어적 신호("그건 그렇고…", "한편…", "그래서…")는 명시적으로 발언권을 넘기거나 가져오는 역할을 하며, 비언어적 신호(호흡, 시선, 몸짓, 표정 변화)는 더 미묘하게 턴 테이킹 흐름을 조절합니다. 문화적 패턴과 상황적 요소 역시 턴 테이킹 방식과 타이밍에 중요한 영향을 미칩니다. 효과적인 대화는 이러한 턴 테이킹 구조를 인식하고, 상황에 맞게 적절한 신호를 주고받는 능력에 달렸습니다. 턴 테이킹의 균형이 깨질 때 대화는 일방적 독백이 되거나 혼란스러운 간섭으로 변질될 수 있습니다. TTF 프레임워크에서 턴 테이킹은, 템포가 만들어 낸 리듬 위에서 대화의 균형을 조율하고 궁극적으로 원활한 플로우를 가능하게 하는 중요한 연결 고리입니다.

대만에서의 탁구 시합

"혹시 탁구 치세요?"

공공기관 및 민간기업 교육 담당자 20여 명이 함께한 해외 연수 둘째 날 저녁, 타이베이 호텔 로비에서 무심코 던진 한마디였습니다. 첫날은 모두 서먹서먹했고, 형식적인 인사말만 오갔습니다. 그런데 문득 옆자리에 앉은 한국은행 연수원 L 부장님 가방에 달린 탁구 키링이 눈에 들어왔습니다.

"어, 원장님도 탁구를 치십니까?" L 부장님 눈이 반짝였습니다.

"네, 20년 넘게 동호회 활동 중이에요. 지역 부수로는 4부 정도."

"저도 4부에요. 이런 우연이!"

서로 비밀 암호를 확인한 듯, 대화는 폭발적으로 발전했습니다. 백핸드 드라이브에서 시작해 포핸드 스매싱 그리고 어느새 대만과 한국의 탁구 국가대표 이야기로 넘어갔습니다. 시계를 확인했을 때 정확히 23분이 흘렀습니다.

"그런데 대만이 탁구 강국 아닌가요? 혹시 여기 탁구장이 있을까요?"

"그럼요. 내일 일정 후에 같이 찾아볼까요?"

상상도 못 했던 일이 벌어졌습니다. 다음 날 저녁, 우리는 현지 가이드 도움을 받아 타이베이시 탁구 체육관을 찾아냈고, 현지인들과 복식 경기까지 벌였습니다. 그 과정에서 L 부장님과 "4대 3으로 앞서고 있으니, 이제 서브는 짧게 밀어 넣고 세 번째 공은 강하게 밀어붙이죠."라는 작전 회의를 하였고, 기세를 이어 어느새 연수원 교육 전략까지 확장되었습니다.

"결국 교육도 리듬이 중요한 것 같아요. 시작은 부드럽게, 중간에 임팩트를 주고, 마무리는 확실하게."

무심코 던진 '탁구' 한마디가 이토록 풍부한 대화로, 심지어 평생의 인연으로 발전할 줄 몰랐습니다. 지금도 L 부장님과 가끔 탁구를 치러 만나곤 합니다.

이런 경험, 여러분도 있으실 겁니다. 사소한 인사말이 인생을 바꾸는 대화로 이어지는 순간들 말이죠. 그리고 그 반대의 경우도 있습니다. 중요한 회의에서 던진 질문이 묵살되거나, 진지한 대화 시도가 어색한 침묵으로 끝나는 순간들.

이 차이는 어디서 오는 걸까요?

바로 '대화의 춤'을 얼마나 자연스럽게 출 수 있는지에 달려 있습니다. 그 춤의 첫 번째 스텝이 바로 턴 테이킹(Turn-taking), 즉 대화의 순서 교대입니다.

"제가 말할까요? 아니면 당신이 먼저 하실래요?"

이것은 인류가 만든 최초의 소셜 프로토콜이자, 어쩌면 가장 성공한 '플랫폼'인지도 모릅니다. 우리는 이 복잡한 시스템을 별다른 교육 없이도 자연스럽게 배웁니다.

최근 연구진들에 의하면 아기들은 태어난 지 생후 8주 만에 턴 테이킹의 기본 패턴을 인식하기 시작한다고 합니다.[2]

"부모가 아기에게 '우리 아가 잘 잤어?' 하고 말을 걸면, 아기는 '아구구' 같은 옹알이로 대답합니다. 부모는 다시 '그래, 잘 잤

---

2 Gratier, M., Devouche, E., Guellai, B., Infanti, R., Yilmaz, E., & Parlato-Oliveira, E. (2015). Early development of turn-taking in vocal interaction between mothers and infants. *Frontiers in psychology*, 6(1167), 236-245.

구나.' 하고 반응하죠. 이게 바로 가장 기본적인 턴 테이킹 구조인 시작-응답-발전의 패턴입니다."

이렇게 태어나자마자 배우기 시작한 대화의 춤은 평생 우리와 함께합니다. 하지만 그 리듬을 의식적으로 생각해 본 적이 얼마나 될까요?

"턴 테이킹 구조를 분석해 보면, 놀라울 정도로 수학적입니다."

대화 분석을 연구하는 캘리포니아 대학의 색스(Sacks)와 그의 연구팀은 대화의 순서 교대가 거의 공식처럼 정확하다는 사실을 발견했습니다.[3] 그들 연구에 따르면 대화의 차례는 다음과 같은 원칙이 적용됩니다.

> 1. 현재 말하는 사람이 다음 화자를 지목한다.
> 2. 지목이 없으면 먼저 말을 시작한 사람이 차례를 가져간다.
> 3. 아무도 말을 시작하지 않으면, 현재 화자가 계속 이야기할 수 있다.

이러한 규칙을 지키지 않았을 때 우리는 불편함을 느낍니다.

3　Sacks, H., Schegloff, E. A., & Jefferson, G. (1974). A simplest systematics for the organization of turn-taking for conversation. language, 50(4), 696-735.

"외국어를 배울 때 어려운 부분 중 하나가 바로 턴 테이킹 타이밍입니다." 제가 알고 있는 다국적 기업 통역사의 경험담입니다.

"영어나 일본어는 문법을 배우는 것보다 대화의 리듬을 익히는 게 더 중요할 때가 있어요. 한국어처럼 '~습니다'로 명확하게 문장이 끝나는 신호가 없는 언어들은 미묘한 억양이나 시선, 몸짓으로 차례를 넘기거든요. 이걸 놓치면 계속 어색한 타이밍에 끼어들게 되고, 그럼 현지인들은 '뭔가 이상한 사람'이라고 느끼는 거죠."

이처럼 턴 테이킹은 단순한 '말 주고받기'가 아닙니다. 그것은 인간관계의 깊이와 신뢰를 만드는 보이지 않는 댄스라고 할 수 있습니다.

짝을 이루는 대화의 법칙

"안녕하세요."
"네, 안녕하세요."

"이번 주말에 뭐 해요?"
"친구들 만나기로 했어요. 당신은요?"

"이 보고서 좀 검토해 주실래요?"

"그럼요, 내일까지 봐 드릴게요."
"여보, 내 새 넥타이 어때?"
"음… 솔직히 말해도 돼?"
(위험신호 감지!)

이런 대화의 쌍들을 언어학에서는 인접 쌍(Adjacency pairs)[4] 이라고 부릅니다. 첫 번째 발화가 두 번째 발화의 유형을 결정하는 패턴이죠.

"질문은 대답을, 요청은 수락이나 거절을, 인사는 인사를 요구합니다." 대화 분석 연구 분야의 핵심 개념입니다.

언어학자 색스Sacks와 쉐글로프Schegloff의 연구에 따르면, 이런 '페어링'은 문화적으로 강력한 기대를 형성하는데, 이 기대가 깨질 때 우리는 당혹감을 느낍니다.

"안녕하세요."
"……."

위 상황에서 인사에 대한 응답이 없으면 어떤 기분이 드나요? 무시당한 느낌, 당혹감, 심지어 분노까지 들 수 있습니다. 그만큼 대화의 쌍은 사회적 관계에 강력한 영향을 미칩니다.

---

4 인접 쌍(Adjacency pairs)은 대화에서 특정한 순서로 나타나는 발화의 쌍을 의미합니다. 예를 들어, 질문-응답, 요청-승낙, 인사-응답 등의 형태가 이에 해당합니다. 이는 사회적 상호작용의 구조를 이해하는 데 중요한 개념입니다(Schegloff & Sacks, 1973).

그런데 이런 '짝' 구조는 인사나 질문-답변에만 국한되지 않습니다. 더 복잡한 대화에서도 이런 패턴이 숨어 있죠.

> "엄마, 나 학교에서 1등 했어!"
> "정말? 우리 아들 대단하다!"

이것은 '좋은 소식 알림-축하'의 쌍입니다.

> "이번 프로젝트에서 실수가 있었어요."
> "괜찮아요. 다음에 더 잘하면 되죠."

이건 '사과-용서'의 쌍이죠.
이 짝들은 마치 도미노처럼 연결되어 더 긴 대화를 형성합니다. 아래 등산 이야기를 살펴볼까요?

> "부장님, 혹시 이번 주말에 등산 가세요?" (정보 요청)
> "어, 김 대리도 등산해?" (역질문+정보 요청)
> "네, 가끔 다녀요. 요즘 북한산 쪽에 진달래가 예쁘다고 해서요." (정보 제공+새로운 주제 제안)
> "진달래? 아직 이르지 않아? 작년에도 4월 중순은 되어야 피었지." (의견 제시+추가 정보 제공)

이렇게 보면 대화는 마치 테니스 경기처럼 공을 주고받는 구조입니다. 때로는 리턴이 오기도 하고, 때로는 상대가 스매싱을 날려 완전히 예상치 못한 방향으로 공이 날아오기도 하죠. 여기서 중요한 것은, 대화에서는 공을 떨어뜨리는 것이 패배가 아니라는 점입니다. 오히려 공을 너무 오래 손에 쥐고 있는 것, 즉 독백처럼 혼자서만 말하는 행동이 대화의 패배입니다.

주제 전환⁵의 자연스러운 리듬

"그래서 북한산 등산로는… 아, 그러고 보니 지난번에 말씀드린 영업 보고서는 검토해 보셨나요?"

대화 중에 갑자기 주제를 바꾸면 어떤 느낌이 드나요? 아마도 '뜬금없다' 또는 '맥락이 끊긴다'고 느끼실 겁니다. 하지만 자연스러운 대화에서 주제는 계속해서 변합니다. 등산 이야기가 업무 이야기로, 가족 이야기가 여행 계획으로 바뀌기도 합니다.

이런 주제 전환이 자연스럽게 느껴지는 이유는 무엇일까요?

"좋은 대화자는 브리지(Bridge)를 놓는 사람입니다."

대화 코칭을 전문으로 하는 최 강사의 말입니다.

---

5   주제 전환(Topic Shift)은 대화에서 새로운 주제를 도입하거나 기존 주제를 변경하는 과정으로, 적절한 전환은 관련성을 유지하며 대화를 이어가지만, 부적절한 전환은 맥락과 무관한 주제를 도입하는 것을 의미합니다.

"두 주제 사이에 다리를 놓아 연결하는 거죠. '북한산 이야기가 나와서 말인데, 저번에 회사 워크숍으로 북한산 갔을 때 논의했던 그 보고서⋯⋯.'처럼요."

그런데 더 재미있는 것은, 브리지가 없어도 대화가 자연스럽게 흐르는 경우가 있다는 겁니다. 바로 화제 고갈(Topic attenuation)이 일어났을 때죠.

"한 주제로 나눌 수 있는 대화는 한정되어 있습니다. 등산에 관해 이야기하다 보면 언젠가는 '이제 더 할 말이 없다'는 미묘한 신호[6]가 오가게 되죠. 이때가 바로 새로운 주제로 전환하기 가장 좋은 타이밍입니다."

실제로 연구에 따르면, 대화 주제의 평균 지속 시간은 약 8~10번의 턴(차례)이라고 합니다. 물론 이는 대화의 깊이와 참여자의 관심도에 따라 달라질 수 있지만, 대체로 같은 주제가 20번 이상의 턴을 넘어가는 경우는 드물다고 하네요.

"그래서 오후에⋯ (침묵) ⋯ 아, 맞다! 내일 회식 장소 어디로 할까?"

이런 식의 주제 전환이 자연스럽게 느껴지는 이유는, 앞선 주제에 대한 대화가 이미 충분히 고갈되었기 때문입니다. 이때는 별도

---

6   이것을 포함하여 대화에서 화자 전환이 가능한 지점을 TRP(Transition Relevance Place)라고 하는데, 일반적으로 발화 단위(TCU)의 끝에 위치합니다. 이는 대화 참여자들이 원활한 턴 테이킹을 할 수 있게 해주며, 대화의 순차적 구조를 유지하는 데 중요한 역할을 합니다.

의 브리지 없이도 새로운 주제를 꺼내도 어색하지 않게 되죠.

그렇다면 이런 주제 전환의 시기를 어떻게 알 수 있을까요? 이것이 바로 마법 같은 '비언어적 신호'의 영역입니다.

"요즘 젊은 사람들은 눈 마주치는 법을 잘 모르는 것 같아요."

10년 차 면접관인 L 부장의 한숨 섞인 말입니다.

"면접할 때 계속 시선을 회피하거나 반대로 노려보듯 쳐다보는 경우가 많죠. 원래 대화는 시선을 주고받는 리듬이 있는데, 그걸 못 찾는 거예요."

실제로 연구에 따르면, 말할 때와 들을 때 눈 마주침 패턴이 다르다고 합니다. 말을 시작할 때는 잠시 시선을 피했다가, 이야기를 이어가면서 상대의 눈을 바라보고, 말을 마무리할 때 다시 눈을 마주치는 것이 가장 자연스러운 패턴이라고 하네요.

'이제 내 차례가 끝났으니 당신 차례'라고 눈으로 신호를 보내는 거죠. 그런데 이런 비언어적 신호는 시선만이 아닙니다. 목소리 톤, 몸자세, 고개 끄덕임 등 다양한 신호가 복합적으로 작용합니다.

"재즈 음악을 들어보셨나요? 연주자들은 별도의 신호 없이도 누가 솔로 차례인지 정확히 알아요. 가끔은 고개를 살짝 끄덕이거나, 중절모를 쓴 피아니스트가 모자를 살짝 들어 올리는 것만으로도 '이제 네 차례야.'라는 신호가 되죠."

한때 재즈 뮤지션이었다는 H 대표의 말입니다.

"대화도 마찬가지예요. 말을 마치기 전에 속도를 살짝 늦추거나, 음높이를 낮추거나, 고개를 끄덕이는 등 신호를 보내며 '이제 당신 차례'라고 표현하는 거죠."

사실 이런 신호들이 문화마다, 개인마다 조금씩 다르다는 점도 흥미롭습니다. 서양 문화에서는 질문의 끝에 음높이가 올라가지만, 어떤 동아시아 언어들은 오히려 내려가기도 합니다. 또 침묵을 참는 시간도 문화마다 다른데, 북유럽에서는 20초 이상의 침묵도 불편하지 않게 여기는 반면, 라틴 문화권에서는 3초만 침묵해도 어색함을 느낀다고 하네요.

가장 놀라운 건, 이 모든 복잡한 신호체계를 우리가 무의식적으로 배우고 사용한다는 점입니다. 자전거 타는 법을 한번 배우면 잊지 않는 것처럼요.

다시 처음 탁구 이야기로 돌아가 볼까요?

"혹시 탁구 치세요?"

무심코 던진 질문에서 시작된 23분의 대화는 잡담이 아니었습니다. 그것은 정교하게 짜인 춤이었죠. L 부장님과 저는 서로 차례를 주고받으며, 주제를 발전시키고, 때로는 전환하면서 하나의 리듬을 만들어 갔습니다. 그 리듬 속에서 우리는 동료를 넘어, 서로에 대해 더 알게 되었습니다. 탁구 기술에서 시작해, 인생 경험과 그것이 어떻게 우리의 업무와 연결되는지까지. 자연스러운 흐름 속에서 이루어졌죠.

하지만 모든 대화가 이렇게 완벽한 춤으로 이어지는 것은 아닙니다. 특히 가정에서는 종종 '인접 쌍'이 완전히 어긋나는 경우가 있죠. 제 경험을 하나 들려드릴게요.

"여보, 오늘 얼굴이 왜 이래? 새로운 스타일이야?"
"응. 어때? 괜찮아?"
"음… 솔직히 말해도 돼? 아무래도 당신은 1일 1팩 해야 할 것 같아." (3초의 긴장된 공감)
"어지간하면 아내한테는 예쁘다고 말하라고!"
"아니, 그게 아니라 그냥 당신 피부가 조금… 들뜬 것 같아서…."
"됐어! 당신은 항상 그래. 내 기분은 생각 안 하고!"
"여보, 솔직히 말하라며…."
(그리고 날아온 등짝 스매싱)
"여보, 당신 오늘 정말 예쁘다! 완전 여신 같아!"

이렇게 이뤄져야 했던 대화가, 서툰 '턴 테이킹'으로 완전히 엉망이 되었죠. '칭찬 요청-칭찬'이라는 인접 쌍이 '칭찬 요청-비판'으로 잘못 짝지어진 겁니다. 그것도 3초라는, 대화의 춤에서 영원과도 같은 침묵 뒤에 말이죠.

대화는 정보 교환이 아닙니다. 그것은 관계를 춤추는 방법입니다. 턴 테이킹이라는 기본 스텝을 익히면, 우리는 어떤 상황에서든 아름다운 춤을 출 수 있습니다. 회의실에서든, 가족 식탁에서든, 첫 데이트 자리에서든 말이죠. 최소한 등짝 스매싱은 피할 수 있을 겁니다.

대화의 무도회

"저기요, 다음 주 토요일이 크리스마스이브인데요."
"아! 저기 봐요, 밤하늘에 비행기 날아가네요~"

첫 만남에 홀딱 반한 후, 저녁 식사와 영화 감상까지 완벽하게 진행했던 데이트 마지막, 용기를 내어 다음 만남을 요청하려던 순간이었습니다. 마음속으로 준비한 고백 계획이 와장창 무너지는 순간이었죠. 호감을 표현하기 위한 완벽한 타이밍을 노렸는데 그녀(현재의 아내)는 제 '턴'을 보기 좋게 가로챘습니다.

나중에 아내에게 물었습니다.

"왜 그때 내 말을 끊었어?"

"글쎄. 그냥 당신은 일회용 만남? 첫인상을 보자마자 에구~ 커피 한 잔 마시고 일어나야겠네, 하고 생각했지. 크크."

"그래서 비행기?"

"응. 사실은 같이 몇 시간 보내다 보니까 또 괜찮아 보였어. 근데 어떻게 말해야 할지 몰라서."

흥미로운 사실은, 이런 '턴 가로채기'가 우연이 아니라는 점입니다. 대화에서 긴장도가 높아지면, 우리의 뇌는 종종 '회피 모드'로 전환됩니다. 마치 위험한 동물을 만났을 때 도망치는 것처럼, 대화의 위험 신호를 감지하면 주제를 급격히 바꾸거나 상대방의 턴을 가로채는 반응을 보이는 것이죠.

그날 이후, 저는 수많은 우회로를 거쳐 결국 프러포즈에 성공했습니다. 그리고 결혼생활 후 일어났던 많은 일들은 그날의 대화처럼, 예상치 못한 턴의 연속이었던 것 같습니다.

"회의실에서는 왜 내 말이 항상 무시될까요?"

어느 연수원 특강에서 만난 한 중간관리자의 고민이었습니다. 그는 업무 능력이 뛰어났지만, 회의에서 발언권을 얻는 데 항상 어려움을 겪었습니다.

"혹시 회의에서 말을 꺼낼 때, 어떤 신호를 보내나요?"

"신호요? 그냥 말하는데요?"

여기서 문제의 단서를 발견했습니다. 대화의 무도회에서는 '입장'이 중요합니다. 특히 공식적인 회의나 다수가 참여하는 대화에서는 더욱 그렇죠.

연구에 따르면, 성공적인 턴 테이킹을 위한 상황별 패턴이 존재합니다. 이는 무도회의 다양한 춤 종류와 같습니다. 탱고, 왈츠, 살사 등 상황마다 적절한 턴 테이킹 '춤'이 있는 것이죠.

1. 공식 회의의 3/4박자 왈츠: 우아하고 구조화된 패턴

공식 회의에서 발언권을 얻기 위한 전형적인 패턴은 마치 3/4박자 왈츠의 1-2-3, 1-2-3 리듬처럼 정형화되어 있습니다:

- 1박(준비): 시각적 신호 보내기. 고개를 살짝 들거나, 손을 약간 들어 올리는 등
- 2박(기다림): 전환점 기다리기. 현재 발언자의 말이 끝나가는 지점, 특히 문장이 마무리되는 순간
- 3박(입장): 호흡 신호 활용하기. 숨을 깊게 들이마시며 약간 앞으로 기울이는 신체 언어로 참여 의사 표현하기

"이번에는 왈츠의 스텝처럼 1-2-3 리듬을 생각하면서 시작하기 전에 고개를 살짝 들고, 현재 발언자의 말이 끝날 때까지 기다린 다음, 깊게 숨을 들이마시고 말을 시작해 보세요."

중간관리자는 다음 팀 회의에서 이 조언을 시도했습니다.

"처음으로 제 의견을 제대로 전달할 수 있었어요!" 이렇듯 놀랍게도 효과가 있었습니다.

2. 친구 모임의 4/4박자 살사: 경쾌하고 활기찬 리듬

친구들과 대화는 공식 회의와는 완전히 다른 턴 테이킹 패턴을 보입니다. 마치 4/4박자 살사 춤처럼 빠르고 즉흥적이며, 때로는 서로의 스텝이 겹치기도 합니다.

- 1박(시작): 오버랩 허용. 때로는 서로의 말이 겹치더라도 자연스럽게 수용

- 2박(발전): 웃음을 전환점으로 활용. 웃음이 잦아들 때 새로운 주제 도입
- 3박(강조): "그건 그렇고" 신호 활용. 명시적 전환 신호를 통해 새로운 이야기 시작
- 4박(연결): 체인 스토리텔링. 상대방 이야기에 연관된 자신의 경험 연결하기

얼마 전 고등학교 동창회에서 있었던 일입니다. 두 시간 동안 대화가 끊이지 않았는데, 나중에 대화를 분석해 보고 놀라운 사실을 발견했습니다. 평균적으로 한 사람의 발언이 끝나고 다음 사람의 발언이 시작되는 간격이 0.2초에 불과했습니다. 심지어 많은 경우 -0.1초, 즉 말이 약간 겹치기까지 했죠. 그런데도 대화는 전혀 어색하지 않았습니다.

3. 부부간의 2/4박자 탱고: 27년 결혼생활이 만든 텔레파시

27년간의 결혼생활로 우리 부부는 텔레파시가 통할 정도입니다. 부부 사이 대화는 마치 2/4박자 탱고처럼 강한 친밀감과 긴장감이 교차하는 특별한 패턴을 보입니다.

- 1박(의도): 침묵과 부분적 발화. 문장을 완성하지 않아도 서로 이해
- 2박(공감): 시선 교환과 신체 접촉. 말보다 눈빛과 가벼운 터

> 치로 많은 것을 전달

"응?"
"응."
"응!"
"응….'"
"응~"

외부인이 들으면 도무지 무슨 말인지 이해할 수 없지만, 이건 다음과 같은 대화입니다:

"자기야, 이 식당 맛있나?"
"응."
"진짜 형편없다!"
"응… 맞아."
"다신 오지 말자~"

이러고는 같이 팔짱을 끼고 출구를 향해 아무 말 없이 걸어갑니다. 나가면서 눈빛만 교환하죠. 우린 통하니까.

그러고 보니 식당에서 부부와 불륜 커플을 구별하는 확실한 방법이 있습니다. 부부는 음식이 나오면 대화가 뚝 끊기고 묵묵히 먹다가 계산서만 보고 눈빛으로 동시에 일어납니다. 반면 불륜 커플은 음식은 안 먹고 손만 계속 만지작거리며 끊임없이 "이거 맛있네~" "너무 달콤해~" 같은 알콩달콩한 대화를 주고받죠. 결국 음식은 차갑게 식어버리고 사진만 열심히 찍습니다. 그러고 보면 이러한 부부의 침묵은 불화가 아니라 최고의 교감일 수 있겠네요. 27년 결혼 생활이 만들어 낸 진정한 텔레파시일 수도 있고요.

리드하고 따르는 순간들

"회의를 너무 길게 하시는 임원이 계세요. 어떻게 좀 자연스럽게 줄일 수 있을까요?"

기업 컨설팅에서 한 중간관리자의 고민이었습니다. 이는 대화의 무도회에서 '리드'를 어떻게 가져오느냐의 문제입니다.

대화에는 항상 미묘한 권력관계가 존재합니다. 누가 대화를 이끌고(리드), 누가 따르는지(팔로우)에 따라 대화의 양상이 크게 달라지죠. 하지만, 이 역할은 고정된 것이 아니라 상황과 맥락에 맞춰 유동적으로 변합니다.

저도 그런 임원을 만난 적이 있습니다. 한 번 회의를 시작하면 기저귀를 차고 회의를 할 정도로 너무너무 길게 하는 마케팅 본부장이 계셨죠. 7~8시간은 기본이었습니다. 회사 전체가 그분이 진행하는 회의를 기피했고, 심지어 배탈이나 급한 가족 사정을 핑계로 빠지는 일이 다반사였습니다.

그런데 어느 날, 회사에서 모두가 놀라는 일이 벌어졌습니다.

제가 그 악명 높은 회의에 참석했는데 단 3시간 만에 나온 것입니다. 다들 비결을 물어보았죠.

"어떻게 3시간 만에 나올 수 있었어요? 무슨 특별한 전략이라도 있는 거예요?"

"아니요, 사실은……."

제가 살짝 목소리를 낮추며 말했습니다.

"회의실을 착각해서 잘못 들어갔던 거예요."

순간 동료들의 표정이 멍해졌습니다.

"잠깐, 그럼 애초에 참석 대상자도 아니었는데 무려 3시간이나 그 회의에 앉아 있었다는 거예요?!"

이 말에 사무실은 폭소의 도가니가 되었고, 그 소문은 삽시간에 회사 전체로 퍼졌습니다. 한 동료는 숨을 헐떡이며 말했습니다.

"와, 그 회의는 실수로 들어간 사람도 3시간이나 못 빠져나오는구나!"

1. 자연스러운 리드 가져오기

임원의 긴 발언을 어떻게 자연스럽게 마무리할 수 있을까요? 직접적으로 끊는 것은 실례가 될 수 있습니다. 대신 다음 전략을 제안했습니다:

> - 요약 반영하기: "지금까지 말씀하신 세 가지 핵심은…."
> - 시각적 신호 활용하기: 메모하다가 펜을 내려놓기

- 질문으로 방향 전환하기: "그 부분에 대해 다른 분들 의견은 어떠신가요?"
- 시간 프레임 설정하기: "남은 30분 동안 논의해야 할 사항이 두 가지 더 있습니다."

"요약 반영법이 가장 효과적이었어요. 임원님도 자신의 말이 정리되어 만족해하시고, 자연스럽게 저에게 턴이 넘어왔습니다." 몇 주 후, 중간관리자의 피드백이었습니다.

2. 적절한 타이밍에 팔로우하기

때로는 대화를 이끄는 것보다, 적절히 따르는 것이 더 중요할 때가 있습니다. 특히 상대방이 감정적인 이야기를 하거나, 전문 분야에 관해 설명할 때는 더욱 그렇죠.

- 부드러운 맞장구: "그렇군요", "정말요?", "아, 그랬군요." 등
- 열린 질문으로 확장 유도: "그래서 어떻게 됐나요?", "더 자세히 말씀해 주실 수 있나요?"
- 비언어적 호응: 고개 끄덕임, 시선 유지, 몸을 약간 앞으로 기울이기
- 침묵의 공간 제공: 때로는 3~4초 침묵을 통해 생각할 시간 주기

"지난주에 팀원이 개인적인 어려움을 토로했는데, 제가 평소처럼 바로 해결책을 제시하는 대신 그냥 경청하면서 맞장구만 쳤더니, 나중에 정말 도움이 됐다며 고마워하더라고요. 아무 조언도 안 했는데 말이죠."

팀장 연수에서 만난 한 참가자의 놀라운 발견이었습니다.

3. 리드와 팔로우의 자연스러운 교체

한편, 건강한 대화의 무도회에서는 리드와 팔로우가 자연스럽게 교체됩니다. 한 사람이 계속해서 이끄는 것이 아니라, 상황과 주제에 따라 리더십이 유동적으로 이동하는 것이죠.

연구에 따르면, 가장 만족도가 높은 대화는 참여자들이 대략 40:60 또는 60:40 비율로 발언 시간을 나누어 가지는 경우라고 합니다. 너무 균등하게 50:50 비율로 나누는 것보다는, 약간의 비대칭이 있을 때가 더 자연스럽고 활기찬 대화가 된다는 것이죠.

"우리 임원 회의를 분석해 보니, 가장 생산적인 회의는 리드 역할이 주제별로 자연스럽게 바뀌는 경우였어요. 재무 이슈를 논의할 때는 CFO가, 마케팅 전략을 논의할 때는 CMO가 자연스럽게 더 많은 발언권을 가졌고, 다른 임원들은 적절히 팔로우하는 모습을 보였죠."

한 기업 컨설팅 후 관찰한 결과입니다.

자연스러운 순서 교대의 비밀

"예술은 숨기는 데 있다."

고대 로마의 시인 오비디우스의 이 말은 자연스러운 턴 테이킹에도 적용됩니다. 가장 자연스러운 순서 교대는 그 기술이 전혀 보이지 않을 때입니다.

1. 미세한 신호 읽기

자연스러운 순서 고대의 첫 번째 비밀은 '미세한 신호'를 읽는 능력입니다. 말이 끝나가는 신호는 다양한 형태로 나타납니다.

> - 음성의 변화: 말의 속도가 느려지거나, 음량이 줄어들거나, 음높이가 내려가는 경우
> - 구문의 완성: 문장이 마무리되는 순간
> - 시선의 변화: 고개를 돌리거나, 시선을 다른 사람에게 향하는 경우
> - 손짓의 변화: 손동작이 줄어들거나, 손을 내려놓는 경우

연구에 따르면, 우리는 말이 끝나기 약 200밀리초 전부터 이미 턴 교대를 준비한다고 합니다. 상대방의 말이 끝나는 시점을 예측하여 그에 맞춰 숨을 들이마시고, 목소리를 준비하는 것이

죠. 이는 신경과학의 예측 부호화 이론(Predictive Coding)[7]으로 설명할 수 있습니다. 우리 뇌는 대화 패턴을 지속적으로 예측하면서 다음 턴 테이킹 타이밍을 미리 계산하고, 이에 따라 반응을 준비합니다.

네덜란드 막스 플랑크 연구소의 발견입니다.[8] 우리 뇌는 놀라울 정도로 정확하게 턴의 종료 시점을 예측할 수 있습니다.

2. 문화적 차이 이해하기

또, 순서 교대의 패턴은 문화에 따라서도 크게 다릅니다. 이를 모르면 크게 당황할 수 있죠.

- 북유럽 문화: 순서 교대 사이의 긴 침묵도 자연스럽게 받아들이며, 겹치는 발화를 꺼림
- 남유럽 문화: 빠른 턴 교체와 가끔 오버랩을 선호
- 아시아 문화(특히 일본): 침묵의 의미가 풍부하며, 간접적 턴 양도 신호 사용

---

7 예측 부호화 이론(Predictive Coding)에 따르면, 뇌는 계층적 생성 모델을 통해 감각 입력의 원인을 추론하고, 예측 오류를 최소화함으로써 학습과 지각을 수행합니다(Friston, 2005).

8 Levinson, S. C., & Torreira, F. (2015). Timing in turn-taking and its implications for processing models of language. *Frontiers in psychology*, 6, 731.

- 아랍 문화: 감정 표현이 풍부하고 목소리 높임이 턴 유지 전략으로 사용됨

"미국 기업과의 화상회의에서 항상 어색했던 이유를 이제 알겠어요. 저희는 한국식으로 상대방 말이 완전히 끝난 뒤 잠시 여유를 두고 말했는데, 미국팀은 그 짧은 간격에 바로 새로운 발언을 시작하더라고요. 결국 저희 의견은 거의 반영되지 않았습니다." 글로벌 팀 리더의 경험담입니다.

3. 윤활유 대화 전략

마지막으로, 자연스러운 순서 교대를 위한 '윤활유' 같은 전략들이 있습니다.

- 물꼬 트기: "그건 그렇고….", "잠시 다른 이야기를 해볼까요?", '그래서 말인데….' 등의 표현으로 부드럽게 전환
- 요약 후 전환: "지금까지 ~에 대해 이야기했으니, 이제 ~에 대해 논의해 볼까요?"
- 공통분모 찾기: "당신의 경험이 제 상황과 비슷한 것 같은데요."
- 질문을 통한 초대: "이에 대해 어떻게 생각하세요?"

대화의 무도회는 결국 관계에 관한 것입니다. 누가 얼마나 말

했는지가 아니라, 얼마나 서로를 존중하며 의미 있는 교류가 이루어졌는지가 중요하죠.

"저번 회의에서 말한 제 의견이 정확히 뭐였는지는 잘 기억나지 않지만, 제 말을 진지하게 들어준 팀장님의 눈빛은 아직도 기억나요."

예전에 근무했던 회사에서 1년 차 신입사원이 했던 말입니다. 이것이 바로 대화의 무도회가 중요한 이유입니다. 우리는 말의 내용보다, 그 말이 어떻게 주고받아졌는지를 더 오래 기억하니까요.

탁구에서 랠리가 오래 이어질수록 게임이 흥미로워지듯, 대화도 턴 테이킹이 자연스럽게 이어질 때 더욱 풍요로워집니다. 그 속에서 우리는 더 깊은 관계를, 더 창의적인 아이디어를, 더 효과적인 해결책을 발견하게 됩니다.

아, 제 첫 데이트 고백 이야기의 결말은, 그날 밤 비행기 구름 이야기로 대화가 흘러간 후, 결국 두 번째 데이트에서 노래방 '알고 싶어요' 가사에 맞춰 "사랑합니다."라는 고백을 했답니다. 뜬금없긴 했지만, 턴 테이킹 실패가 오히려 재미있는 고백 스토리를 만든 셈이죠. 가끔은 완벽한 춤보다, 진심 어린 어설픈 스텝이 더 좋은 결과를 가져오기도 하니까요.

디지털 세상의 턴 테이킹 생존법

"그래서 팀장님이 '이거 언제까지 해야 해요?'라고 물었더니,

CEO가 '어제요.'라고 대답했답니다!"
 (화면 속 20개의 석상 같은 표정들, 꿈쩍하지도 않는 무표정)

줌으로 진행하는 기업 리더십 강의 중 있었던 일입니다. 30년 경력의 강사인 저에게도 이 순간은 충격적이었습니다. 대면 강의였다면 최소한 공손한 미소라도 지었을 순간인데, 화면 속에는 마치 '웃음 금지' 경연 대회라도 하듯 완벽한 무표정이 가득했죠. 솔직히 노트북을 벽에 던져버리고 싶은 충동이 일었습니다. 강의실이 웃음바다가 되었던 베스트 유머가 이렇게 차갑게 묻히다니!

이것이 바로 디지털 세상의 첫 번째 턴 테이킹 함정, '반응의 블랙홀'입니다. 말을 던져도 반응이 오지 않고, 반응을 기다려도 아무도 말을 시작하지 않는 상황이죠.

연구에 따르면, 대면 상황에서는 상대방의 발언이 끝난 후 0.2초 이내에 자연스러운 턴 테이킹이 이루어지지만, 온라인에서는 이 간격이 무려 1.5초로 늘어난다고 합니다.

'반응의 블랙홀'을 탈출하기 위해 저는 과감한 실험을 시도했습니다.

"여러분, 오늘부터 새로운 규칙을 적용해 볼게요. 제가 질문하면 채팅창에 최소한 한 글자라도 답변을 입력해 주세요. 심지어 '!'라도 좋습니다. 강의 내용에 질문하고 싶은 분은 그냥 '?'만 입력해 주세요."

이 간단한 '1글자 혁명'이 가져온 변화는 놀라웠습니다. 채팅창이 갑자기 활기를 띠기 시작했고, 곧 음성으로도 참여가 이어졌습니다. 심지어 한 참가자는 "지금까지 말하고 싶었는데 적절한 타이밍을 찾지 못했다."라고 고백하기도 했습니다.

디지털 턴 테이킹 핵심은 '명시적 신호'입니다. 대면에서는 눈빛, 몸짓, 미소 등 비언어적 신호로 턴을 주고받지만, 디지털 공간에서는 이런 미묘한 신호가 사라집니다. 그렇기에 "제 차례입니다.", "이제 당신 차례입니다."라는 직접적인 표현이 필요하죠.

온라인 환경에서 말이 자꾸 겹치거나 반대로 모두 침묵하는 상황, 익숙하신가요? 이런 문제를 해결하기 위한 '3-2-1 턴 테이킹 기법'을 소개합니다.

- 3초 멈춤: 말을 마친 후 의도적으로 3초 동안 멈춰 상대방에게 생각할 시간 제공
- 2가지 신호 확인: 화면 속 미세한 반응(눈썹 움직임, 고개 끄덕임)을 적극적으로 찾기
- 1번 더 물어보기: "제 말씀이 전달되었을까요?" 같은 확인 질문으로 턴 넘기기

"여보, 오늘 집에 좀 늦을 것 같아."
"또요? 이번 주에만 벌써 세 번째예요."
"미안해. 급한 프로젝트가 있어서요."
"알았어요. 그냥 들어와요."

시간은 밤 11시. 결혼 27년 차 베테랑 부부로서 이런 문자는 잠재적 핵폭탄입니다. 대면 상황이었다면 아내의 "알았어요."라는 말은 실제로는 "당신 죽었어!"를 의미했을 겁니다.

하지만 기적적으로, 카톡 대화는 추가 폭발 없이 그대로 종료되었습니다.

모든 시작은 우연이었죠. 사실 우리 부부가 나눈 '카톡 대화 기술'은 어느 날 큰 싸움 후 서로 말을 안 하던 중 발견됐습니다. 제가 거실 소파에서, 아내는 침실에서 각자 휴대전화를 붙들고 있었죠.

"에어컨 리모컨 어디 있어요?"

"탁자 위요."

"없는데요."

"TV 밑 서랍 확인해 봐요."

"찾았어요. 고마워요."

전혀 감정 없는 실용적 대화였지만, 신기하게도 이 순간부터 서서히 해빙이 시작되었습니다. 얼마 후 아내가 귀여운 고양이 이모티콘을 보냈고, 저도 강아지 이모티콘으로 응답했습니다. 이어진 것은 말도 안 되는 이모티콘 대격전. 결국 밤 12시, 아내가 침실 문을 열고 "이모티콘으로 싸우는 부부가 우리밖에 없을 거예요." 하며 폭소했고, 모든 갈등은 그렇게 해소되었습니다.

그 이후로 우리는 심각한 갈등이 예상될 때마다 의도적으로 "이건 카톡으로 얘기해요."라는 신호를 보냅니다. 작년에는 큰 금전적 결정을 앞두고 의견이 갈렸는데, 1시간 동안 카톡 대화로 평화롭게 합의에 도달했습니다. 같은 내용을 직접 말했다면? 아마 3일간 냉전이 뒤따랐을 겁니다.

디지털 턴 테이킹의 마법은 바로 여기에 있습니다.

> - 화가 치밀어 오를 때, "잠시만요." 대신 침묵의 공간
> - 즉각적인 감정 폭발 대신, 타이핑하는 시간 동안의 자연스러운 냉각기
> - 무엇보다, 이모티콘이라는 감정적 완충장치

우리 부부가 내린 결론.
"가끔은 직접 소통하는 것보다, 화면을 사이에 두는 게 더 가까워지는 방법일 수 있다."

메시지를 보내고 벌어진 비극적 타임라인.
09:42 – "잠깐 시간 있어? 중요한 얘기가 있어." 메시지 발송
09:43 – '읽음' 표시 확인
09:44 – 아무 반응 없음
09:50 – 다시 확인, 여전히 아무 반응 없음
10:15 – '왜 답장이 없지? 무슨 일 있나?' 생각하기 시작
11:30 – '화났나? 내가 뭘 잘못했나?' 자기반성 시작
12:45 – 점심을 먹으며 휴대전화만 100번 확인

14:20 - '확실히 나한테 화가 났어. 아니면 내가 싫어진 건가?' 자존감 붕괴
16:35 - 다른 친구에게 "쟤가 읽씹했어."라고 하소연
18:10 - "그래, 나도 답장 안 해줄 거야!" 최후통첩
21:30 - 상대방 차단 후 "이제 끝이야." 선언

다음 날 아침.
"미안해! 어제 휴대전화 배터리가 나가서 충전하다가 깜빡했어."
이것이 바로 '읽씹'이 만들어 내는 현대판 소통 비극입니다.

몇 년 전, 친한 동료에게 중요한 기획서 피드백을 부탁하는 메시지를 보냈습니다. '읽음' 표시 후 8시간 동안 아무 응답이 없었죠. 처음엔 '바쁜가?'라고 생각했지만, 시간이 지날수록 불안감이 커졌습니다.
'내 기획서가 너무 형편없어서 뭐라고 해야 할지 모르는 건가?'
'혹시 도움 요청이 부담을 줬나?'
'아니면 나에게 서운한 일이 있나?'
결국 저녁에 참지 못하고 "기획서가 마음에 안 들면 솔직히 말해줘도 돼."라는 다소 뾰로통한 추가 메시지를 보냈습니다.
10분 후 동료의 답장:

"기획서 진짜 좋은데! 구체적으로 피드백을 주고 싶어서 시간 내서 꼼꼼히 보고 있었어. 30분만 더 기다려줘!"

이 경험으로 저는 '블루틱 증후군'(메시지가 읽혔음을 나타내는 파란 틱 표시에 대한 공포)이 현대인의 새로운 불안 장애라는 걸 깨달았습니다.

세대별 읽씹에 대한 인식은 다소 다릅니다.

> - X세대: 이메일 형식의 완성된 문장과 인사말, 읽씹을 심각한 예의 부족으로 인식
> - 밀레니얼 세대: 축약어와 이모티콘이 섞인 비교적 긴 메시지, 읽씹에 불안해하지만, 수용
> - Z세대: 초 단축어, 이모지, 밈(meme)을 활용한 초고속 교환, 전략적 읽씹을 소통의 일부로 활용
> - 알파 세대: 텍스트보다 음성/영상 중심의 새로운 턴 테이킹, 읽씹 개념 자체를 다르게 인식

또 하나의 교훈. 가끔은 "내 메시지 봤니?"라고 물어보는 것보다 "읽씹 중이지? 1부터 100까지 세어 볼게."라며 유머로 접근해야 훨씬 효과가 있더군요.

어느 날 줌 강의에서 중요한 주제 전환을 해야 했습니다. 대면 강의였다면 눈빛만으로도 가능하겠지만, 줌에서는 모두 멍하니

저를 바라보고 있었죠. 그래서 제가 말했습니다.

"자, 여러분! 지금부터 주제를 바꿔보겠습니다. 이제 마케팅 전략에 관해 이야기할 텐데요, 다들 준비되셨나요? 채팅창에 '준비됐어요.'라고 입력해 주세요."

그 순간 기적처럼 모두가 깨어났고, 채팅창이 활기를 띠기 시작했습니다. 디지털 공간에서는 눈빛이 아닌 명시적 신호가 필요합니다.

"이제 내 차례야."라고 직접 말해야 합니다. 눈짓은 화면에서 사라지니까요. 사실 제 온라인 강의 중 최악의 순간은 질문을 던지고 침묵이 이어졌을 때였습니다. 대면 강의였다면 5초 기다려도 괜찮았겠지만, 온라인에서 5초는 영원과도 같았죠. 당황한 저는 연달아 다섯 개의 질문을 더 던졌고, 결과적으로 아무도 대답하지 않았습니다.

나중에 알고 보니 참가자들은 아직 생각 중인데 강사가 계속 질문을 바꾸니 뭘 답해야 할지 몰랐다고 하더군요. 그때 깨달았습니다. 디지털 공간에서는 '침묵을 두려워하지 말고, 오히려 의도적으로 10초의 여백을 만들어야 한다'는 사실을요.

"잠시 생각할 시간을 가져 볼게요."라고 명시적으로 말한 후, 여유 있게 기다려야 합니다. 강의 초반, 저는 모든 중요한 주제를 화상으로 설명하려 했습니다. 그러나 복잡한 개념일수록 오히려 이해도가 떨어지더군요. 그래서 전략을 바꿨습니다. 간단한 확인은 채팅, 감정적 교류는 화상, 복잡한 개념은 문서 공유로 채널을 분리한 것이죠. 가장 성공적이었던 강의는 "이 부분은 채팅으로 의견을 모을게요.", "이 주제는 잠시 화면을 켜고 토론해 볼까요?"라고 '채널에 맞게 턴 테이킹 방식을 조정했을 때'였습니다.

결국 디지털 턴 테이킹 비결은 음악가가 악기를 전환하듯, 상황에 맞게 소통 방식을 변주하는 데 있습니다. 디지털 공간에서 턴 테이킹 비결도 '의도적인 리듬 만들기'에 있습니다. 대화가 끊기고, 겹치고, 어색해지는 순간에도, 우리는 새로운 방식으로 소통의 춤을 이어갈 수 있습니다. 가끔은 농담에 아무도 웃지 않더라도, 혼자 웃으며 "네트워크 지연인가 보군요."라고 유머러스하게 넘길 수 있는 여유도 필요합니다.

27년 결혼 생활 속에서 "응?" "응." "응!" "응…" "응~"만으로 완벽한 대화를 나눌 수 있었던 것처럼, 우리는 디지털 공간에서도 새로운 형태의 친밀함과 이해의 언어를 발전시켜 나갈 것입니다.

다음 장에서는 대화가 깨지는 순간, 턴 테이킹의 함정과 이를 복구하는 방법에 대해 알아보겠습니다. 모든 춤꾼이 가끔은 발을 밟히기 마련이니까요.

5장

소통 실패의 순간들
―대화가 깨지는 결정적 타이밍

끊어진 대화, 고인 오해

중학교 시절 토요일 오후, 분단 청소를 마친 후의 일입니다. 우리 분단원 6명은 합심하여 빠르게 청소를 마치고 담임선생님께 보고하러 교무실로 향했습니다. 늘 그렇듯 교무실 문턱을 넘는 순간 쭈뼛거리는 마음과 주눅이 들었습니다.

"저 선생님… 청소… 다 끝났는데요."

선생님 반응은 의외로 부드러웠습니다.

"그래? 빨리 끝났네. 아~ 참, 애들 아직 안 갔나?"

"아, 애들요… 아직….", 그 순간 선생님은 제 말을 끊고 교실로 서둘러 향했습니다. 교실에 도착하니 청소를 담당했던 우리 분단원들만 남아있었습니다. 선생님 표정이 순식간에 바뀌었습니다.

"뭐야, 이 녀석! 애들 다 갔잖아?"

"애들 다 있는데요."

저는 당연히 청소를 담당한 우리 분단 아이들을 가리키는 말이었습니다.

"무슨 소리를 하는 거야? 내가 애들 아직 안 갔냐고 하니까 안 갔다면서?"

선생님은 전체 급우들을 의미했던 것입니다. 중간에 말을 자르고 혼자 오해하신 선생님은 저를 째려보며 혼냈습니다.

'사람이… 제대로 말을 해야지!'

그날의 억울함은 40여 년이 지난 지금도 생생합니다. 턴 테이킹 실패가 만들어 낸 오해였습니다. 말이 끊기고, 문맥이 달라지고, 타이밍이 어긋나면서 대화는 완전히 다른 방향으로 흘러갔습니다. 이것이 바로 '턴 테이킹의 함정'이지요. 학창 시절의 작은 에피소드였지만, 이런 순간들이 모여 인간관계의 균열을 만들고, 때로는 조직의 문화까지 좌우합니다.

대화가 깨지는 이유는 생각보다 단순합니다. 상대의 말을 끊는 방해 패턴(Interruption Pattern), 대화의 타이밍이 어긋나는 시간적 불일치(Temporal Displacement), 주제에서 벗어나는 맥락 이탈(Contextual Deviation)이 바로 그것입니다.

이 장에서는 이러한 세 가지 패턴이 어떻게 우리의 소중한 대화를 망가뜨리는지 그리고 이 함정을 어떻게 피할 수 있는지 살펴보려 합니다.

방해 패턴(Interruption Pattern)의 해부학

"잠시만요, 제 의견은…."
"아니, 그게 아니라…."
"제 말 좀 끝까지…."

익숙한 대화의 파편들입니다. 교통 신호등이 모두 초록불로 바뀌어 사방에서 차들이 동시에 출발하는 것처럼, 방해 패턴은 대화의 교차로에서 일어나는 작은 충돌입니다. 상대방의 발언을 적절한 순간보다 일찍 끊어버리는 현상은 무례함을 넘어 대화 리듬과 신뢰를 근본적으로 훼손하지요.

다음은 실제로 있음직한 방해 패턴 사례입니다. 이러한 방해 패턴이 왜 생기는지 생각하면서 읽어주세요.

[폭망한 개발 회의: 러브 비욘드 제로]

"지금부터 신규 게임 '러브 비욘드 제로' 기획안 검토 회의를 시작하겠습니다."

화요일 오전 10시, 김태현 PD의 말로 드래곤플레이 회의실에서 신작 게임 기획 회의가 시작됩니다. 창가 자리에는 20년 경력의 정석호 개발본부장이 자리하고, 테이블을 둘러싼 다섯 명의 기획자와 프로듀서들은 모두 2030 MZ세대들입니다.

"이번 프로젝트는 미연시 장르에 새로운 도전을 시도하는……." 김태현 PD가 말을 이어가려는 순간입니다.

"잠깐만." 정 본부장이 손을 들며 말합니다.

"회의 시작하기 전에 회의록 작성자부터 정해야지. 그리고 지난번 회의에서 결정된 사항도 확인하고."

김 PD는 호흡을 가다듬고 공손하게 대답합니다.

"본부장님, 이번은 새 프로젝트 킥오프 미팅이라 이전 회의록이 없습니다. 회의록은 제가 작성하겠습니다."

"아, 그래?" 정 본부장은 고개를 끄덕이며 태블릿을 들여다봅니다. 상대방의 이야기가 채 끝나기도 전에 자신의 의견을 먼저 던지는 습관이 드러납니다.

"네, 말씀드렸듯이 '러브 비욘드 제로'는 SF 세계관의 로맨스 RP 게임으로, 특별한 점은 유저들이 다양한 성 정체성의 캐릭터를 선택할 수 있다는 것입니다. 이성 간 로맨스뿐만 아니라 동성 간 로맨스도 가능하게 설계했습니다."

정 본부장이 태블릿에서 시선을 들어 올립니다.

"잠깐, 동성 간 로맨스라고? 그런 민감한 주제를 우리가 다룰 필요가 있나?"

윤소라 기획자가 조심스럽게 발언합니다.

"네, 최근 글로벌 게임 트렌드를 분석해 보면 다양성을 반영한 게임들이 젊은 유저층에게 큰 호응을 얻고 있습니다. 실제로 시장 점유율 데이터를 보면……."

"그런 데이터는 필요 없어."

정 본부장이 손을 흔들며 소라의 말을 자릅니다.

"내가 물어본 건 그런 게 적절한지였지, 시장 데이터가 아니야."

회의실 분위기가 순식간에 얼어붙습니다. 정 본부장의 말투에서 그의 직위가 대화에 미치는 영향력이 분명히 느껴집니다. 서진우 시나리오 작가가 발언권을 얻기 위해 손을 들었다가, 정 본부장의 표정을 보고 내립니다.

"본부장님." 김태현 PD가 다시 시도합니다.

"저희가 6개월간 충분한 시장 조사와 사용자 인터뷰를 진행했습니다. 현대 게이머들은 자신을 대표할 수 있는 다양한 캐릭터를 원하고……."

"6개월? 그거 알아?" 정 본부장이 다시 말을 끊습니다.

"내가 이 바닥에서 일한 20년은 너희들 전체 경력을 다 합친 것보다 길어. 게임 시장이 어떻게 돌아가는지 내가 더 잘 알아."

주제에 대한 지나친 자신감이 객관적 판단을 흐리게 합니다. 김 PD가 침착함을 유지하며 말합니다.

"본부장님의 경험은 정말 귀중합니다. 그런데 게임 시장은 빠르게 변화하고, 특히 최근 2년간 다양성 관련 콘텐츠의 수요가 급증했습니다. 저희가 준비한 자료를……."

"태현 씨." 정 본부장이 한숨을 내쉬며 또다시 말을 자릅니다.

"우리 회사가 지금까지 어떤 게임으로 성공해 왔는지 생각해 봐. 판타지 액션 게임들이 우리의 DNA야. 우리 핵심 유저들이 이런 변화를 받아들일까?"

"그 부분에 대해서도 조사했습니다."

이민지 마케팅 매니저가 용기를 내어 말합니다.

"기존 유저의 62%가 새로운 시도에 긍정적인 반응을 보였고, 특히 해외 시장에서는……."

"민지 씨." 정 본부장이 손을 들어, 또 말을 끊습니다.

"숫자만 가지고 판단하면 안 돼. 내가 현장에서 본 유저들의 반응은 달라. 그들이 진짜 원하는 건 화려한 액션과 판타지야."

서진우 작가가 다시 발언 기회를 잡습니다.

"본부장님, 이건 단순히 트렌드를 따르는 문제가 아니라 스토리텔링의 깊이를 더하는 문제입니다. 저희가 개발한 캐릭터들은 모두 탄탄한 배경 스토리와…."

"진우 씨." 정 본부장이 미간을 찌푸리며 말을 자릅니다.

"스토리도 중요하지만, 회사의 이미지도 생각해야지. 우리는 가족 친화적인 게임을 만들어 왔어."

이때 회의실 문이 열리고 드래곤플레이의 CEO인 강현우 대표가 들어옵니다.

"죄송합니다. 회의 중이신가요? 잠깐 확인할 것이 있어서 들렀습니다."

정 본부장의 표정이 순간 밝아집니다.

"아, 대표님. 마침 잘 오셨습니다. 저희가 새 게임 콘셉트에 대해 논의 중인데, 몇 가지 우려 사항이 있어서요."

강 대표가 관심을 보이며 자리에 앉습니다.

"어떤 게임인가요?"

김태현 PD가 기회를 놓치지 않고 간결하게 설명합니다.

"SF 배경의 로맨스 RP 게임입니다. 다양한 성 정체성을 가진 캐릭터들이 등장하고, 플레이어는 자신만의 스토리를 만들어 갈 수 있습니다."

"흥미로운데요." 강 대표가 눈을 반짝이며 말합니다.

"요즘 글로벌 엔터테인먼트 트렌드가 그쪽으로 가고 있죠. 제가 최근 보드룸에서 다른 게임사 CEO들과 나눈 대화에서도 다양성이 키워드였어요."

정 본부장의 표정이 미묘하게 변합니다.

"계속 들어볼까요?" 강 대표가 말합니다.

김태현 PD가 자신감을 얻어 발표를 이어갑니다.

"게임은 플레이어가 우주선 함장이 되어 여러 행성을 탐험하면서 다양한 배경의 크루원들과 관계를 발전시키는 게 핵심입니다. 각 캐릭터는 고유한 스토리라인이 있고……."

"죄송합니다, 대표님." 정 본부장이 다시 말을 끊습니다.

"하지만 이런 민감한 주제가 과연 우리 회사 이미지에 맞을지 의문입니다. 우리는 지금까지 가족 친화적인 게임을 만들어 왔고……."

강 대표의 눈썹이 살짝 올라갑니다.

"정 본부장님, 아직 발표가 끝나지 않은 것 같은데요."

"네, 물론입니다. 하지만 제 경험으로는……."

강 대표가 부드럽게 손을 들어 제지합니다.

"경험 말씀은 발표가 끝난 후에 들어보면 어떨까요? 먼저 전체 구상을 이해하고 싶네요."

정 본부장은 입을 다물지만, 명백히 불만족스러운 표정입니다. 김 PD가 다시 발표를 이어가려는 찰나, 정 본부장의 태블릿에서 알림음이 요란하게 울립니다. 그가 즉시 알림을 확인하고 자리에서 일어섭니다.

"죄송합니다만, 긴급한 이슈가 생겼습니다. 지금 바로 확인해야 할 것 같습니다."

강 대표가 이해한다는 듯 고개를 끄덕입니다.

"그렇군요. 그럼, 저도 다른 일정이 있으니 이만 가보겠습니다. 다음에 완성된 기획안을 보고 싶네요."

강 대표와 정 본부장이 나간 후, 회의실에는 불편한 침묵이 내려앉습니다.

"이게 몇 번째야?" 윤소라 기획자가 좌절감을 감추지 못하며 말합니다.

"이런 식으로 회의가 중단된 게 벌써 세 번째인 것 같아."

"네 번째예요." 이민지 마케팅 매니저가 한숨을 내쉽니다.

"지난주 그래픽 스타일 회의도 중간에 끊겼잖아요."

김태현 PD가 머리를 감싸며 의자에 깊이 기대앉습니다.

"도대체 어떻게 해야 하나. 본부장님은 우리 말을 끝까지 들으려고 하지도 않으시는데."

서진우 작가가 분노를 참지 못하고 말합니다.

"6개월이에요, 6개월! 우리가 이 프로젝트에 쏟아부은 시간과 열정이. 그런데 단 10분의 발표 시간조차 온전히 허락되지 않다니."

"솔직히 말해서." 프로그래머 박준혁이 조용히 말합니다.

"이런 상황이면 완성도 있는 게임이 나올 수 있을지 의문이에요. 우리끼리 아무리 좋은 아이디어가 있어도, 윗선에서 계속 가로막히면……."

다들 고개를 떨구고 있을 때, 갑자기 사무실 밖에서 정 본부장의 목소리가 들립니다.

"결정했어! '러브 비욘드 제로'는 동성 로맨스 요소를 빼고 전통적인 이성 간 로맨스만 넣기로 했어. 그리고 우주선 배경도 중세 판타지로 바꾸자. 그게 우리 DNA에 맞아!'

김 PD와 팀원들은 믿을 수 없다는 표정으로 서로를 바라봅니다.

"방금 아무 논의도 없이 프로젝트 방향을 완전히 바꾸신 건가요?" 소라가 충격에 빠진 목소리로 물었습니다.

김 PD는 아무 말도 할 수 없이 자료를 천천히 모읍니다. 6개월간의 노력이 10분도 안 되는 회의와 본부장의 독단적 결정으로 물거품이 되는 순간입니다.

"이제 어떻게 하죠?" 박준혁이 물었습니다.

김 PD가 깊은 한숨을 내쉽니다. "일단 새 **방향**에 맞추는 수밖에 없겠네요. 아니면 각자 미팅 후에 사직서를 쓰거나…."

회의실에는 무거운 침묵만이 남았습니다. 창밖으로 비가 내리기 시작합니다. 흐릿한 조명이 비치는 테이블 위에 '러브 비욘드 제로'라고 쓰인 기획서와 6개월간의 땀과 열정이 담긴 자료들이 덩그러니 놓여 있습니다. 이제 그것들은 아무도 귀 기울이지 않은 목소리처럼, 그저 무의미한 종이 뭉치가 되었습니다.

서진우 작가가 마지막으로 중얼거립니다.

"아이러니하네요. 우리가 만들려던 게임은 '서로 다른 사람들이 함께 우주를 탐험하며 서로의 이야기를 듣는' 스토리였는데 현실에선 누구도 상대방 이야기를 듣지 않네요."

팀원들은 말없이 자료를 모으며 회의실을 나섭니다. 그들이 떠난 후, 회의실에는 정 본부장이 놓고 간 커피잔만이 남아있습니다. 그 옆에는 김 PD가 열심히 작성했지만, 단 한 번도 제대로 발표하지 못한 프레젠테이션의 첫 페이지가 보입니다.

"모든 목소리가 중요합니다. 러브 비욘드 제로."

이러한 방해 패턴이 발생하는 원인은 크게 세 가지로 나눌 수 있습니다.

먼저 경청 기술의 부족입니다. 드래곤플레이 회의실에서 정 본부장이 "회의 시작하기 전에 회의록 작성자부터 정해야지."라며 김 PD의 발표를 가로챈 것처럼, 상대방 말을 진정으로 듣기보다 자신의 대답을 준비하느라 급급한 경우, 상대의 말이 끝나기도 전에 자신의 생각을 표출하게 됩니다. 100m 달리기 선수가

"준비" 소리에 뛰어나가는 것과 비슷하지요.

두 번째는 권력관계의 악용입니다. "그런 데이터는 필요 없어."라며 윤소라 기획자의 시장 분석을 일축했던 정 본부장 행동처럼, 조직 내 직급이 높은 사람이 낮은 사람의 의견을 쉽게 차단하는 경우가 이에 해당합니다.

"과장님 생각은 어떠세요?"라는 질문에 부장이 "우리는 이렇게 하는 게 좋겠어."라고 끼어드는 경우, 분위기는 순식간에 얼어붙게 됩니다. 발언권을 얻기 위해 손을 들었다가 정 본부장의 표정을 보고 내려야 했던 서진우 작가의 모습에서 이런 권력 역학이 대화에 미치는 영향을 볼 수 있습니다.

마지막으로 과도한 주제 열정이 있습니다.

"내가 이 바닥에서 일한 20년은 너희들 전체 경력을 다 합친 것보다 길어."라고 자신의 경험을 과시하며, 팀의 6개월 조사를 무시했던 정 본부장처럼 특정 주제에 대한 강한 관심이나 전문성을 가진 사람이 상대의 의견을 기다리지 못하고 자신의 지식을 쏟아내는 경우지요. 축구 경기를 보다가 "이 선수는…."이라고 말하기도 전에 "맞아요! 저 선수 지난 시즌에 12골에 7도움을 기록했고 유럽 5개 리그에서는……."라며 백과사전 읽기를 시작하는 친구와 같습니다.

이런 방해 패턴이 지속되면 '러브 비욘드 제로' 프로젝트처럼 창의적인 아이디어가 무시되고, 6개월간의 노력이 10분도 안 되는 회의와 독단적 결정으로 물거품이 될 수 있습니다. 서진우 작가 말처럼, 아이러니하게도 서로 다른 사람들이 함께 우주를 탐험하며 서로의 이야기를 듣는 게임을 만들려던 팀이 현실에서는 누구도 서로의 이야기를 듣지 못하는 상황에 처하게 됩니다.

방해 패턴은 온라인상에서도 문제가 되는데요. 실제로 글로벌 경영 연구 기관의 조사[1]에 따르면, Z세대 팀원의 79%가 '상대방 말 끊기'를 최악의 회의 습관으로 꼽았습니다. 또한, 방해 패턴이 발생한 회의에서는 생산성과 창의성에 부정적인 영향을 미친다는 사실이 다양한 연구에서 확인되고 있습니다. 말이 끊길 것을 두려워하는 참가자들은 점차 짧고 안전한 발언만 하게 되며, 이는 집단지성의 가장 큰 적이 됩니다. 꼬리를 한 번 밟혔던 강아지가 이후로는 꼬리를 항상 다리 사이에 감추고 다니는 것과 비슷하지요.

그렇다면 이런 방해 패턴의 함정을 어떻게 피할 수 있을까요?

첫째는 2초 규칙입니다.

상대방의 발언이 끝난 후 최소 2초를 기다리는 것이지요. 이 짧은 시간은 상대의 말이 완전히 끝났는지 확인하고, 자기 생각을 정리하는 데 충분합니다. 식당에서 음식이 나왔을 때 바로 먹지 않고 잠시 향을 음미하는 것과 같습니다.

둘째는 손동작 신호를 활용하는 것입니다.

---

[1] 2024년 6월 12일 자 영국 PRNewswire에 따르면, '필요 이상으로 긴 회의 시간 끌기'(80%), '방해'(79%), '다른 사람 무시하기'(77%)가 영국 직장인 1,016명을 대상으로 한 설문조사에서 온라인 회의 행동 중 가장 짜증이 나는 세 가지로 확인되었습니다.

발언권을 얻고 싶을 때 손가락을 들어 표시하면 현재 말하는 사람도 자신의 말을 정리할 시간적 여유를 갖게 됩니다.

마지막으로 사과-복귀 기법이 있습니다.

불가피하게 말을 끊었다면 간단히 사과하고 상대에게 발언권을 돌려주는 것이지요.

"죄송합니다, 너무 급하게 끼어들었네요. 말씀을 마저 들려주시겠어요?"

이 한마디는 방해로 인해 무너진 대화의 리듬을 복원하는 마법 같은 힘이 있습니다.

방해 패턴은 단순한 대화 습관이 아니라 깊은 심리적, 사회적 함의를 지닙니다. 누군가의 말을 끊는 행위는 그 사람의 생각을 중요하지 않게 여긴다는 무언의 메시지를 전달합니다. 반면, 모든 사람의 말이 끝까지 들릴 수 있는 환경은 존중과 포용의 문화를 만듭니다. 방해 없는 대화는 단순히 더 효율적인 소통이 아니라, 더 민주적이고 창의적인 조직 문화의 기반이 되는 것입니다.

돌이켜 보면, 중학교 시절 담임선생님과의 대화도 방해 패턴의 전형적인 사례였습니다. 선생님은 제 말을 끝까지 듣지 않고 자신의 판단으로 대화 방향을 바꿔버렸지요. '애들'이라는 단어가 누구를 지칭하는지 명확히 할 기회조차 주지 않았던 것입니다. 그날의 경험은 제게 작은 트라우마가 되었지만, 동시에 소중한 교훈을 남겼습니다. 대화에서 '방해하지 않을 의무'와 '방해받지 않을 권리'가 얼마나 중요한지를 말이지요.

박자 놓친 대화: 시간적 불일치
(Temporal Displacement)

두 번째 대화 실패 패턴은 시간적 불일치(Temporal Displacement)입니다. 말하자면 이건 대화의 '타이밍 미스'인데요. 웃긴 농담 후에 3초 뒤에 웃거나, 공포영화에서 귀신이 사라진 뒤에 "으악!" 하고 소리 지르는 것과 비슷합니다.

이전 사례에서 정 본부장은 가장 잘못된 순간에 끼어드는 '타이밍 마스터(오히려 재앙)'의 모습을 완벽하게 보여줍니다. 윤소라 기획자가 "최근 글로벌 게임 트렌드를 분석해 보면…."이라고 말하기 시작하자마자 "그런 데이터는 필요 없어."라고 끊어버리는 모습은, 스포츠 경기에서 경기 시작 휘슬이 울리기도 전에 공을 차버리는 선수와 같습니다.

이러한 시간적 불일치의 발생 원인은 다양합니다.

첫째, 대화 흐름을 읽지 못하는 것이 가장 기본적인 원인입니다. 회의실에서 모두가 심각한 표정으로 예산 문제를 논의하는 중에 갑자기 "점심 뭐 먹을까요?"라고 물어보는 것은 대화 흐름을 완전히 무시하는 행동이죠.

둘째, 문화적 차이도 큰 영향을 미칩니다. 북유럽 사람들은 대화에서 3초의 침묵을 완전히 자연스럽게 여기지만, 라틴 문화권에서는 0.5초의 침묵도 "뭐 잘못했나?" 하고 불안해할 정도입니다. 만약 드래곤플레이가 글로벌 게임사였다면, 정 본부장의 끊임없는 끼어들기는 북유럽 디자이너들에게는 그야말로 '대화의 테러리스트'로 보였을 겁니다.

셋째, 신경과학적 요인도 있습니다. 연구에 따르면 ADHD가 있는 사람들 68%가 대화 타이밍 문제를 경험한다고 합니다. 어쩌면 정 본부장도 '이 바닥에서 일한 20년' 동안 자신의 대화 패턴 문제점을 인식하지 못했을 수 있습니다. 하지만 슬프게도, 자기 인식 부족은 ADHD보다 훨씬 더 치료하기 어려운 증상입니다.

이런 시간적 불일치는 화상회의에서 최악의 형태로 나타납니다. '러브 비욘드 제로' 회의가 줌으로 진행되었다고 상상해 보세요.

김태현 PD:	이번 프로젝트는 미연시 장르에 새로운 도전을⋯. (인터넷 지연)
정 본부장:	(김 PD가 말하는지 모르고) 회의록 작성자부터 정해야지!
모두:	(누가 말해야 할지 몰라 5초간 어색한 침묵)
윤소라:	제가 시장 데이터를⋯.
정 본부장:	(마이크 음 소거 해제 타이밍 놓쳐) ⋯⋯ 불필요해! (앞부분 잘림)
서진우:	(손을 들었다가 화면 프레임에서 벗어남)

그 결과는 어떨까요? 연구에 의하면 시간적 불일치는 전문성

에 대한 의심을 43%나 증가시킵니다.

"이 사람이 말하기도 제대로 못 하는데 게임은 제대로 만들 수 있을까?" 하는 의심이 생기는 거죠. 더 심각한 것은, 의사소통 효율성이 30%나 저하된다는 점입니다. 정 본부장의 방해로 6개월간의 연구가 10분 만에 무시된 것처럼 말이죠.

이런 시간적 불일치를 해결하기 위한 몇 가지 전략이 있습니다.

첫째, 프리 프레이밍입니다.

김태현 PD가 "본부장님, 제가 이 프로젝트에 대해 세 가지 핵심을 설명하겠습니다. 총 5분 정도 소요될 예정입니다"라고 말했다면 어땠을까요? 상대에게 예상 시간과 구조를 미리 알려주는 이 전략은 공항 안내 방송처럼 불필요한 이륙과 착륙을 방지합니다.

둘째, 시간 표시기를 활용하는 것입니다.

"30초 내로 결론 말씀드리겠습니다."와 같은 표현은 상대방에게 "조금만 더 참으세요."라는 친절한 신호를 보내는 것입니다. 만약 정 본부장이 윤소라의 데이터 설명을 듣기 전에 "1분만 설명해 볼래요?"라고 했다면, 그녀는 가장 중요한 데이터만 압축해서 전달했을 것입니다.

셋째, 비언어적 큐를 활용하는 것입니다.

강 대표가 했던 것처럼 부드럽게 손을 들어 제지하는 것만으로도 대화의 흐름을 조절할 수 있습니다. 또는 회의 시작 전 "이 타이머가 울리면 다음 발표자로 넘어가겠습니다."라고 규칙을 정하는 것도 방법입니다.

어쩌면 '러브 비욘드 제로'의 진짜 비극은, SF 우주선 함장이 되어 다양한 크루원들과 소통하는 게임을 만들려던 팀이 정작 현실에서는 서로 소통하지 못했다는 아이러니일 것입니다. 역설적으로, 이들이 개발하려던 게임의 핵심 메카닉 중 하나가 '적절한 타이밍에 대화 선택지를 고르는 것'이었을지도 모릅니다.

회의가 끝난 후, 정 본부장이 "결정했어! '러브 비욘드 제로'는 동성 로맨스 요소를 빼고 전통적인 이성 간 로맨스만 넣기로 했어."라고 외쳤을 때, 그는 자신이 게임 속 가장 인기 없는 NPC가 되어버렸다는 사실을 알지 못했을 겁니다. 유저들이 절대 대화하고 싶어 하지 않는, 모든 대화 타이밍을 망치는 그런 캐릭터 말이죠.

대화의 시간적 불일치는 불편함을 넘어 창의적 프로젝트의 무덤이 될 수 있습니다. 안타깝게 드래곤플레이의 회의실에 남겨진 모든 목소리가 중요함에도 '러브 비욘드 제로 슬로건'은 시간적 불일치가 만든 가장 아이러니한 유물이 되어버렸습니다.

엉뚱한 길로 새는 대화
: 맥락 이탈(Contextual Deviation)의 함정

대화 실패의 세 번째 유형은 맥락 이탈(Contextual Deviation)입니다. GPS가 갑자기 "목적지에서 벗어났습니다."라고 알려주는 것처럼, 대화가 본래의 목적지에서 완전히 다른 방향으로 빠져나가는 현상입니다.

이전 사례의 회의에서도 이런 맥락 이탈의 징후가 보였습니다. '러브 비욘드 제로'의 다양성 요소를 논의하던 중에, 정 본부장은 갑자기 "우리 회사가 지금까지 어떤 게임으로 성공해 왔는지 생각해 봐. 판타지 액션 게임들이 우리의 DNA야."라고 말하며 주제를 완전히 다른 방향으로 돌렸습니다. 본래의 새 게임 콘셉트 논의에서 회사의 과거 성공작으로 맥락이 이탈한 것이죠.

맥락 이탈이 발생하는 원인은 다양합니다. 가장 흔한 원인은 주제 이해 부족입니다. 복잡한 프로젝트 논의 중에 누군가 기본적인 개념을 이해하지 못해 엉뚱한 질문을 던지는 경우가 여기에 해당합니다. 정 본부장이 "동성 간 로맨스라고? 그런 민감한 주제를 우리가 다룰 필요가 있나?"라고 물었을 때, 그는 현대 게임 트렌드에 대한 이해가 부족했던 것입니다.

두 번째 원인은 과도한 개인 경험 연결입니다.

"그거 말이야, 내가 20년 전에 비슷한 상황을 겪었는데…."라며 장황한 개인사를 늘어놓으면서 회의를 순식간에 탈선시킵니다. 정 본부장의 "내가 이 바닥에서 일한 20년은 너희들 전체 경력을 다 합친 것보다 길어."라는 발언이 전형적인 예시였죠.

세 번째 원인은 인지적 편향입니다. 특히 확증 편향은 자신의 기존 생각을 지지하는 정보만 선택적으로 받아들이게 만듭니다. 정 본부장이 "우리는 가족 친화적인 게임을 만들어 왔어."라고 강조하며, 팀의 시장 조사 자료는 모두 무시했습니다. 그의 머릿속에는 이미 '우리 회사=전통적 게임'이라는 등식이 확고하게 자리 잡고 있었던 것이죠.

직장에서는 이런 맥락 이탈이 매우 흔합니다. 예를 들어, 마케팅팀 회의 중에,

> 팀원 C: 제안서 표지 디자인을 바꿔야 할 것 같아요.
> 팀원 D: 아, 표지 말씀이었죠? 저번에 갔던 인쇄소 이야기할게요. 그 사장님이 너무 재밌는 분이었는데….

순식간에 디자인 변경에 관한 회의는 인쇄소 사장님 취미 생활 이야기로 바뀌어버립니다. 이런 일이 '러브 비욘드 제로' 회의에서도 반복적으로 발생했습니다. 동성 로맨스에 대한 논의가 회사의 이미지로, 다시 정 본부장의 20년 경력 자랑으로, 결국은 기존 판타지 게임에 대한 이야기로 끊임없이 맥락을 이탈했습니다.

여러 연구 결과에 따르면, 맥락 이탈이나 주의 분산은 업무 효율성을 크게 저하해 생산성을 최대 40%까지 감소시키고, 집중력 회복에 평균 23분이 소요되며[2], 이로 인한 전 세계 경제 손실

---

2 Doubleday, S. (2023, April 5). What is Context Switching and How Does it Impact My Team? Insights. https://www.atlassian.com/blog/productivity/context-switching

이 연간 약 4,500억 달러에 달한다고 합니다.

1시간으로 예정된 회의가 1시간 30분으로 늘어나는 것이죠. 더 심각한 문제는 의사결정 품질의 하락입니다. 드래곤플레이 회의에서처럼, 6개월간의 연구와 조사에 기반한 결정 대신, 본부장의 독단적이고 맥락에서 벗어난 판단("동성 로맨스 요소를 빼고 중세 판타지로 바꾸자")으로 이어질 수 있습니다.

맥락 이탈을 방지하는 효과적인 전략 중 하나는 주제 앵커링(Topic Anchoring)입니다. 이는 회의 시작 전에 핵심 주제를 명확하게 정의하고, 이를 계속해서 '닻'처럼 유지하는 방법입니다.

드래곤플레이 회의에서 김태현 PD가 이 전략을 사용했다면 어땠을까요? 그는 회의 시작 전에 각 팀원에게 '러브 비욘드 제로: 다양성 요소 검토'라고 적힌 카드를 나눠주고, 회의실 벽에는 더 큰 포스터를 붙여놓을 수 있었습니다. 그리고 대화가 탈선할 때마다, "우리의 앵커 주제로 돌아가 보겠습니다."라며 시각적 단서를 가리킬 수 있었을 것입니다.

앵커링의 또 다른 형태는 라운드 로빈 체크인[3]입니다. 회의 중간중간 "모든 분께 묻겠습니다. 지금 우리가 논의 중인 주제는 무엇인가요?"라고 물어보는 것입니다. 이 방법은 오케스트라 지

---

3 라운드 로빈 체크인(Round Robin Check-in) 방법은 회의나 팀 미팅에서 사용되는 기법으로 회의에서 모든 참가자가 순서대로 동일한 시간 동안 발언하는 기법입니다. 이를 통해 모든 구성원의 의견을 듣고 참여를 독려하며 포용적인 회의 환경을 조성합니다.

휘자가 모든 악기가 같은 악보를 보고 있는지 확인하는 것과 같습니다.

회의 참석자 중 주제 수호자(Topic Guardian)라는 역할을 지정하는 것도 좋은 방법입니다. 이 사람은 대화가 본래 주제에서 벗어날 때마다 특별한 신호(종소리나 특정 손동작)를 보내 모두를 원래 트랙으로 돌려놓는 임무를 맡습니다. 만약 드래곤플레이 회의에 '주제 수호자'가 있었다면, 정 본부장의 끊임없는 맥락 이탈을 효과적으로 제어할 수 있었을 것입니다.

이런 앵커링 전략의 핵심은 명확성과 일관성입니다 등산 중에 자주 나침반을 확인하는 것처럼, 대화 중에도 계속해서 "우리가 지금 어디로 가고 있는가?" 확인해야 합니다.

6장

대화 회복의 기술
−꼬인 소통을 되돌리는 해법

깨진 도자기 이야기

제가 모 그룹의 인재개발원장이라는 직책으로 일할 때입니다. 그날 회의실 공간은 겨울 바다에 떨어진 것처럼 차갑고 무거운 침묵으로 가득 찼습니다. 이제 막 제 입에서 쏟아져 나온 분노의 말들이 공기 중에 얼어붙은 듯했습니다. 기업의 '교육' 책임자라는 직함이 무색하게도, 저는 가장 경계해야 할 함정에 스스로 뛰어든 참이었습니다.

"도대체 그게 말이 됩니까? 우리 연수원이 그간 구축해 온 시스템을 하루아침에 영종도 복합 리조트로 넘기자고요?"

제 목소리가 회의실의 방음벽에 부딪혀 울렸습니다. 몇 년 전 화려하게 출범한 그룹의 신사업 '영종도 복합 리조트'의 관리 담당 상무는 서류 위로 시선을 떨어뜨린 채 침묵했습니다. 그의 손가락이 회의 자료 위에서 무의식적으로 떨리는 것이 보였습니다.

"인재개발원에서 지난 3년간 그룹 교육을 제대로 진행하지 않았다는 말씀은…."

"잠깐만요!" 저는 그의 말을 자르며 의자에서 벌떡 일어났습니다. 회의실 온도가 갑자기 10도는 올라간 듯했습니다.

"3년간 제대로 진행하지 않았다고요? 코로나 시절이지만, 작년에만 온라인 100여 개 과정을 개설해서 2,000명이 넘는 직원들이 수료했습니다. 이게 다 우리 그룹 핵심 인재 육성을 위한 것인데, 도대체 무슨 근거로 그런 말씀을 하시는 겁니까?"

테이블 건너편에 앉은 그룹 전략기획실 부장이 안경을 불안하게 밀어 올렸습니다. 누군가 물을 마시는 소리가 유난히 크게 들렸습니다. 관리 담당 상무는 당혹감에 입술을 깨물더니 서류를 급하게 넘기며 말을 이었습니다.

"그게 아니라, 새로 출범한 영종도 리조트의 특수성을 감안할 때, 현업의 니즈와 교육 내용 사이에 괴리가…."

"니즈요? 작년 교육 만족도 조사에서 우리 과정 평균 점수가 4.6점입니다. 5점 만점에요."

펜을 테이블에 내던지며 외쳤습니다. 사무실에 펜이 구르는 소리가 천둥처럼 울렸습니다.

"현장 인터뷰는 몇 명이나 하셨습니까? 아니, 그전에 우리 연수원에는 한 번이라도 방문해 보셨습니까? 출범한 지 얼마 안 된 조직이 그룹 교육 전체를 가져가겠다니, 이게 말이 됩니까?"

상무의 얼굴이 이제는 창백함을 넘어 붉게 달아올랐습니다. 그가 목을 가다듬으며 말을 이으려는 순간, 저는 다시 끼어들었습니다.

"사전에 단 한마디 상의도 없이 이런 중대한 사안을 회의에 올리시다니… 우리 팀원들 노력을 무시하는 지금 발언은 도저히 용납할 수 없습니다! 게다가 회장님을 비롯한 고위층에서 이미 결정된 사항인 것처럼 말씀하시는데, 그것도 사실인가요?"

그때 손에 쥐고 있던 고급 만년필이 '뚝' 하고 부러졌습니다. 검은 잉크가 제 흰 셔츠 소매를 물들이는 것도 모른 채, 저는 계속해서 숨 가쁘게 말을 쏟아냈습니다. 지금 돌이켜 보면, 산소 부족 상태에서 정신없이 내뱉는 헛소리 같았지만요.

회의실은 폭풍우가 지나간 바다처럼 고요해졌습니다. 관리 담당 상무는 당황한 표정으로 자료를 정리하며 더 이상 말을 잇지 못했습니다. 회의는 예정보다 30분이나 일찍 끝났고, 참석자들은 서둘러 자리를 떠났습니다.

엘리베이터 앞에서 오랜 멘토 박 부회장님과 마주쳤을 때, 아직도 제 손등에는 분노로 인한 핏줄이 도드라져 있었습니다.

"아이고, 김 원장 안색이 영 좋지 않구먼. 오늘 3시 '영종도 리조트 교육 연계 방안' 회의는 잘 마무리됐나?"

박 부회장님 눈빛이 저를 관통했습니다. 제 영혼의 X-레이를 찍는 듯한 그 눈빛에 저는 한숨만 내쉬었습니다.

"말도 마셔요. 완전히 망쳤습니다."

"흠, 그렇군." 박 부회장님은 저의 이야기를 듣더니 머리카락을 쓸어 넘기며 고개를 끄덕였습니다. "그런데 자네가 대화의 기본을 잊은 고양이구먼."

그의 말은 따뜻한 차 한 잔처럼 부드러웠지만, 얼음물을 끼얹은 듯 충격이었습니다. 엘리베이터에 올라 1층 버튼을 누르면서도 그 말이 머릿속을 맴돌았습니다.

"깨진 그릇 이야기 들어봤나?"

저는 의아한 표정으로 그를 바라보았습니다.

"일본에는 '긴츠기'라는 예술이 있어. 깨진 도자기를 금으로 이어 붙이는 거지. 깨진 자리가 오히려 더 가치 있는 작품이 되는 기술이야."

박 부회장님은 주름진 손가락으로 공중에 도자기를 그리듯 움직였습니다.

"대화도 마찬가지일세. 깨진 대화의 틈을 어떻게 금으로 이어 붙이느냐, 그것이 진정한 소통의 예술이지."

엘리베이터가 1층에 도착하고 문이 열리려는 순간, 박 부회장님이 마지막으로 던진 말은 마치 그의 30년 경험의 정수와도 같았습니다.

"그런데 말이야, 자네가 폭발하는 동안에 그 상무가 뭐라고 말하려 했는지는 들어보지도 않았겠구먼. 나도 들은 이야기지만, 실은 그가 계획한 것은 단순한 업무 이관이 아니라, 자네 연수원과 영종도 리조트 교육팀 간의 협력 방안을 제안하려던 것이었다고 해. 그룹 전체의 교육 시너지를 위해서 말이지. 그쪽에서도 자네 연수원의 10년 노하우가 절실히 필요했던 거야."

엘리베이터 문이 닫히며 박 부회장님의 미소가 사라졌지만, 그의 말은 제 가슴에 화살처럼 꽂혔습니다. 소통의 황금률을 가르치는 사람이 정작 자신은 가장 기본적인 원칙을 지키지 못했다는 아이러니. 그것은 다이어트 전문가가 초콜릿케이크 앞에서 자제력을 잃는 장면을 유튜브에 생중계하는 것만큼이나 민망한 상황이었습니다.

바깥공기가 차가웠지만, 제 뺨은 부끄러움으로 화끈거렸습니다. 그날 밤, 집에서 홀로 막걸리 잔을 기울이며 생각했습니다. '만약 그때 내가 그의 말을 끝까지 들었더라면… 아니, 최소한 그가 말할 공간을 허락했더라면….'

흥미롭게도, 대화의 실패와 회복에 관한 연구는 최근 들어 폭발적으로 증가하고 있습니다. 하버드 비즈니스 스쿨 연구에 따르면, 고위 경영진들이 후회하는 실수 중 하나가 바로 '중요한 순간의 소통 실패'라고 합니다. 더욱 놀라운 것은, 이런 실패의 78%가 대화 내용이 아닌 '대화 방식'의 문제에서 비롯된다는 점입니다.

턴 테이킹은 소통의 심장박동과도 같습니다. 그것이 불규칙해지면 대화라는 생명체는 위험에 빠집니다. 하지만 모든 심장마비가 치명적인 것은 아닙니다. 적절한 응급 처치와 회복 과정이 있다면, 깨진 대화도 다시 살아날 수 있습니다.

이 장에서는 대화 구조가 무너졌을 때, 어떻게 그것을 다시 살려낼 수 있는지 살펴볼 것입니다. 방해 패턴, 시간적 불일치, 맥락 이탈이라는 세 가지 턴 테이킹 방해 요소를 극복하는 전략부터, 메타 대화의 과학적 기반과 실천적 기술까지 깨진 대화의 조각들을 금으로 이어 붙이는 '소통의 긴츠기' 예술을 함께 탐구해 보겠습니다.

타이밍의 회복-복합적 턴 테이킹 방해 요소 극복하기

어느 유명 탱고 강사에게 들었던 말입니다.

"탱고의 완벽함은 스텝에 있지 않고, 실수 후 회복에 있다."

당시에는 그저 멋진 말 정도로 생각했지만, 수많은 대화의 파국을 지켜본 지금, 그 말의 깊은 진리를 실감합니다. 대화 역시 탱고와 같아서, 완벽한 스텝보다는 잘못된 발걸음 이후의 회복이 진정한 예술인 것일니다.

앞서 5장에서 살펴본 턴 테이킹 방해 요소들-방해 패턴, 시간적 불일치, 맥락 이탈-은 실제 대화에서 단독으로 나타나기보다는 복합적으로 얽혀 나타납니다. 태풍이 강풍, 폭우, 해일을 동시에 몰고 오는 것처럼요. 일상에서 우리가 마주하는 건 대개 이런 복합 태풍이지요.

"H 리조트 신규 채용과 관련해서…."

"잠깐만요, 그것보다 올해 교육 예산이 어떻게 되는지 먼저 알아야 할 것 같은데요."

이런 상황을 마주하면 누구나 당혹스럽습니다. 발언권과 주제를 동시에 빼앗긴 느낌이랄까요? 이때 필요한 건 '이중 앵커링'입니다. 사람과 주제, 두 개의 닻을 한 번에 내려야 합니다.

"잠시만요. 김 부장님이 채용 이슈에 대해 말씀하시던 중이었습니다. 예산 논의도 중요하지만, 먼저 채용 주제를 마무리한 후 예산으로 넘어가는 것이 어떨까요?"

제가 아는 컨설턴트는 이런 상황을 위한 일종의 마법 주문 같은 것을 만들었습니다.

"제 발언이 중단된 것 같군요. 핵심 요점으로 돌아가겠습니다."

이 간결한 문장으로 그는 많은 대화의 방해 공작(?) 시도를 우아하게 차단했다고 합니다.

더 복잡한 상황도 있습니다. '시간차 폭발' 현상은 어떨까요? 온라인 회의에서 15분 전에 논의된 주제에 대해 갑자기 누군가 의견을 표명하거나, 단체 채팅방에서 어제의 질문에 오늘 갑자기 대답하는 경우를 말합니다. 마치 타임머신을 타고 온 손님처럼 느껴지는 상황, 여러분도 경험해 보셨을 겁니다.

이럴 때는 타임스탬프와 시간 맵핑 기법이 도움이 됩니다.

"제가 15분 전에 논의된 인사 평가 시스템에 대해 보충 의견이 있습니다."라고 명확히 시점을 표시한 후 "이 의견이 우리가 앞으로 논의할 예산 계획에도 영향을 미칠 수 있을 것 같습니다."처럼 미래 주제와 연결하는 것입니다. 이렇게 시간의 지도를 그려주면 타임머신 손님도 현재 대화에 자연스럽게 합류할 수 있습니다.

하지만 가끔은 대화가 카오스에 빠지기도 합니다. 여러 사람이 동시에 말하기 시작하고(방해), 누군가는 30분 전 안건으로 돌아가며(시간적 불일치), 또 다른 사람은 완전히 다른 주제를 던지는(맥락 이탈) 극단적 혼란 상태입니다. 이건 악단에서 모든 악기가 각자 다른 곡을 연주하기 시작하는 것과 같습니다. 지휘자라면 어떻게 할까요?

제가 여러 회의를 진행한 경험으로 개발한 **대화 재정립 3단계(Pause-Recalibrate-Continue)**가 이런 상황에 도움이 될 수 있습니다. 먼저 모든 대화를 잠시 멈추고(Pause), 현재 무슨 일이 벌어지고 있는지 명확히 정리한 후(Recalibrate), 합의된 방향으로 다시 대화를 이어가는(Continue) 접근법입니다.

"잠시 모두 멈춰주세요. 지금 우리 대화가 완전히 꼬인 것 같습니다. 방금 세 가지 다른 주제가 동시에 논의되고 있었거요. 우선순위를 정해보면 어떨까요? 먼저 예산을 5분간 논의하고, 그다음 채용에 10분, 마지막으로 시스템 도입에 15분을 할애하면 어떨까요?"

때로는 대화가 너무 복잡하게 꼬여버려 완전한 재시작이 필요합니다. 그럴 땐 대화의 Ctrl+Alt+Del, 즉 '대화 리셋 버튼'을 누르세요.

"지금까지의 논의가 다소 혼란스러워진 것 같습니다. 완전히 처음으로 돌아가 기본적인 질문부터 다시 시작해 보면 어떨까요?"

방법은 특히 감정이 고조된 상황에서 유용합니다. 겨울철 차 앞 유리에 김이 서려 앞이 보이지 않을 때, 수건으로 깨끗이 닦아내는 것과 같은 상쾌함이 있습니다.

대화의 프레임 자체를 바꾸는 메타포 전환도 강력한 도구입니다.

"지금까지 우리는 이 문제를 '경쟁'의 관점에서 보았습니다. 만약 '협력'의 관점으로 전환한다면 어떨까요?"

최근 제가 경험한 한 협상 테이블에서, "우리는 지금까지 이 문제를 '파이 나누기'로 봤습니다. 하지만 이제 '파이 키우기' 관점으로 접근해 보면 어떨까요?"라는 메타포 전환으로 돌파구를 마련했습니다.

턴 테이킹 방해 요소를 극복하는 과정에서 가장 중요한 통찰은 이것입니다.

완벽한 대화보다 회복할 수 있는 대화를 추구하라.

모든 대화는 언젠가 흐름이 깨질 수 있습니다. 중요한 것은 이런 단절이 발생했을 때, 얼마나 우아하게 회복할 수 있느냐입니다.

앞서 이야기한 일본의 '긴츠기' 예술을 다시 생각해 보세요. 그것은 단순히 깨진 도자기를 고치는 것이 아니라, 균열을 금으로 이어 새로운 가치를 창조합니다. 흥미롭게도 이렇게 수리된 도자기는 종종 원래보다 더 높은 가격에 거래된다고 합니다. 대화도 마찬가지입니다. 회복의 순간은 원상 복구가 아니라, 더 깊고 진정성 있는 소통으로 도약하는 기회가 될 수 있습니다.

영종도 리조트 관리 담당 상무와의 불행한 회의를 떠올리면 아직도 가슴 한쪽이 불편합니다. 그날 저는 제가 가르치는 대화의 원칙을 스스로 지키지 못했습니다. 그러나 역설적으로 실패 경험이 저에게 대화 회복의 중요성을 절실히 깨닫게 해주었습니다. 때로는 이론보다 실패 경험이 더 강력한 스승이 되는 법이지요.

대화의 회복은 기술이 아닙니다. 그것은 관계에 대한 헌신과 소통에 대한 겸손함, 인간적 연결에 대한 깊은 의지를 반영합니다. 깨진 대화를 금으로 이어 붙이는 과정에서, 우리는 때로 더 아름답고 의미 있는 소통의 패턴을 발견하게 됩니다.

메타 대화(Meta-conversation)의 과학과 예술

지금까지 살펴본 턴 테이킹의 방해 요소들-방해 패턴, 시간적 불일치, 맥락 이탈-은 대화의 흐름을 방해하고 소통의 효율성을 저하시킵니다. 지금부터 이러한 장애물을 극복하기 위한 궁극적인 해결책을 소개하겠습니다. 바로 메타 대화(Meta-conversation)라는 것입니다.

메타 대화는 대화 자체에 대해 대화하는 기술로, 턴 테이킹의 방해 요소를 직접적으로 다루고 해결하는 혁신적인 접근법입니다.

"이번 슬라이드에서는 효과적인 커뮤니케이션의 핵심 요소를…."

순간 파란 화면과 함께 강의용 노트북이 완전히 멈췄습니다. 사내 강사 양성 과정을 듣던 30명은 일제히 저를 바라보았습니다. 다급히 키보드를 두드리고, 전원 버튼을 눌러보지만, 반응은 없고, 등줄기에는 식은땀이 흘러내렸습니다. 복잡한 손동작으로 시간을 끌면서 필사적으로 생각했습니다.

'윽~ 이것이 내 인생의 마지막 강의가 될 것인가.'

그때 문득 번뜩였습니다. 제가 가르치던 내용이 지금 이 상황의 해결책이었던 것입니다.

"여러분!" 갑자기 밝은 목소리로 말했습니다.

"방금 여러분은 강사가 악몽 상태에 놓인 현상을 목격하고 계십니다. 자, 이런 상황에서 어떻게 대처해야 할지 팀별로 5분간 토론해 보시겠어요?"

참가자들 표정이 놀람에서 호기심으로 바뀌었고, 곧 활발한 토론이 시작됐습니다. 그 사이 기술지원팀에 연락해 백업 장치를 준비했죠. 토론 결과를 공유하는 시간은 그날의 하이라이트가 되었고, 참가자들은 강의 평가에서 "실제 위기 상황의 생생한 대처법을 배웠다."라고 극찬했습니다.

제가 나중에 웃으며 고백했습니다. "사실 노트북 고장은 계획된 것이 아니었어요. 하지만 위기가 기회로 바뀐 순간이었죠."

그날 깨달았습니다. 제가 가르치던 메타 대화의 기술이 저를 구했다는 것을요. 바로 대화 자체에 대해 대화하는 기술, 소통의 흐름을 객관적으로 인식하고 그 흐름을 새로운 방향으로 전환하는 능력이 위기 순간에 저를 구한 것입니다. 만약 일반적인 방식대로 당황하며 기술적 문제를 해결하려고만 했다면, 강의 흐름은 완전히 깨졌을 것입니다. 그러나 메타 대화를 통해 턴 테이킹의 방해 요소를 오히려 교육적 기회로 전환할 수 있었습니다.

메타 대화란 무엇일까요? 간단히 말해 '대화에 관한 대화'입니다. 우리가 나누는 대화의 내용이 아니라, 대화 자체의 방식, 구조, 흐름에 관해 이야기하는 것이지요. 특히 턴 테이킹이 방해받는 상황에서, 방해 요소를 직접 언급하고 해결책을 모색하는 접근법입니다.

"지금 우리 대화가 조금 감정적으로 흐르는 것 같은데, 잠시 호흡을 가다듬을까요?"

"제가 방금 말한 것이 혹시 오해를 불러일으켰나요?"

"이야기가 너무 빨리 진행되는 것 같은데, 천천히 정리해 볼까요?"

이런 표현들이 메타 대화의 예입니다. 이는 방해 패턴이 발생할 때 직접적으로 패턴을 인식하고 중단시키며, 시간적 불일치가 있을 때 대화의 템포를 조절하고, 맥락 이탈이 일어날 때 원래 주제로 돌아오도록 안내하는 역할을 합니다.

과학적으로 볼 때, 메타 대화 능력은 인간의 뇌 중에서도 전전두피질과 밀접한 관련이 있습니다. 이 영역은 자기 인식과 자기 조절을 담당하는 부위로, 메타 대화를 자주 활용하는 사람들은 갈등 상황에서 더 높은 정서적 조절 능력을 보인다고 합니다.

진화 심리학 관점에서는 메타 대화가 사회적 유대를 강화하고, 중요한 정보를 효과적으로 전파하며, 집단 내 협력을 증진하는 적응적 이점을 제공했다고 봅니다. 원시 시대 모닥불 주변에 모여 앉아 "이렇게 이야기하면 모두가 더 잘 들을 수 있을 거야."라고 제안했던 선조가 부족의 효율성을 높였을 것처럼 말이죠.

실제 현장에서 메타 대화가 턴 테이킹 방해 요소를 해결하는 마법 같은 효과를 보여주는 사례를 몇 가지 소개하겠습니다.

첫째, '회의실 갈등 사례'입니다.

한 기업의 중요한 의사결정 회의에서 두 임원이 첨예하게 대립하고 있습니다. 목소리는 점점 높아지고, 얼굴은 붉어졌으며, 다른 참석자들은 불편한 표정으로 고개를 숙이고 있습니다. 전형적인 '방해 패턴'의 연속이었습니다. 그때 한 팀장이 조용히 말했습니다.

"잠시 우리의 토론 방식에 관해 이야기해 볼까요? 지금 우리가 같은 목표를 향해 가고 있지만, 서로 다른 길을 보는 것 같습니다."

이 한마디가 회의 분위기를 완전히 바꾸어 놓았습니다. 두 임원은 자신들의 소통 방식을 객관적으로 바라보게 되었고, 곧 공통의 목표에 집중하여 건설적인 대안을 모색하기 시작했습니다. 메타 대화가 방해 패턴의 순환을 중단시킨 명확한 사례입니다.

둘째, '부부 대화의 반전 사례'입니다.

10년 차 부부가 매번 같은 주제로 다투고 있었습니다.

"당신은 항상 내 말을 끊어!"

"아니, 당신이 내 말을 듣지 않잖아!"

심각한 '시간적 불일치'가 지속되는 상황이었습니다. 어느 날 남편이 한 가지 제안을 했습니다.

"우리 지금부터 '대화 관찰자' 게임을 해볼까? 각자 3분씩 이야기하고, 상대방은 오직 경청만 하는 거야. 대화가 끝나면 서로의 대화 패턴에 관해 이야기하는 거지."

이 간단한 메타 대화 게임은 그들의 소통 패턴을 완전히 바꾸었습니다. 그들은 자신들이 얼마나 서로의 말을 끊고, 가정하고, 방어적으로 반응하는지 깨닫고, 새로운 대화 규칙을 함께 만들기 시작했습니다. 시간적 불일치를 해소하기 위해 메타적 접근법을 도입한 것입니다.

셋째, '교실의 변화 사례'입니다.

한 교사가 특별히 산만한 학급을 맡게 되었습니다. 학생들은 수업 중에 계속 떠들고, 서로의 말을 끊고, 경청하지 않았습니다.

심각한 '맥락 이탈'이 반복되었습니다. 교사는 이를 해결하기 위해 '대화의 공'을 도입했습니다. 공을 든 사람만 말할 수 있고, 다른 사람들은 경청해야 하는 규칙이었죠.

매 수업이 끝날 때 5분간 "오늘 우리의 대화는 어땠나요?"라는 메타 대화 시간을 가졌습니다. 몇 주 후, 학생들은 자신들의 소통 방식을 스스로 관찰하고 개선하기 시작했습니다.

"선생님, 오늘은 제가 세 번이나 다른 사람 말을 끊었어요. 내일은 더 잘할 거예요."

이런 자발적인 인식이 교실 문화를 완전히 바꾸어 놓았습니다. 메타 대화 접근법이 맥락 이탈 문제를 학생들 스스로 해결하도록 이끈 것입니다.

메타 대화의 실천에는 세 가지 핵심 요소가 있습니다. 첫째는 '관찰'입니다. 현재 대화의 상태를 객관적으로 바라보는 것이지요. 둘째는 '탐색'입니다. 대화의 패턴이나 문제점에 대해 함께 질문하는 것입니다. 셋째는 '조정'입니다. 더 효과적인 소통을 위한 구체적인 방법을 제안하는 것이지요. 이 세 단계는 턴 테이킹 방해 요소를 식별하고, 그 원인을 이해하며, 적절한 해결책을 찾는 체계적인 접근법을 제공합니다.

때로는 재미있는 넛지가 메타 대화의 강력한 도구가 될 수 있습니다. 한 스타트업 팀은 누군가 다른 사람의 말을 가로채면 "펭귄!"이라고 외치는 규칙을 만들었습니다. 이 우스꽝스러운 단어 한마디가 불편한 지적 없이도 대화의 흐름을 자연스럽게 조절하는 효과를 가져왔죠. 방해 패턴을 유머러스하게 지적함으로써 긴장을 완화하고 소통의 질을 높인 창의적 메타 대화 방식입니다.

메타 대화는 춤을 추면서 자신의 스텝을 관찰하는 것과 같습니다. 춤의 흐름에 완전히 몰입하면서도, 동시에 '지금 내가 어떻게 춤추고 있지?' 생각할 수 있는 섬세한 균형 감각이 필요합니다. 그러나 이런 능력은 연습을 통해 충분히 발전시킬 수 있습니다.

여러분의 일상에서도 메타 대화의 작은 실험을 시작해 보세요. 회의에서, 가족 식탁에서, 친구와 대화에서 잠시 "우리의 대화 방식에 대해 이야기해 볼까요?"라고 제안해 보세요. 처음에는 어색할 수 있지만, 곧 여러분은 깨진 대화 조각들을 새롭게 이어 붙이는 소통의 연금술사가 될 것입니다.

마지막으로, 메타 대화의 가장 아이러니한 비밀을 알려드리겠습니다. 여러분은 지금 이 글을 읽으면서 메타 대화에 관한 대화를 저와 나누고 있습니다. 그렇습니다. 메타 대화에 관한 메타 대화, 일종의 '메타-메타 대화'인 셈이죠. 이 순간 깨달으신다면, 여러분은 이미 메타 대화의 세계로 한 발을 내디딘 것입니다.

턴 테이킹의 세 가지 주요 방해 요소—방해 패턴, 시간적 불일치, 맥락 이탈—를 효과적으로 극복하기 위해, 메타 대화는 우리의 소통 도구함에 반드시 갖추어야 할 필수 장비입니다. 이것은 대화가 어려움에 처했을 때 이를 직접적으로 인식하고 해결하는 통합적인 접근법입니다.

어쩌면 다음번 대화가 막힐 때, 여러분 입에서도 "펭귄!"이라는 말이 튀어나올지도 모르겠습니다. 그때 상대방이 의아해하며 "지금 무슨 말을 한 거예요?"라고 물으면, 이렇게 대답해 보세요. "방금 우리의 대화에 관해 이야기하고 싶었어요. 저도 당신도 모르게 서로의 말을 가로지르고 있더라고요." 이 순간, 여러분은 메타 대화의 힘을 통해 턴 테이킹 방해 요소를 해결하고, 더 깊고 의미 있는 소통의 길을 열어갈 것입니다.

소통의 미세 기술-유머, 감성, 협상, 침묵의 예술

대화가 깨지는 상황을 해결할 또 하나의 특별한 무기인 소통의 미세 기술들을 말씀드릴게요. 그런데 이것은 요리사의 비밀 양념 레시피 같아서, 잘 쓰면 맛있는 대화가 완성되지만, 과하면 소스가 튀어 셔츠를 망칠 수가 있으니 조심하세요.

어느 날 오후, 대기업의 임원 회의장. 두 시간째 이어지던 예산 논쟁이 더욱 가열되고 있었습니다. 마케팅 본부장과 재무 이사가 서로 노려보며 목소리를 높이던 그때, 오랫동안 침묵하던 인사 담당 임원이 손을 들었습니다. 이 회의는 전형적인 '방해 패턴'의 희생양이 되어 있었습니다. 두 임원은 서로의 말을 끊어

내며, 발언권을 빼앗기 위한 경쟁을 벌였고, 누구도 상대방 주장을 끝까지 듣지 않았습니다. 회의실 온도계의 수은주보다 두 사람의 혈압이 더 빠르게 올라갔습니다.

"저도 한 말씀 드려도 될까요?" 모두의 시선이 그에게 향했습니다.

"마케팅 본부장님 말씀처럼 광고비는 투자입니다. 그리고 재무 이사님 말씀처럼 예산은 유한합니다." 잠시 침묵이 흐른 후 그가 미소를 지으며 덧붙였습니다.

"이쯤에서 제가 농담 하나 들려드려도 될까요? 옛날 예산 회의에서 다투던 두 임원이 결국 동시에 사표를 냈답니다. 그런데 CEO가 둘 중 누구도 수리하지 않았대요. 이유를 물었더니 '처음으로 두 사람이 같은 의견을 냈는데, 왜 말리겠나?'라고 하더랍니다."

순간 긴장된 회의실에 웃음이 번졌습니다. 물에 식초 한 방울을 떨어뜨렸을 때 기름이 순식간에 흩어지듯, 팽팽했던 긴장감이 흔적도 없이 사라졌습니다. 마케팅 본부장이 먼저 손을 내밀며 말했습니다.

"단계적 예산 확대는 어떨까요? 분기별로 성과를 측정하면서요." 재무 이사도 고개를 끄덕였습니다.

"그럴 수 있겠네요. 성과 지표만 명확하다면요."

유머는 웃음 그 이상입니다. 적절한 순간에 던져진 유머는 대화의 경직된 공기를 부드럽게 풀어주는 마법 같은 힘이 있습니다. 꽉 막힌 교통 체증에 갑자기 열린 우회로 같은 거죠. 특히 방해 패턴으로 얼룩진 대화에서, 유머는 패턴을 중단시키고 새로운 턴 테이킹 질서를 만드는 데 효과적입니다.

연구에 따르면[1], 긴장된 협상 상황에서 적절히 사용된 유머는 긴장을 완화하고 관계를 개선하여 합의 가능성을 상당히 높일 수 있다고 합니다. 유머는 대화의 분위기를 밝게 만들고 당사자 간 심리적 거리를 좁히는 효과가 있어, 까다로운 협상 과정에서 중요한 소통 도구로 활용됩니다. 방해 패턴이 권력관계의 악용이나 과도한 주제로 인한 열정에서 비롯된 경우, 유머는 이런 긴장을 완화하고 참가자들을 동등한 위치로 되돌려 놓습니다. 신분증 대신 웃음으로 VIP룸에 입장하는 것처럼 말이죠.

유머의 타이밍은 요리의 간과 같습니다. 너무 일찍 넣으면 싱겁고, 너무 늦게 넣으면 짠맛이 강해집니다. 타이밍을 완전히 놓치면 아예 다른 요리가 되어버리죠(소금 케이크라든지). 대화가 경직되기 시작할 때, 충돌이 본격화하기 전, 유머를 던지기에 가

---

[1] 비즈니스 협상에서 유머의 적절성에 대한 논의는 다양합니다. 하버드 법대 협상 프로그램(PON)의 기사(2025.01.08)에 따르면, 적절한 시점에 진심 어린 유머를 사용하는 것은 긴장을 완화하고, 사회적 친밀감을 높이며, 라포를 형성하고, 협상 중 긍정적인 분위기를 조성하는 데 도움이 될 수 있다고 합니다. 또한, 유머는 긍정적인 감정을 유발하여 긍정적인 의사소통과 팀 성과를 향상하는 데 기여할 수 있습니다. 그러나 부적절한 유머는 역효과를 낼 수 있으므로, 상황과 청중에게 맞도록 신중하게 사용해야 합니다. 따라서, 비즈니스 협상에서 유머를 사용할 때는 상황에 맞는 적절한 유머를 선택하고, 상대방의 반응을 고려하며, 진정성과 타이밍을 중요시하는 것이 바람직합니다.

장 이상적인 순간입니다. 또한, 유머는 자신을 겨냥할 때 가장 효과적입니다. 자기 비하적 유머는 상대방의 방어벽을 허물고 솔직한 대화의 문을 여는 열쇠가 됩니다. 먼저 자신의 약점을 인정하는 포커 플레이어가 오히려 게임을 지배하는 것처럼요.

"제가 숫자에 약해서 그런지, 아니면 제 단경이 흐려서 그런지 예산표가 잘 이해가 안 되네요. 십억 단위인지 백억 단위인지. 그냥 전 다섯 자리 이상 숫자는 모두 많다고 분류합니다만."

이렇게 자신의 약점을 유머러스하게 인정하는 것은 상대방에게 "나도 완벽하지 않아요."라는 메시지를 전달하며, 서로의 취약성을 인정하는 안전한 대화 공간을 만듭니다.

이러한 유머의 힘을 경험한 후, 다른 유형의 대화 문제도 살펴볼 필요가 있습니다.

서울의 한 IT 스타트업으로 시선을 돌려보겠습니다. 중요한 프로젝트 마감일이 일주일 앞으로 다가왔지만, 핵심 기능이 제대로 작동하지 않았습니다. 팀원들 눈에는 피로가 가득했고, 개발 팀장은 입술을 깨물며 마지막 테스트 결과를 노려보고 있었습니다. 크리스마스 전날 전 세계 아이들의 장난감을 만들어야 하는 산타의 작업장 같은 분위기였죠. 이 팀의 대화는 심각한 '시간적 불일치'를 겪고 있었습니다. 프로젝트 매니저는 빠른 템포로 결과를 요구했고, 개발자들은 자신의 고충을 설명할 충분한 시간을 얻지 못했습니다. 대화의 리듬이 완전히 엇갈리면서

팀은 서로의 말을 제대로 이해하지 못했습니다. 한 명은 왈츠를, 다른 한 명은 힙합을 추는 두 댄서처럼 말이죠.

"이대로는 안 됩니다. 누구 책임인지 확실히 해야겠어요. 월요일까지 론칭해야 한다고요!" 프로젝트 매니저의 날카로운 발언에 회의실은 얼어붙었습니다. 갑자기 에어컨이 10도 더 낮게 작동하는 것 같았습니다. 그때 신입 개발자가 조심스럽게 손을 들었습니다. 모두가 그 용기 있는-아니, 어쩌면 무모한-행동에 놀란 듯 쳐다봤습니다.

"말씀드리기 어렵지만… 제가 지금 많이 두렵습니다." 그는 떨리는 목소리로 말을 이었습니다. 눈에서는 거의 눈물이 맺힐 것 같았지만, 꾹 참는 모습이었습니다.

"첫 프로젝트인데 실패할까 봐, 제가 팀에 짐이 될까 봐 밤마다 잠을 못 이룹니다. 사실 어제는 화장실에서 몰래 울기도 했어요. 하지만 동시에 저는 이 문제를 해결할 수 있다고 진심으로 믿습니다. 조금 더 시간과… 여러분의 믿음이 필요합니다."

갑자기 분위기가 바뀌었습니다. 화재 경보가 울리던 빌딩에 소방관이 도착한 듯 안도감이 흘렀습니다. 개발 팀장이 고개를 들고, 깊은숨을 내쉬었습니다.

"나도 사실 많이 초조했어. 진심으로." 그는 솔직하게 말했습니다.

"신입인 너에게 너무 많은 책임을 지웠나 싶고. 내가 첫 자전거 교습을 하면서 곧바로 투르 드 프랑스에 출전시키는 꼴 같았거든. 어떤 도움이 필요한지 구체적으로 말해 줄래?"

이렇게 시작된 솔직한 감정 교류는 팀 전체 에너지를 바꾸어 놓았습니다. 신입 개발자의 취약성 공유는 대화의 템포를 급격히 늦췄고, 시간적 불일치를 해소하는 결정적인 순간이 되었습니다. 서로 다른 라디오 주파수를 듣고 있던 사람들이 갑자기 같은 채널에 맞춰진 것 같았습니다. 모두가 같은 리듬으로 대화하기 시작했고, 48시간 동안의 집중 작업 끝에 그들은 문제를 해결했으며, 마감일을 무사히 지켰습니다.

나중에 그 프로젝트는 회사의 대표 사례가 되었습니다. 이후 회사에서는 위기 상황마다 "신입의 눈물 전략"이라는 농담이 돌았다고 합니다. 농담이지만, 그 안에는 진실이 담겨 있었습니다.

감성 커뮤니케이션의 핵심은 감정을 인식하고 적절히 표현하는 균형에 있습니다. 소금과 설탕을 얼마나 넣을지 아는 요리사처럼 말이죠.(너무 많은 감정 표현은 멜로드라마가 되고, 너무 적으면 로봇 대화가 됩니다.) 시간적 불일치가 발생할 때, 감정 표현은 대화의 템포를 재조정하는 효과적인 도구가 됩니다. 급박하게 진행되던 대화에서 진정으로 감정을 표현하면 자연스럽게 대화 속도가 늦춰지고, 느리게 진행되던 대화에 열정을 주입하면 템포가 올라갑니다. 특히 "나(I)" 메시지를 활용하는 것이 중요합니다.

"당신 때문에 화가 나요." 대신 "나는 이럴 때 좌절감을 느껴요."

(전자는 케이크를 얼굴에 던지는 것, 후자는 포크로 케이크를 나눠주는

6장 | 대화 회복의 기술 · 157

것과 같은 차이입니다.)

"왜 항상 늦어요?" 대신 "회의에 늦으면 내가 불안해져요."
(범죄 신문실 vs 상담 소파)

"당신은 틀렸어요." 대신 "나는 다른 시각에서 보고 있어요."
(총싸움 vs 체스 게임)

이런 "나" 메시지는 상대방을 비난하지 않으면서도 자신의 감정을 명확히 전달합니다. 더 중요한 것은, 감정 표현이 대화의 시간적 구조를 재설정한다는 점입니다. 대화가 너무 빠르거나 느릴 때, 감정을 솔직하게 표현하는 것은 모든 참여자가 같은 템포로 돌아오도록 만듭니다. 감정은 억압할 대상이 아니라, 시간적 불일치를 해소하는 조절 도구인 것입니다.

그런데 때로는 대화가 완전히 다른 문제로 어려움을 겪는 경우도 있습니다.

한 대기업의 신제품 개발 회의실에서 일어난 상황을 살펴보겠습니다. 마케팅팀과 연구개발팀은 출시 예정인 스마트 가전제품의 기능을 두고 팽팽히 맞서고 있었습니다. 이 상황은 의견 충돌을 넘어, 턴 테이킹의 균형이 완전히 깨진 상태였습니다. 누구도 상대방의 말을 끝까지 듣지 않았고, 발언권은 목소리가 큰 사람에게만 주어졌으며, 대화는 점점 더 파편화되고 있었습니다. 일곱 살 아이의 생일파티처럼 모두가 동시에 이야기하고 있었죠. 그러나 가장 심각한 문제는 '맥락 이탈'이었습니다. 원래의 논의 주제인 '소비자 친화적 기능 선정'에서 점점 멀어져, 과거의 실패 사례, 부서 간 책임 공방, 예산 제약 등 전혀 다른 방향으로 대화가 흘러갔습니다. 아마존 정글에서 나침반 없이 하이킹하는 관광객 같은 상황이었습니다.

"제품 성능이 우선이라고요? 소비자 편의성이 더 중요합니다! 3개월간 포커스 그룹 조사한 거 까먹으셨나요?"

"그럼, 왜 지난번 프로젝트에서는 마케팅팀이 기능을 축소하자고 했죠? 그때는 '단순함이 미덕'이라면서요!"

"당시 상황이 달랐고, 그건 예산 문제였잖아요! 게다가 당신네 팀이 기한을 못 맞춰서 우리가 급하게 진행한 거잖아요!"

수석 프로젝트 매니저가 조용히 자리에서 일어났습니다. 그는 화가 난 게 아니라 지친 것처럼 보였습니다. 유치원 선생님이 낮잠 시간에 아이들을 달래듯, 그는 먼저 긴 침묵으로 주의를 집중시켰습니다. 그 순간 모두의 입에서 나온 말들이 공중에 멈춰 서는 것 같았습니다. 순간적인 정적은 깨진 턴 테이킹의 패턴을 중단시키는 효과가 있었습니다.

"잠시 대화의 방식을 바꿔보겠습니다." 그가 차분하게 말했습니다. 목소리는 낮지만 명확했고, 마법처럼 모든 사람의 주의를 끌었습니다.

"지금부터는 각자 2분씩 발언하고, 그 시간 동안 누구도 발언을 중단하지 않기로 합시다. 제가 시간을 재고 발언권을 드리겠습니다. 그리고 방금 저는 마법 주문을 걸었습니다. 누구든 다른 사람 말을 끊으면 그 순간 머리 위에 투명한 당나귀 귀가 생깁니다."

몇몇이 웃음을 참지 못했습니다. 그는 짓궂은 윙크와 함께 말을 이었습니다.

"오직 저만 그 귀를 볼 수 있답니다. 지금 말이 끊긴 대화로 네 명에게 이미 당나귀 귀가 생겼네요."

이러한 테이킹 규칙 설정과 유머의 주입은 즉각적인 효과를 가져왔습니다. 발언권이 확보되자 양 팀 모두 더 이상 말을 서두르거나 상대방을 차단할 필요가 없어졌고, 논의는 더 명확하고 집중된 방향으로 흐르기 시작했습니다. 모두가 자신의 머리 위에 당나귀 귀가 생길까 걱정하며(비록 농담이더라도) 주의 깊게 경청했습니다. 모든 팀원의 발언이 끝난 후, 프로젝트 매니저가 다시 말했습니다. 그의 표정은 진지했지만, 눈에는 장난기가 남아있었습니다.

"제가 지금까지 들은 내용을 정리해 보겠습니다. 두 팀 모두 성공적인 제품 출시를 원하고 계시군요. 또한 모두가 소비자 만족이 최우선이라는 데도 동의하십니다. 이 두 가지에서 시작해 볼까요? 아, 당나귀 귀는 모두 사라졌습니다."

그는 화이트보드에 'YES, AND'라고 크게 적었습니다. 이것은 맥락 이탈을 방지하는 강력한 앵커로 작용했습니다. 대화가 다른 방향으로 흐를 때마다 프로젝트 매니저는 화이트보드를 가리키며 원래의 합의점으로 대화를 돌려놓았습니다. GPS가 "경로에서 이탈했습니다. 다시 계산합니다."라고 안내하는 것처럼요.

"소비자 만족을 위해 제품 성능이 필요합니다. 사용 편의성도 고려해야 합니다. 이 두 가지를 모두 충족하는 방안을 찾아봅시다. 소비자가 전자제품을 구매할 때 설명서를 보지 않고도 사용할 수 있는 직관적인 인터페이스와 동시에 복잡한 고급 기능도 필요로 하는 것처럼 말이죠."

마침내 예스, 그리고(Yes, and) 접근법이 두 시간 등안 평행선을 달리던 회의의 물꼬를 텄고, 맥락 이탈로 산산조각 났던 대화 구조를 다시 회복시켰습니다. 결국 그들은 고급 기능을 유지하되 사용자 인터페이스를 단순화하는 창의적 타협안을 도출했습니다. 이후 그 회사에서는 갈등 상황마다 '당나귀 귀 법칙"이 비공식적인 회의 구칙으로 자리 잡았다고 합니다. 역설적으로 유치하게 들릴 수 있는 규칙이 회사의 제품 개발 속도를 20%나 높였다고 내부 평가 결과 나타났습니다.

예스, 그리고 기법은 즉흥 코미디(임프로비제이션Improvisation)에서 비롯된 것으로, 상대방 제안을 일단 수용한 후 자신의 아이디어를 더하는 방식입니다. 이 기법을 처음 개발한 코미디언들은 의도치 않게 한 회사의 주가를 올려준 셈이 되었네요. '예스, 그리고' 기법은 맥락 이탈을 효과적으로 방지합니다. 대화가 원래 주제에서 벗어나려 할 때, 상대방 말에 '예스'로 일단 호응한 후 '그리고'르 원래 맥락을 연결하는 것입니다. 이것은 'NO, BUT(아니, 근데)'으로 시작하는 대화도다 훨씬 생산적인 결과를 가져옵니다. 전자는 대화의 다리를 놓는 것이고, 후자는 다이너마이트로 다리를 폭파하는 것이나 마찬가지입니다.

"그 아이디어는 비용이 너무 많이 들어요. 그리고 우리는 대신 이 방법을 시도해 볼 수 있을 것 같아요."

(이 문장은 피구 경기에서 공을 상대에게 세게 던지는 것과 같습니다.)

"그 아이디어의 비용 효율성이 걱정되네요. 예산 내에서 어떻게 실행할 수 있을까요?"

(이 문장은 탁구에서 공을 부드럽게 리턴하는 것과 같습니다.)

두 번째 문장이 훨씬 덜 방어적이고 더 협력적인 대화로 이어지지 않나요? 협상 테이블에서 이런 작은 변화가 수백만 달러의 차이를 만들기도 합니다. 상대방의 자존심은 살리고, 지갑은 열게 만드는 마법 같은 효과가 있지요.

또한, 최소 합의점 찾기는 맥락 이탈을 막는 강력한 협상 기술입니다. 아무리 의견 차이가 크더라도, 양측이 동의할 수 있는 작은 부분부터 시작하면 대화의 물꼬가 트입니다. "적어도 우리는 이 부분에 대해서는 같은 생각이군요."라는 표현은 분열된 대화에 다리를 놓고, 대화가 원래의 맥락을 유지하도록 도와줍니다. 턴 테이킹에서 맥락 이탈이 발생할 때마다 합의점을 상기시키는 것은, 미아가 된 여행자가 계속해서 지도의 기준점을 확인하는 것과 같습니다. 저도 결혼 생활에서 이 기술을 자주 사용합니다. "여보, 우리 둘 다 아이가 건강하게 자라길 원하잖아요."라는 문장은 육아 방식 논쟁에서 평화 협정과도 같은 효과를 발휘하더군요.

그러나 때로는 앞서 설명한 모든 기술로도 해결하기 어려운 상황이 있습니다.

한 부부 상담실에서 만난 15년 차 부부의 사례를 살펴보겠습니다. 그들은 서로를 향해 30분 동안 쌓인 불만을 쏟아냈습니다. 남편의 무관심, 아내의 과도한 기대, 경제적 압박, 육아 스트레스… 모든 미해결 갈등이 폭포수처럼 쏟아져 나왔습니다. 두 사람 모두 물이 넘칠 듯한 컵을 들고, 서로에게 그 물을 끊임없이 붓고 있는 듯했습니다. 이 대화는 앞서 언급한 모든 턴 테이킹 방해 요소가 동시에 발생한 최악의 사례였습니다. 방해 패턴(서로의 말을 끊음), 시간적 불일치(남편은 느리게, 아내는 빠르게 말함), 맥락 이탈(현재의 문제에서 과거의 상처로 주제가 계속 변함)이 뒤엉켜 있었습니다. 어떤 대화 기술로도 해결하기 어려울 만큼 복잡한 상황이었습니다. 이건 마치 얽혀버린 크리스마스 전구를 푸는 것보다 어려운 상황이었죠.

상담사는 두 사람의 말이 모두 끝나자, 이렇게 말했습니다.

"지금부터 3분 동안 완전한 침묵의 시간을 갖겠습니다. 서로를 바라보되, 말은 하지 마세요. 그저 상대방의 얼굴을 바라보고, 호흡에 집중하세요."

이처럼 '의도된 침묵'은 대화의 완전한 리셋 버튼 역할을 했습니다. 모든 턴 테이킹 패턴이 중단되고, 새로운 시작을 위한 여백이 생겼습니다. 처음에는 어색했지만, 점차 두 사람의 호흡이 안정되기 시작했습니다. 3분이 지나고 상담사가 다시 말했습니다.

"이제 한 문장으로만 지금의 감정을 표현해 보세요."

남편이 먼저 입을 열었습니다.

"당신이 얼마나 지쳐 보이는지 처음 알았어요."

아내의 눈에 눈물이 고였습니다.

"나도 당신이 이렇게 슬퍼 보이는 줄 몰랐어요."

침묵은 말의 부재가 아닙니다. 그것은 대화의 또 다른 형태이며, 때로는 말보다 더 강력한 소통의 도구입니다. 대화 속 침묵 이론(Conversational Silence Theory)[2]에 따르면, 적절한 침묵은 상대방에게 정보 처리 시간을 제공하며 신뢰 형성에 중요한 역할을 합니다. 인지 부하 이론(Cognitive Load Theory)[3]은 짧은 침묵이 복잡한 정보를 효과적으로 처리하는 데 도움을 준다

2　Conversational Silence(대화 속 침묵 이론)에 따르면, 침묵은 공백이 아니라, 정보 처리 시간을 제공하고 감정적 신호로 작용하며, 신뢰와 설득력을 높이는 중요한 커뮤니케이션 전략입니다. 침묵의 길이와 사용 방식은 문화적 차이에 따라 다르게 해석될 수 있으며, 효과적인 대화에서는 의도적인 침묵이 메시지의 강도를 조절하는 역할을 합니다(Ephratt, 2008).

3　Cognitive Load Theory(인지 부하 이론)에 의하면, 인간의 작업 기억(working memory)은 용량이 제한되어 있으며, 정보가 과부하 되면 이해도와 학습 효과가 감소한다고 합니다. 대화에서 적절한 침묵과 템포 조절은 인지 부하를 완화하여 청자가 정보를 효과적으로 처리하고 의미를 깊이 이해할 수 있도록 돕습니다(Sweller, 1988).

고 설명합니다. 특히 모든 턴 테이킹 방해 요소가 복합적으로 발생한 상황에서, '치유적 침묵'은 대화의 완전한 재설정을 가능하게 합니다. 방해 패턴은 말할 기회 자체가 없어지면서 자연히 해소되고, 시간적 불일치는 모두가 같은 호흡으로 돌아오면서 교정되며, 맥락 이탈은 원점으로 돌아가는 과정에서 정리됩니다. 침묵은 감정이 가라앉고, 이성이 돌아오며, 상대방을 다시 볼 수 있는 여유를 제공합니다.

일본의 전통적인 대화 방식에는 '마(間)'라고 불리는 개념이 있습니다. 이는 대화 사이의 의도적인 공간으로, 단순한 정적이 아니라 의미가 스며드는 시간입니다. 심리학자들은 이러한 침묵의 순간이 뇌의 디폴트 모드 네트워크(DMN)[4]를 활성화해, 창의적 사고와 공감 능력을 높인다고 설명합니다. 더 나아가, 이 순간에 턴 테이킹과 관련된 뇌의 영역이 재조정되어, 이전의 방해 패턴에서 벗어나 새로운 대화 패턴을 형성할 준비를 한다고 합니다.

침묵을 대화에 의도적으로 활용하는 방법은 다음과 같습니다.

---

[4] 기본 모드 네트워크(DMN)는 뇌가 외부 자극에 집중하지 않을 때 가장 활발한 신경 영역 그룹으로, 자기 참조적 사고, 과거 회상, 창의성, 미래 계획, 사회적 인지 등의 기능을 담당합니다. DMN의 주요 영역은 후상 피질(PCC), 내측 전두엽 피질(mPFC), 앵귤러 자이러스이며, 이들은 함께 작용하여 성찰, 공감, 창의적 문제 해결과 같은 복잡한 인지 기능을 가능하게 합니다.

> 1. 숨 쉬는 침묵: 상대방의 말이 끝난 후 최소 3초간 침묵하며 정보를 흡수합니다. (방해 패턴 방지)
> 2. 생각하는 침묵: "잠시 생각할 시간을 주세요."라고 요청하는 것을 두려워하지 마세요. (시간적 불일치 해소)
> 3. 공감하는 침묵: 때로는 말 대신 그저 함께 있어 주는 것이 최고의 위로가 됩니다. (맥락 이탈 방지)

가장 효과적인 대화 복구 도구는 때로는 말하지 않는 용기입니다. 침묵은 모든 턴 테이킹 방해 요소를 한 번에 리셋하는 비상 단추와 같습니다.

소통의 미세 기술들-유머, 감성, 협상, 침묵-은 모두 깨진 턴 테이킹을 회복시키는 강력한 도구입니다. 각 기술은 특정한 턴 테이킹 방해 요소에 대응합니다. 유머는 방해 패턴을 중단시키고, 감성 표현은 시간적 불일치를 조정하며, 협상 기술은 맥락 이탈을 방지합니다. 그리고 침묵은 이 모든 문제가 복합적으로 얽혔을 때 대화의 완전한 리셋 버튼 역할을 합니다.

이러한 기술들은 기교가 아니라 깊은 인간 이해와 관계에 대한 존중에서 비롯됩니다. 위기에 처한 대화를 구하는 것은 테크닉의 문제가 아니라 진정성의 문제입니다. 적절한 유머는 공감에서, 감성 표현은 자기 인식에서, 협상 기술은 상호 존중에서, 의미 있는 침묵은 겸손에서 시작됩니다.

대화가 난관에 부딪히고 턴 테이킹의 리듬이 깨졌을 때, 문제 유형을 파악해 보세요. 누군가 계속해서 말을 가로채나요? 유머를 시도해 보세요. 대화의 템포가 엇갈리나요? 감정을 솔직히 표현해 보세요. 주제가 끊임없이 바뀌나요? 협상 기술로 댁락을 지켜보세요. 모든 것이 한꺼번에 꼬였나요? 잠시 침묵을 제안해 보세요.

지금까지 우리는 턴 테이킹의 방해 요소들과 그것을 회복하는 방법들을 살펴보았습니다. 이제 그 핵심 철학과 실천법을 정리해 볼까요?

대화에서 가장 중요한 것은 무엇일까요? 어떤 대화든 언젠가는 흐름이 깨지고, 의견 충돌이 발생하며, 감정이 상하는 순간이 옵니다. 완벽하게 매끄러운 대화를 추구하는 것보다, 깨진 대화를 다시 이어갈 수 있는 능력을 키우는 것이 훨씬 더 현실적이고 가치 있는 목표입니다. 일본의 '긴츠기' 예술처럼, 깨진 대화 역시 회복의 과정을 통해 더 깊고 의미 있는 소통으로 거듭날 수 있지요. 대화가 잘못된 방향으로 흘러갔다고 인정하고 다시 시작하는 용기가 때로는 가장 큰 리더십의 표현이 됩니다.

일상에서 실천할 수 있는 대화 회복 습관으로는 세 가지가 있습니다.

첫째, 하루에 한 번은 "지금 나의 대화가 어떻게 진행되고 있나?"라고 스스로에게 물어보는 메타 대화 순간을 만들어 보십시오. 이 간단한 질문으로 소통의 질이 크게 향상됩니다.

둘째, "제 말이 끝나지 않았습니다."와 같은 직접적인 표현부터, 손을 살짝 들어 발언권을 요청하는 비언어적 신호까지, 턴 테이킹 신호를 분명하게 사용하고 존중하는 습관을 들이도록 하세요.

셋째, "잠시 대화의 방향을 재설정해 볼까요?", "제가 방금 당신의 말을 제대로 듣지 못했습니다. 다시 말씀해 주시겠어요?"와 같은 대화 회복 문구들을 미리 준비해 두면 상황에 따라 유용하게 활용할 수 있습니다.

대화 회복의 여정을 마무리하며, 가장 중요한 통찰을 나누고자 합니다. 이 모든 기술과 전략의 핵심에는 '관계에 대한 헌신'이 있습니다. 대화가 깨졌을 때 회복하려는 노력은 단순히 더 효율적인 소통을 위해서가 아닙니다. 그것은 "당신과의 관계가 이 순간의 불편함이나 오해보다 더 중요하다."라는 존중의 표현입니다.

어떤 기업 팀장이 회사 미팅에서 이런 말을 했다고 합니다.

"여러분, 요즘 제가 '대화의 리듬'에 관한 책을 읽고 있는데, 거기서 배운 턴 테이킹 기술을 오늘 회의에 적용해 보겠습니다. 제가 실수하면 알려주십시오."

그러자 한 신입사원이 조심스럽게 손을 들었습니다.

"팀장님, 지금 책 표지가 보이는데 거꾸로 들고 계십니다."

회의실에 잠시 정적이 흘렀고, 이어서 웃음소리가 터져 나왔습니다.

"완벽한 지적입니다! 이것이 바로 우리가 배워야 할 대화의 본질입니다. 누구든 말할 수 있고, 들을 줄 알며, 실수를 인정할 수 있는 문화 그리고 무엇보다, 함께 웃을 수 있는 여유가 있는 소통!"

그날 이후, 그 회사의 '턴 테이킹 문화'는 크게 개선되었다고 합니다. 물론 이것은 우리가 상상할 수 있는 이야기입니다.

아이러니하게도, 리더의 작은 실수와 그것을 인정하는 용기가 조직 전체의 소통 문화를 변화시킨 것입니다. 대화는 깨지기도 하고, 회복되기도 합니다. 중요한 것은 그 과정에서 우리가 서로에게 그리고 관계에 기울이는 진정성과 헌신이겠죠. 리듬 있는 대화가 여러분의 하루에 흐르기를 바랍니다.

다음 3부에서는 '대화의 흐름(Flow)'을 주도하는 법에 대해 살펴보며, 연결의 기술과 질문의 힘, 공감의 비밀 신호를 통해 대화의 마에스트로가 되는 여정을 계속하겠습니다.

일상에서 타이밍 마스터 7가지 실천 전략

1. 비언어적 신호 읽기 연습하기 상대방의 말이 끝나가는 신호에 주의를 기울이세요. 목소리 톤이 낮아지고, 문장이 완성되며, 시선이 당신을 향하는 순간이 발언권 전환의 적기입니다. 영화나 드라마의 대화 장면에서 음을 소거하고 배우들의 몸짓만으로 누가 말할 차례인지 예측하는 연습도 효과적입니다.

2. 2초 규칙 활용하기 상대방의 발언이 끝난 후 최소 2초를 기다리세요. 이 짧은 시간은 상대의 말이 완전히 끝났는지 확인하고, 당신의 생각을 정리하는 데 충분합니다. 성급하게 말을 시작했다가 상대방의 말을 가로채는 실수를 줄일 수 있습니다.

3. 전환구 사용하기 대화에서 차례를 자연스럽게 넘겨받으려면 "그 말씀을 들으니….", "그런 관점에서 보면…", "그래서 제가 생각하기에는…." 같은 전환구를 활용하세요. 이런 표현은 상대방 말에 적절히 반응하면서 대화의 차례를 받아온다는 신호가 됩니다.

4. 질문으로 턴 넘기기 자신의 발언을 마칠 때 상대방에게 질문을 던져 자연스럽게 턴을 넘겨보세요. "이에 대해 어떻게 생각하세요?", "비슷한 경험이 있으신가요?" 같은 개방형 질문은 상대방이 대화에 참여할 기회를 줍니다. 이는 독백을 대화로 전환하는 효과적인 방법입니다.

5. 디지털 공간의 턴 테이킹 연습하기 화상회의나 온라인 토론에서는 대면 상황과 다른 턴 테이킹 규칙이 필요합니다. 의도적으로 "제가 말을 마쳤습니다." 또는 "○○님 의견이 궁금합니다."라고 명시적으로 표현하세요. 비언어적 신호가 사라진 디지털 환경에서는 이런 직접적인 표현이 효과적입니다.

6. 경청 자세 보여주기 상대방의 말을 경청하고 있음을 보여주는 것은 턴 테이킹의 중요한 부분입니다. 고개 끄덕임, "음", "네" 같은

작은 반응, 적절한 시선 교환은 "당신의 말을 듣고 있어요."라는 메시지를 전달합니다. 이런 적극적 경청의 신호는 대화의 리듬을 부드럽게 합니다.

7. **그룹 대화에서 턴 테이킹 전략** 셋 이상의 사람들과 대화할 때는 발언 기회를 균등하게 나누는 의식적인 노력이 필요합니다. 발언하지 않은 사람에게 "○○님 생각은 어떠세요?"라고 물어보거나, 자신이 말을 많이 했다고 느끼면 잠시 물러나는 것도 좋은 방법입니다. 그룹 대화의 턴 테이킹은 춤과 같아서, 때로는 주도하고 때로는 뒤로 물러나는 균형이 중요합니다.

3부

흐름 Flow
: 대화를 물 흐르듯 이어가는 연결의 기술

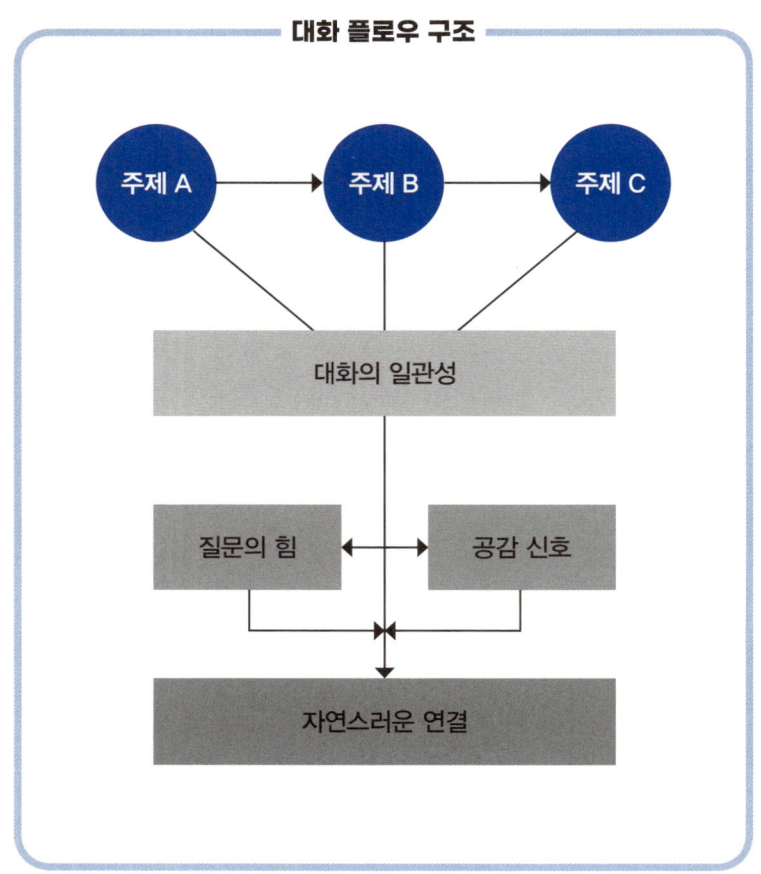

대화 플로우는 주제 나열이 아닌 유기적으로 연결된 소통의 흐름입니다. 위 다이어그램은 효과적인 대화 플로우가 어떻게 구성되고 발전하는지 보여줍니다. 주제 A에서 B, C로 자연스럽게 이어지는 순차적 전개는 대화의 뼈대를 형성하지만, 이 과정에서 '대화의 일관성'이 핵심 연결 기반으로 작용합니다.

대화의 일관성은 바로 아래 두 가지 중요한 요소에 의해 강화됩니다. '질문의 힘'은 대화에 깊이와 방향성을 부여하며, '공감 신호'는 감정적 연결을 통해 소통의 질을 높입니다. 두 요소는 상호보완적으로 작용하며, 결국 '자연스러운 연결'이라는 대화의 궁극적 목표를 달성하게 합니다.

효과적인 플로우를 갖춘 대화는 마치 잘 흐르는 강물처럼 부드럽게 진행되며, 참여자들은 인위적인 노력 없이도 대화에 몰입하게 됩니다. TTF 프레임워크에서 플로우는 템포와 타이밍의 결과물이자, 성공적인 소통의 완성체입니다. 적절한 템포로 말하고, 정확한 타이밍에 발언권을 주고받을 때, 우리는 비로소 자연스럽게 연결된 의미 있는 대화를 경험할 수 있습니다.

7장

끊김 없는 대화의 비결
-주제 전환의 다리 놓기

브리징 테크닉, 연결의 과학

"그런데 말이야, 어제 본 그 영화 어땠어?"

식사 자리에서 갑작스럽게 튀어나온 질문. 앞서 이야기하던 주제는 다가오는 가을 여행 계획이었는데, 별안간 영화 이야기라니. 대화가 잘 흘러가다가 갑자기 방향을 바꾸는 이런 상황을 경험해 보셨을 겁니다. 고속도로를 달리다가 갑자기 브레이크를 밟은 듯한 어색한 순간 말이죠.

5장에서는 대화가 깨지는 순간들, 즉 방해 패턴, 시간적 불일치, 맥락 이탈과 같은 턴 테이킹 함정들을 살펴봤습니다. 이어서 6장에서는 깨진 대화를 회복하는 방법에 대해 알아봤지요. 하지만 '대화의 리듬'을 진정으로 지배하기 위해서는 문제가 발생한 뒤 회복하는 일보다, 애초에 대화가 자연스럽게 흘러가게 만드는 것이 더 중요합니다.

대화가 물 흐르듯 이어지려면 브리징(Bridging) 테크닉이 필수적입니다. 브리징은 현재 논점과 다음 주제를 논리적 연결고리로 자연스럽게 이어주는 소통 기술입니다. 그저 주제를 바꾸는 것이 아니라, 대화의 흐름 속에서 새로운 물길을 자연스럽게 트는 것이지요. 액티브 리스닝이 상대의 말을 경청하는 기술이라면, 브리징은 경청한 내용을 바탕으로 대화의 방향을 부드럽게 이끄는 기술입니다.

"아빠, 오늘 학교에서 우주에 대해 배웠어요. 우주는 정말 무한대래요!"

몇 년 전, 아들이 초등학생일 때 학교에서 돌아와 흥분된 목소리로 말했습니다. 저는 노트북 화면에서 눈을 떼지 않은 채 대답했습니다.

"그래? 우주 이야기 재미있구나. 아, 그건 그렇고 내일 외할머니 댁에 방문할 거니까- 일찍 자야 해."

아들의 눈빛이 순간 흐려졌습니다. 그의 우주 탐험은 저의 무심한 주제 전환으로 갑자기 중단되었습니다.

이런 상황이 더 나아질 수 있었을까요? 물론입니다. 브리징을 활용했다면 이렇게 대화할 수 있었을 것입니다:

"우주가 무한대라고? 정말 놀라운 개념이구나. 우주처럼 끝없이 넓은 상상력을 가진 네가 자랑스러워. 무한한 우주의 별들 아래에서 내일은 외할머니를 만나러 가볼까? 혹시 네가 배운 걸

외할머니께 들려드리고 싶니? 외할머니도 어릴 때 천체 관측에 관심이 많으셨대. 혹시 네가 운영하는 '신박천문연구소' 유튜브 채널 이야기도 들려드릴래?"

이것이 바로 브리징의 힘입니다. 아들의 관심사(우주)를 인정하고, 그것을 다음 주제(외할머니 방문)와 자연스럽게 연결하는 것이죠.

지난봄, S 회사의 중견 사원 교육 과정에서도 브리징의 중요성을 실감했습니다. 제가 팀 빌딩 세션을 진행하고 있을 때, 한 참가자가 갑자기 질문을 던졌습니다.

"강사님, 그런데 이런 팀워크 활동이 실제 업무 성과와 얼마나 연관이 있나요? 통계적으로 검증된 자료가 있으신가요?"

순간 강의실이 조용해졌습니다. 그때까지 서로 웃고 즐기며 활동에 참여하던 분위기가 일순간에 얼어붙은 것이죠. 질문 자체는 타당했지만, 맥락과 타이밍이 맞지 않았습니다. 이런 상황에서 단순히 "네, 연구 결과가 있습니다."라고 대답하거나, "그건 나중에 다루겠습니다."라고 넘기면 대화의 흐름이 끊기고 분위기가 어색해집니다.

대신 저는 이렇게 대답했습니다:

"좋은 질문입니다. 지금 우리가 경험하는 팀워크 교육 프로그램이 실제로 업무 성과에 어떻게 영향을 미치는지 궁금하신 거군요. 흥미롭게도, 지금 여러분이 팀 활동에서 보여주시는 참여 방식과 소통 패턴이 바로 실제 업무 환경에서 행동을 예측하는 중요한 지표가 됩니다. 이 활동을 마무리한 후에, 다음 세션에서는 팀 다이내믹스가 실제 비즈니스 성과에 미치는 영향에 대한 하버드 비즈니스 스쿨의 10년 종단 연구 결과를 함께 살펴보겠습니다. 그전에, 지금 활동에서 관찰된 여러분의 소통 패턴을 조금 더 살펴볼까요?"

이것이 바로 '브리징'의 한 예시입니다. 예상치 못한 질문이나 주제 변화를 무시하거나 거부하는 대신, 현재의 맥락과 연결하고 자연스럽게 다시 대화의 흐름을 이어갔습니다. 이 답은 질문자의 관심사를 인정하면서도, 현재 활동의 가치와 연결하고, 나중에 더 깊이 다룰 것이라는 약속을 제공함으로써 모두를 만족시켰습니다.

이런 대화의 연결이 왜 중요할까요? 신경과학과 인지심리학 일련의 연구 결과들은 우리의 뇌가 본질적으로 '연결성'을 추구한다는 사실을 보여줍니다.

신경과학 연구[1]에 따르면, 해마(hippocampus)와 전전두엽(prefrontal cortex)은 맥락적 기억을 처리하는 데 중요한 역할

---

1   Brown, T. I., He, Q., Aselcioglu, I., & Stern, C. E. (2021). Evidence for a gradient within the medial temporal lobes for flexible retrieval under hierarchical task rules. *Hippocampus*, 31(9), 1003-1019.

을 합니다. 이 두뇌 영역은 정보가 논리적으로 연결되었을 때 활발하게 활성화되어, 결과적으로 더 효과적인 기억 형성을 돕습니다. 이는 대화에서도 마찬가지로, 논리적으로 잘 연결된 대화는 더 오래 기억에 남게 됩니다.

프린스턴 대학의 Uri Hasson 연구팀은 뇌 동기화(neural coupling) 현상에 대한 획기적인 연구[2]를 진행했습니다. 그들은 이야기가 자연스럽게 이어질 때 화자와 청자의 뇌 활동이 동기화되는 현상을 발견했습니다. 이는 5장에서 다루었던 신경 동기화 현상과 맥을 같이 합니다. 반면 이야기의 흐름이 갑자기 중단되거나 논리적 연결 없이 주제가 바뀌면, 신경학적 동기화가 깨지고 청자의 집중력과 이해도가 감소했습니다.

이런 현상의 배경에는 인지심리학에서 말하는 맥락 전환 비용(context switching cost)이 있습니다. 캘리포니아 대학 어바인 캠퍼스의 연구[3]에 따르면, 인간의 뇌는 주제가 갑자기 바뀌면 인지적 부담을 느끼게 되며, 이로 인해 정보 처리 효율성이 현저히 감소할 수 있습니다. 쉽게 말해, 대화 주제가 갑자기 바뀌

---

2 Hasson, U., Ghazanfar, A. A., Galantucci, B., Garrod, S., & Keysers, C. (2012). Brain-to-brain coupling: a mechanism for creating and sharing a social world. *Trends in cognitive sciences*, 16(2), 114-121.
3 Mark, G., Gudith, D., & Klocke, U. (2008, April). The cost of interrupted work: more speed and stress. In *Proceedings of the SIGCHI conference on Human Factors in Computing Systems* (pp. 107-110).

면 우리 뇌는 새로운 주제를 처리하기 위해 추가적인 에너지를 소모해야 하는 것입니다.

효과적인 대화 전략에 관한 연구들은 매끄러운 주제 전환이 비즈니스 협상을 포함한 다양한 소통 상황에서 성공률을 높인다는 사실을 보여줍니다. 주제 간 자연스러운 브리징 기술을 사용하는 사람들은 더 높은 신뢰도를 획득하고, 상대방에게 더 많은 정보를 끌어내며, 결과적으로 더 만족스러운 합의에 도달하는 경향이 있습니다.

이런 과학적 연구 결과가 실제 대화에서는 어떻게 나타날까요? 다음 두 가지 대화를 비교해 봅시다.

대화 1: 브리징 없는 대화

A: 이번 주말에 태풍이 온다던데, 걱정이네.
B: 그건 그렇고, 나 새 차 샀어!
A: 아… 그래? 어떤 차인데?
B: 현대 투싼이야. 근데 이번 주에 새로 개봉하는 영화 봤어?
A: 아니, 못 봤어. (잠시 침묵) 그 차 연비가 좋다던데.

대화 2: 브리징이 있는 대화

A: 이번 주말에 태풍이 온다던데, 걱정이네.
B: 정말? 그럼, 야외 활동은 위험할 수 있겠네. 그래서 나는 오히려 이번 기회에 새로 산 차를 타고 실내 여가를 즐길까,

생각 중이야.

A: 새 차를 샀구나! 어떤 차인데?

B: 현대 투싼이야. 연비도 좋고 여행하기 좋더라고. 말 나온 김에 이번 주말에 개봉하는 영화 중에 재미있어 보이는 게 있던데, 혹시 관심이 있어?

A: 어떤 영화인데? 태풍만 안 심해지면 볼만한 것 같아.

첫 번째 대화에서는 주제가 갑자기 바뀌어서 대화가 부자연스럽고 단절된 느낌을 줍니다. 반면 두 번째 대화에서는 각 주제가 자연스럽게 이전 주제와 연결되어 대화가 물 흐르듯 진행됩니다. 브리징을 통해 '태풍 → 실내 활동 → 새 차 → 여행 → 영화'로 자연스럽게 이어지는 것이죠.

브리징 효과는 친구와의 대화뿐만 아니라 가족 관계에서도 중요합니다. 한 사례를 살펴보겠습니다:

가족 대화 1: 브리징 없는 대화

아들: 엄마, 오늘 수학 시험에서 85점 맞았어요!

엄마: 지난번보다 좀 떨어졌네. 그럼 이제 방 청소 좀 해줄래?

아들: ……. (실망한 표정으로 방으로 들어간다.)

가족 대화 2: 브리징이 있는 대화

아들: 엄마, 오늘 수학 시험에서 85점 맞았어요!

엄마: 와, 정말 열심히 공부했구나! 지난번보다는 조금 점수가 낮지만, 네가 어려운 단원에서 이 정도 점수를 받았다는 건 대단한 거야. 그런데 공부도 중요하지만, 생활 습관도 중요하잖아. 방이 좀 지저분한 것 같은데, 시험도 끝났으니 이제 방 청소도 해볼까?

아들: 네, 그럴게요. 다음 시험엔 90점 이상 맞을 거예요!

교육 현장에서도 브리징은 학생들의 집중력과 이해도를 높이는 데 큰 역할을 합니다:

교실 대화 1: 브리징 없는 대화

교사: 지금까지 태양계의 행성들에 대해 배웠습니다. 자, 이제 페이지 42를 펴고 광합성에 대해 배워볼까요?

(학생들이 혼란스러운 표정을 짓는다.)

교실 대화 2: 브리징이 있는 대화

교사: 지금까지 태양계의 행성들과 태양이 그들에게 미치는 영향에 대해 배웠습니다. 태양은 우리 행성계의 에너지원이죠. 흥미롭게도, 태양 에너지는 지구상의 생명체에게도 필수적입니다. 특히 식물들은 태양 에너지를 직접 활용하는 놀라운 과정을 가지고 있는데, 이것이 바로 우

리가 다음에 배울 광합성입니다. 42페이지를 펴볼까요?

좋은 브리징을 구성하는 핵심 요소들

연결의 자연스러움

효과적인 브리징은 갑작스럽게 주제를 전환하는 것이 아니라, 점진적으로 변화를 이끌어내는 점진적 전환(gradual transition) 기법을 활용합니다. 음악에서 한 멜로디에서 다른 멜로디로 부드럽게 전환하듯이, 대화에서도 이전 주제와 다음 주제 사이의 논리적 연결고리를 제시하는 것이 중요합니다.

"말씀하신 예산 문제는 인력 배치와도 밀접한 관련이 있습니다. 예산이 제한된 상황에서 최적의 인력을 어떻게 배치할 것인가가 다음 과제인데요."

이렇게 두 주제 사이의 관계를 명확히 제시하면, 청자는 맥락 전환 비용 없이 자연스럽게 새로운 주제로 이동할 수 있습니다.

이 원리는 리프레이밍(reframing)[4]과는 조금 다릅니다. 리프레이밍이 동일 주제에 대한 관점을 바꾸는 것이라면, 브리징은

---

4 리프레이밍(reframing)이론은 상황이나 경험을 다른 관점에서 바라보는 기술로, 주로 인지 행동 치료(CBT)에서 사용됩니다. 이는 부정적인 사고를 긍정적인 것으로 전환하여 개인의 감정과 행동을 변화시키는 데 도움을 줍니다. 리프레이밍은 상황의 해석을 재구성하여 스트레스를 줄이고 개인 성장을 촉진하는 데 활용됩니다.

서로 다른 주제 사이의 연결 다리를 만드는 것입니다. 두 기술을 함께 사용하면 더욱 풍부한 대화를 끌어낼 수 있습니다.

청중 고려

효과적인 브리징은 항상 청중(또는 대화 상대방)을 고려합니다. 상대방이 현재 주제를 충분히 이해하는지, 새로운 주제로 넘어갈 준비가 되었는지 확인하는 것이 중요합니다. 이를 위해 상대방의 표정, 몸짓, 반응을 주의 깊게 관찰하고, 필요하다면 명시적으로 이해도를 확인하는 것이 좋습니다.

"지금까지 설명한 내용이 이해되셨나요? 괜찮으시다면, 이 개념이 실제 업무에 어떻게 적용되는지 살펴보겠습니다."

또한 복잡한 주제 전환을 할 때는 의도적으로 대화의 템포를 늦추는 것도 효과적입니다. 5장에서 다루었던 '템포 조절'이 여기서도 중요한 역할을 합니다.

의료 현장의 예를 들어보겠습니다:

의사-환자 대화 1: 브리징 없는 대화

의사: 혈액 검사 결과가 나왔는데요. 콜레스테롤 수치가 조금 높네요. 그럼, 다음 예약은 3개월 후로 잡을게요.

의사-환자 대화 2: 브리징이 있는 대화

의사: 혈액 검사 결과가 나왔는데요. 콜레스테롤 수치가 조금

높네요. 이 수치는 혈관 건강과 밀접한 관련이 있습니다. 생활 습관 조정으로 개선할 수 있는데, 식이요법과 운동이 중요합니다. 이에 대해 함께 계획을 세워보고, 변화의 효과를 확인하기 위해 다음 예약은 3개월 후로 잡는 것이 어떨까요?

맥락 유지

효과적인 브리징은 대화의 전체 맥락, 즉 '빅 픽처'를 항상 유지합니다. 여러 주제를 다루더라도 전체적인 대화의 목적과 방향성을 잃지 않는 것이 중요합니다. 이를 위해 종종 핵심 메시지로 돌아오는 반복적 강조(recursive emphasis)[5] 기법을 활용할 수 있습니다.

"다양한 측면에서 살펴봤지만, 우리가 초점을 맞춰야 할 부분은 고객 경험 개선입니다. 지금까지 논의한 기술적 측면도 결국 이 목표를 위한 것이고, 다음으로 살펴볼 마케팅 전략 역시 같은 맥락에서 중요합니다. 강조의 중요성에 대해 강조하는 것은 정말 중요하죠."

---

5 반복적 강조(recursive emphasis) 기법은 특정 메시지나 아이디어를 여러 번 반복하여 강조하는 방법으로, 이는 반복법과 유사합니다. 반복법은 같거나 비슷한 단어, 구, 절 등을 되풀이하여 의미를 강조하고 리듬을 형성하는 데 사용됩니다. 반복적 강조는 이러한 반복을 통해 메시지를 더 명확하고 기억에 남게 만드는 효과를 줍니다.

이것은 제가 세미나에서 실수로 했던 말입니다. 참가자들은 웃었고, 저는 뻘쭘했죠. 의도치 않은 실수 덕분에 '반복적 강조' 개념이 모두의 기억에 깊이 남게 되었습니다. 때로는 완벽하지 않은 브리징이 더 효과적일 수 있다는 교훈이었죠.

브리징이 항상 최선의 전략은 아닙니다. 때로는 주제를 분명히 전환하는 것이 더 효과적인 상황도 있습니다. 예를 들어:

1. **긴급 상황**: "죄송합니다만, 지금 당장 화재 경보가 울려서 이 주제는 잠시 미루고 대피해야 합니다."
2. **깊이 있는 논의가 필요할 때**: "그 주제는 매우 중요하지만, 지금 다루기에는 너무 복잡합니다. 별도의 시간을 내서 집중적으로 논의해 볼까요?"
3. **불필요한 세부 사항으로 빠질 때**: "세부 내용은 흥미롭지만, 지금은 핵심 문제에 집중해야 할 것 같습니다."

브리징을 과도하게 사용하면 오히려 대화가 산만해지거나 핵심에서 벗어나게 됩니다. 또한 주제 간 연결이 지나치게 인위적이면 오히려 부자연스럽게 느껴집니다.

브리징이 실패한 순간의 사례를 들어보겠습니다. 몇 년 전, 중요한 회사 미팅에서 있었던 일입니다. K 컨설팅사는 새로운 마케팅 교육 프로그램을 제안하였고, 발표는 순조롭게 진행되고 있었습니다. 그런데 갑자기 회사의 CEO가 질문을 건넸습니다.

"이 전략이 우리 회사의 B2B 부문에는 어떻게 적용될 수 있나요?"

발표자는 CEO의 질문에 당황했습니다. 준비한 발표 내용은 주로 B2C 부문에 초점을 맞추었기 때문입니다. 그는 잠시 머뭇거리다 이렇게 대답했습니다:

"아, B2B 부문이요? 그건… 음… 사실 오늘 발표는 B2C 전략에 집중하고 있어서요. B2B는 다음번에 별도로 준비해서 설명해 드리는 것이 좋겠습니다. 자, 그럼 다시 B2C 전략으로 돌아가서…."

이 순간 회의실의 분위기가 급격히 냉각되었습니다. CEO 표정이 굳어졌고, 다른 임원들도 불편한 기색을 감추지 못했습니다.

이런 실패 사례를 제가 강의에서 종종 공유하는데, 실패의 원인은 크게 세 가지였습니다. 첫째, 발표자는 CEO의 질문을 단순한 방해로 여기고 빨리 본론으로 돌아가려 했습니다. 둘째, 준비되지 않은 질문에 정직하게 인정하되 그것을 현재 맥락과 연결하는 노력이 부족했습니다. 셋째, 질문의 중요성과 질문자가 얘기한 의도를 제대로 파악하지 못했습니다.

이상적인 브리징이었다면 이렇게 대답할 수 있었을 것입니다: "좋은 질문 감사합니다. B2B 부문은 귀사의 중요한 사업 영역이죠. 흥미롭게도, 지금 설명해 드린 고객 여정 분석 방법론은 B2B 환경에서도 적용할 수 있습니다. 다만 B2B에서는 의사결정

과정이 더 복잡하고 여러 이해관계자가 관여하므로, 몇 가지 조정이 필요합니다. 간략히 말씀드리자면… (간단한 B2B 적용 예시) 오늘 미팅 후 B2B 부문에 특화된 세부 전략을 추가로 정리해 보내드리겠습니다. 이 부분이 충분히 다뤄졌다면, 다음으로 소비자 참여 전략의 세부 실행 방안을 살펴보겠습니다."

이것이 더 효과적인 이유는 CEO의 질문을 존중하면서도, 준비된 발표 내용과 유기적으로 연결했기 때문입니다. 또한 현재 답변할 수 있는 부분과 추후 보완할 부분을 명확히 구분하여 신뢰성을 높였습니다. 이처럼 브리징 테크닉은 깊은 소통과 관계 형성의 기반이 됩니다.

브리징 테크닉의 실제 유형

회장님께 그룹 조직문화 조사 결과를 보고하던 그날, 파워포인트의 그래프 막대가 화면에 일제히 솟아오르고 있었습니다. 모든 것이 순조롭게 진행되는 듯했습니다. 그때 회장님이 갑자기 자료를 가리키며 질문하셨습니다.

"그런데 A 계열사 경우는 왜 이렇게 점수가 낮지요? 많이 신경 쓰고 있는 것 같은데…."

순간 회의실 공기가 얼어붙는 것 같았습니다. A 계열사 사장님도 참석해 계셨으니까요. 그러나 저는 이내 마음을 가다듬고 브리징 테크닉을 발동했습니다.

"좋은 질문입니다, 회장님. 지금까지 설명해 드린 그룹 전체 지수와 개별적 서브컬처의 차이 부분을 말씀드리려고 했습니다. A 계열사는 다른 회사와 달리 전통적인 제조업체 기반의 회사를 M&A하였기에 SSKK 문화가 아직 많이 남아있었습니다."

회장님은 눈썹을 살짝 올리시며 물으셨습니다. "SSKK가 뭐죠?"

"SSKK, 즉 '시키면 시키는 대로 하고 까라면 까'의 준말입니다만…." 갑자기 회장님이 큭큭거리며 웃음을 참으시는 모습이 보였습니다. 나머지 임원들도 긴장이 풀린 듯 미소를 지었고, 회의는 더욱 자연스러운 분위기로 이어졌습니다. 자연스러운 브리징의 결과로 위기 순간을 넘기고 프레젠테이션은 성공적으로 마무리되었습니다.

이것이 바로 교량형 브리징의 한 예입니다. "앞서 말씀드린 A가 B와 연결되는 지점은…"이라는 형태로, 두 주제 사이에 논리적 다리를 놓는 방식이죠.

어느 프로젝트 킥오프 미팅에서 있었던 일입니다. 마케팅 담당자가 브랜드 이미지에 대해 20분간 열변을 토한 뒤, 재무 담당자가 갑자기 "예산 이야기를 언제 합니까?"라고 물었습니다. 순간 정적이 흐를 때, 프로젝트 매니저가 미소를 지으며 말했습니다. "방금 논의한 브랜드 가치는 결국 우리 제품의 프리미엄 가격 정책을 뒷받침합니다. 그리고 이 가격 전략이 바로 우리가 다음으로 살펴볼 예산 계획의 기반이 되지요." 모두가 고개를 끄덕였고, 대화는 자연스럽게 이어졌습니다. 교량형 브리징의 마법이었습니다.

교량형 브리징은 공식적인 비즈니스 미팅, 예상치 못한 질문에 대응할 때, 또는 복잡한 주제 간 전환이 필요할 때 특히 효과적입니다. 하지만 너무 뻔한 연결은 오히려 인위적으로 느껴질 수 있으니 주의하세요. "자, 이제 완전히 관련 없는 주제로 넘어가겠습니다."라고 말하는 것만큼이나 어색할 테니까요.

다음은 유추형 브리징입니다. "이것은 마치 [유추]와 같은데, 이런 관점에서 보면…"의 형태를 가진 이 방식은 추상적 개념을 친숙한 이미지로 바꾸어 연결합니다. 지난달 디지털 혁신 세미나에서 한 강연자가 기술 도입과 조직 변화라는 두 주제를 이렇게 연결했습니다.

"지금까지 설명해 드린 클라우드 기술 도입은 마치 새집으로 이사하는 경우와 같습니다. 아무리 좋은 집이라도 그곳에서 어떻게 살아갈지 계획이 없다면 의미가 없죠. 이것이 우리가 다음으로 논의할 조직 변화 관리의 핵심입니다."

이 강연자는 누구나 경험해 본 이사 상황을 통해 복잡한 기술 전환과 조직 변화라는 별개의 주제를 하나로 묶었습니다. 이런 유추형 브리징은 특히 복잡한 개념을 설명할 때, 다양한 배경의 청중에게 말할 때, 또는 기술적 주제를 비전문가에게 설명할 때 강력한 효과를 발휘합니다.

제 친구는 이 기술로 장모님께 블록체인을 설명하는 데 성공했다고 자랑하더군요. "어머님, 블록체인은 마을 주민들이 모두 함께 가계부를 쓰는 것과 같아요." 장모님의 표정이 밝아지는 순간이었다고 합니다.

요약 연결형 브리징은 "지금까지 A에 관해 얘기했는데, 이는 결국 B로 귀결됩니다"와 같은 형태로 나타납니다. 어느 콘퍼런스에서 한 연사가 이렇게 말했습니다. "지금까지 우리는 소비자 데이터 수집의 중요성에 대해 살펴봤습니다. 이러한 데이터는 그 자체로는 숫자에 불과하지만, 이를 어떻게 해석하고 활용하느냐가 진정한 가치를 만들어 냅니다. 이것이 바로 우리가 다음으로 알아볼 데이터 분석 전략의 출발점입니다."

요약 연결형 브리징은 복잡한 정보가 많은 프레젠테이션에서, 여러 안건을 다루는 회의에서, 또는 참가자들의 이해도가 다양할 때 특히 유용합니다. 물론 요약이 너무 길어지면 그 자체가 또 다른 발표가 되어버리니 주의하세요. 한번은 요약을 시작한 팀장이 20분 후에도 계속 '요약 중'이었다는 슬픈 전설도 있답니다.

마지막으로 경험 공유형 브리징은 "그 말씀을 들으니 제 경험이 떠오르는데요."와 같은 방식으로, 개인 경험을 통해 자연스럽게 주제를 전환합니다. 신입사원 교육 중에 한 베테랑 매니저가 이렇게 말했습니다. "회사 정책에 관해 설명을 들으니, 제가 신입 때 겪었던 일이 생각나네요. 저도 처음에는 이 많은 규정을 왜 지켜야 하는지 의문이었습니다. 그런데 한 프로젝트에서 큰 실수를 한 후, 이런 표준화된 절차가 얼마나 중요한지 깨달았죠.

이것이 바로 우리가 다음으로 살펴볼 '실수로부터의 학습' 문화의 시작점입니다."

이러한 경험 공유형 브리징은 추상적 개념을 구체화할 때, 청중과 감정적 연결을 만들고 싶을 때, 또는 어려운 주제에 접근할 때 효과적입니다. 물론 너무 개인적인 경험은 TMI(Too Much Information)가 될 수 있으니 주의하세요. "예산 문제를 말씀하시니 제 이혼 과정이 생각나는데요."라는 브리징은 실패할 가능성이 높습니다.

브리징 테크닉은 말의 기술을 넘어 진정한 소통의 예술입니다. 상황에 맞는 적절한 방식을 선택하여 자연스럽게 대화를 이어가면, 숙련된 DJ가 한 곡에서 다른 곡으로 부드럽게 믹싱하듯 대화의 흐름을 완벽하게 지배할 수 있습니다.

가끔은 여러 유형을 섞어 사용하기도 합니다. 기억나는 순간이 있네요. 경영진 앞에서 발표하던 신입사원이 갑자기 질문 폭탄을 맞았을 때였습니다. 그는 잠시 당황했지만, 곧 미소를 지으며 말했습니다.

"지금까지 제안한 마케팅 전략은(요약) 배를 띄우는 것과 같습니다(유추). 좋은 배도 필요하지만, 결국 어떤 바다로 항해할지 정하는 것이 중요하죠. 이것이 CFO님께서 질문하신 투자 우선순위와 직결됩니다(교량). 제가 이전 회사에서 비슷한 결정을 내려야 했을 때(경험 공유)…."

그날 신입사원은 간숨에 회사의 스타가 되었고, 6개월 만에 팀장으로 승진했다는 후문입니다. 물론 이 이야기는 제가 방금 지어낸 것입니다만, 브리징 테크닉 효과를 보여주기에는 충분하지 않을까요? 제가 이 글에서 브리징 테크닉 설명을 실제 사용 예와 자연스럽게 연결한 것처럼 말이죠. 이렇게 말이 끝날 때쯤, 여러분은 이미 브리징의 마법에 빠져 있을 겁니다.

대화 연결의 마법사가 되려면 상황에 맞는 브리징 테크닉을 적재적소에 활용하는 지혜가 필요합니다. 교량형, 유추형, 요약 연결형, 경험 공유형 기술들은 결국 하나의 목표를 향합니다. 상대방의 관심을 붙잡고 대화의 흐름을 자연스럽게 이어가는 것. 야구 경기에서 실력파 투수가 각기 다른 구질로 타자를 교란하는 것처럼, 여러분도 다양한 브리징으로 대화의 주도권을 잡으세요. 하지만 잊지 마세요. 연결의 기술 다음에 더 중요한 것이 있답니다. 바로 '질문의 힘'!

8장에서는 대화의 판도를 완전히 뒤집어 놓을 질문 기반 참여(Question-based Participation) 기법으로 여러분을 초대합니다.

8장

질문의 힘
−상대방의 생각과 감정을 끌어내는 방법

어떤 응팔 이야기

1989년 봄, 모 대학교 교내 미팅 장소로 유명했던 청운다방. 정치외교학과 3학년 김민지와 기계공학과 3학년 이준호의 첫 만남이 이루어지고 있었습니다. 제가 주선한 자리였죠. 준호는 저와 고등학교 동창으로, 경상도 김해 출신의 무뚝뚝한 공대생이었습니다. 말수가 적기로는 학교에서 유명했습니다.

"저는 정외과 김민지라고 합니다. 처음 뵙겠습니다."

단발머리에 청바지를 입은 민지가 밝게 인사했습니다.

"기계과 이준호입니다."

준호의 답변은 딱 여기까지였습니다. 그리고 다시 어색한 침묵. 민지가 여러 주제로 대화를 시도했지만, 준호의 대답은 "네", "아니오", '그렇습니다"와 같은 단답형에 그쳤습니다. 거의 20분간 이어진 고문 같은 시간 끝에 민지 표정이 점점 굳어져 갔습니다. 그때 민지가 마지막 승부수를 던졌습니다.

"이준호 씨, 혹시 학창 시절에 가장 기억에 남는 장난 한 가지만 들려주실 수 있을까요?"

그 순간 준호의 무표정했던 얼굴에 미묘한 변화가 일었습니다. 잠시 머뭇거리더니 수줍은 미소를 지었습니다.

"말씀드려도 될지 모르겠는데…."

"괜찮아요. 저도 말썽꾸러기였거든요."

민지가 용기를 북돋아 주었습니다.

"고3 때였습니다. 저희 반 아이들이 미술 선생님을 너무 좋아했거든요. 졸업 전에 감사의 마음을 전하자는 의견이 나왔는데, 제가 아이디어를 냈습니다. 선생님께 반 아이들의 마음을 담은 선물을 드리자고 했죠."

준호의 목소리에 점점 생기가 돌기 시작했습니다.

"그래서 큰 봉투에 '선생님 사랑합니다'라고 예쁘게 써서, 조례 시간에 반 아이들이 모두 보는 앞에서 드렸습니다. 선생님이 감동하셔서 봉투를 여시는 순간."

준호의 눈이 장난기로 반짝였습니다.

"봉투 안에 숨겨둔 개구리가 펄쩍 뛰어올라 선생님 얼굴로 달라붙었습니다. 선생님이 비명을 지르시며 의자에서 뒤로 넘어지셨고 … 그날 저는 교무실에서 무릎 꿇고 3시간을 반성했죠."

민지가 웃음을 터뜨렸고, 준호도 함께 웃었습니다. 그 웃음을 시작으로 얼어붙었던 대화의 물꼬가 터졌습니다. 준호는 멈출

줄 모르고 고등학교 시절 이야기를 쏟아냈고, 민지도 자신의 학창 시절 비밀들을 나누기 시작했습니다.

그날 밤 청운다방의 폐점 시간인 11시까지 두 사람 대화는 끊이지 않았습니다.

25년 후, 두 사람의 결혼 동혼식 날. 이제는 머리가 희끗희끗한 민지가 웃으며 고백했습니다. "준호 오빠의 마음을 열어준 것은 '질문의 마법'이었어요. 그 질문이 아니었다면 지금의 우리는 없었을 거예요."

이것이 바로 '질문의 마법'입니다. 적절한 질문 한 개가 무거운 침묵의 문을 열고, 고집 센 상대의 마음을 녹이며, 잊힌 이야기의 보물창고를 활짝 열어젖힐 수 있습니다. 마치 무술의 급소 공략처럼, 적재적소에 던져진 질문은 상대방의 방어막을 순식간에 무너뜨립니다.

"그런데 대체 어떤 질문이 이런 마법을 부릴 수 있을까요?"

바로 그렇습니다! 지금 여러분은 제 질문에 대답하기 위해 머릿속으로 생각을 정리하고 계시죠? 그것이 질문의 힘입니다. 완벽한 질문은 상대방이 자기 생각, 경험, 지식을 공유하지 않고는 배길 수 없게 만듭니다.

FBI 협상 전문가들은 효과적인 질문의 중요성을 강조합니다. 크리스 보스(Chris Voss)와 같은 FBI 출신 협상 전문가들은 대화에서 주도권을 쥐기 위해서는 말하기보다 질문하는 데 더 많은 시간을 할애해야 한다고 조언합니다. 그들은 열린 질문, 미러링(상대방의 말을 되풀이하기), 감정 레이블링(상대방의 감정을 언어로 표현하기) 같은 기술을 통해 상대방이 더 많은 정보를 공개하도록 유도합니다. 그들은 이러한 접근법이 단순히 자기 의견을 전달하는 것보다 상대방 입장을 이해하고 대화를 이끌어가는 데 효과적인 전략이라고 말합니다. 질문하는 사람이 실제로 대화를 지배하게 되니까요.

7장에서 살펴본 브리징 테크닉이 대화의 흐름을 부드럽게 이어주는 기술이라면, 이번 장에서 배울 '질문 폭격기' 기술은 상대방의 마음과 입을 활짝 열게 만드는 강력한 무기입니다. 이것은 호기심이 아닌, 전략적이고 의도적인 질문의 기술입니다.

자, 이제 질문으로 세상을 지배하는 여정을 시작해 볼까요?

질문의 삼대 천왕: 대화를 지배하는 3가지 비법

여러분은 지금껏 세 종류의 질문이 있다는 사실을 알고 계셨나요? 저도 그 사실을 알기 전에는 질문이란 그저 물음표로 끝나는 문장이라고만 생각했습니다. 하지만 A 앵커의 '질문들'을 시청한 후, 제 생각은 완전히 바뀌었습니다.

특히 B 씨와의 유명한 인터뷰를 기억하시나요? 3시간이 넘는 긴 대화였지만, 시간이 어떻게 지나갔는지 모를 정도로 몰입하게 만든 인터뷰 말입니다. 모두가 그저 표면적인 대화만 오갈 것이라 예상했지만, A 앵커는 세 가지 질문 유형을 절묘하게 활용해 B 씨의 내면과 사업 철학을 끌어내는 데 성공했습니다.

첫 번째로 사용된 무기는 탐침 질문(Probing Questions)이었습니다. 말 그대로 깊숙이 '탐침'하듯 상대방의 생각을 깊이 파고드는 질문입니다. 일반적인 질문이 아니라 특정 상황이나 맥락에 초점을 맞춘 구체적인 질문이죠.

A 앵커는 B 씨에게 이렇게 물었습니다. "매장 수가 줄어든 이유에 대해서 어떻게 파악하고 계십니까?" 단순히 "자영업 위기에 대해 어떻게 생각하십니까?"라고 묻지 않았습니다. 그 미묘한 차이가 B 씨의 깊은 분석을 끌어냈고, 그는 코로나19 팬데믹의 영향과 외식 산업의 구조적 변화에 대해 상세히 설명했습니다.

두 번째 무기는 확인 질문(Clarifying Questions)입니다. 이는 단순히 내용을 확인하는 것이 아니라, 상대방의 생각을 더 명확하게 끌어내는 질문입니다. 상대방이 말한 내용을 다른 관점에서 바라보게 하거나, 숨겨진 의미를 깊이 탐색하게 만드는 거죠.

B 씨가 외식 산업의 어려움을 설명하자, A 앵커는 바로 확인 질문을 던졌습니다. "그렇다면 이런 상황에서 가맹점주들 입장에서는 본사에서 뭔가 해주길 바랄 텐데, 이에 대해 걱정하지 않으십니까?" 이 질문은 사실을 확인하는 차원이 아니라, B 씨에게 가맹점주 관점에서 상황을 바라보도록 요청한 것입니다. 이에 B 씨는 본사와 가맹점 사이 복잡한 관계와 책임의 경계에 대해 진솔하게 털어놓았습니다.

마지막 무기는 참여 유도 질문(Engaging Questions)이었습니다. 이는 상대방이 자신의 비전, 계획, 가치관을 나누도록 초대하는 질문입니다. 미래 지향적이거나 가정법을 활용한 질문으로, 상대방의 창의적 사고를 자극하죠.

인터뷰 중반부에서 A 앵커는 이런 참여 유도 질문을 던졌습니다. "앞으로는 가맹점을 좀 덜 늘릴 생각은 없으신가요?" 이 질문은 B 씨의 미래 계획과 비전을 끌어내는 열쇠가 되었습니다. B 씨는 '예' 또는 '아니오'로 답하지 않고, 양적 성장에서 질적 성장으로 전환한 자신의 경영 철학을 자세히 설명했습니다.

방송 후, 인터뷰는 "창과 방패의 대결"이라는 표현과 함께 모든 언론의 헤드라인을 장식했습니다. 시청자들은 A 앵커의 날카로운 질문과 B 씨의 솔직한 답변이 만들어 낸 3시간의 여정에 감탄했죠. 평소 방송에서는 볼 수 없었던 B 씨의 다양한 면모가 드러났고, 자영업 위기라는 사회적 이슈에 대한 깊이 있는 논의가 이루어졌습니다.

이 세 가지 질문 유형의 숨겨진 힘은 순서와 조합에 있습니다. 탐침 질문으로 상대방의 생각을 파고들고, 확인 질문으로 그 생각을 다양한 각도에서 살펴보게 하며, 참여 유도 질문으로 미래 지향적 논의를 이끌어내는 것입니다. A 앵커는 세 가지 질문을 마치 피아니스트가 건반을 다루듯 자유자재로 오가며 인터뷰를 진행했습니다.

연세대 심리학과 연구팀에 따르면, 사람들은 자신에 대해 말할 때 뇌의 보상 센터가 활성화되어 맛있는 음식을 먹거나 돈을 받았을 때처럼 즐거움을 느낀다고 합니다. 질문이 보상 센터를 자극하는 방아쇠 역할을 하는 것이죠.

일상에서도 이런 질문의 마법은 통합니다. 제 동료 중 한 명은 이 기술을 이용해 팀 내 갈등 상황을 해결했습니다. "이번 프로젝트에서 가장 어려웠던 부분은 무엇이었나요?"라는 탐침 질문으로 시작해, "그런 어려움이 팀 전체에 어떤 영향을 미쳤다고 생각하시나요?"라는 확인 질문을 거쳐, "앞으로 비슷한 상황을 더 효과적으로 해결하려면 어떤 방식이 좋을까요?"라는 참여 유도 질문으로 이어지는 대화를 통해, 팀원들이 서로의 입장을 이해하고 해결책을 함께 모색하게 되었다고 합니다.

질문의 힘은 그저 정보를 얻는 데 있지 않습니다. 그것은 상대방에게 "당신의 이야기는 가치 있고 중요합니다."라는 메시지를 전달하는 것입니다. A 앵커가 B 대표에게 던진 질문들이 단순한 사실 확인이 아니라 그의 경험과 철학 그리고 고민을 존중하는 대화였던 것처럼 말이죠.

이제 여러분도 질문의 삼대 천왕-탐침 질문, 확인 질문, 참여 유도 질문-을 만나봤습니다. 다음 대화에서 이 강력한 무기들을 어떻게 활용해 볼 계획인가요? 아, 방금 제가 참여 유도 질문을 던진 것 같네요. 어떠신가요, 대답하고 싶어지지 않나요?

질문으로 인생이 뒤바뀐 역사적 인물들

"질문을 잘하는 사람이 세상을 바꾼다."라는 말이 있습니다. 하지만 때로는 질문이 그 사람의 인생을 완전히 바꿔 놓기도 하죠. 역사 속에서 그들이 던진 질문, 혹은 그들에게 던져진 질문 때문에 흥망성쇠가 결정된 몇몇 인물들의 이야기를 살펴볼까요?

첫 번째 주인공은 질문의 대가로 불리지만 역설적으로 질문 때문에 생명을 잃은 소크라테스입니다.

기원전 399년, 아테네의 시장에서 소크라테스는 자신만의 탐침 질문으로 소피스트들과 정치인들을 당황하게 했습니다. "용기란 무엇인가?", "정의란 무엇인가?"와 같은 단순해 보이는 질문으로 시작해, 대화 상대가 답변하면 그 답변 속의 모순을 찾아내는 연쇄적인 확인 질문을 던졌습니다.

"당신은 용기가 전장에서 도망치지 않는 것이라고 했습니다. 그렇다면 전략적 후퇴는 용기가 아닌가요? 하지만 당신은 방금 현명한 판단도 용기의 일부라고 했습니다. 그렇다면 전략적 후퇴는 용기인가요, 아닌가요?"

이런 식으로 소크라테스는 자신의 대화 상대를 자가당착에 빠뜨렸고, 결국 "청년들을 타락시킨다."라는 죄목으로 재판에 회부됩니다. 재판에서도 그는 참여 유도 질문을 던졌습니다.

"아테네 시민 여러분, 당신들이 죽음을 두려워한다면, 그것은 당신이 모르는 것을 안다고 생각하는 것이 아닌가요? 아무도 죽음이 어떤 것인지 모르는데, 어떻게 그것이 나쁜 것이라고 확신할 수 있습니까?"

이 질문은 배심원들을 불편하게 만들었고, 결국 그는 독배를 마시는 형벌을 받게 됩니다. 소크라테스는 질문의 힘을 보여준 동시에 위험성도 증명한 역사적 인물입니다.

두 번째 주인공은 질문으로 왕좌에 오른 엘리자베스 1세입니다. 그녀의 이야기는 1553년, 메리 여왕 시대로 거슬러 올라갑니다. 가톨릭 신자였던 메리 여왕은 개신교 신자였던 이복동생 엘리자베스를 의심했고, 그녀에게 결정적인 질문을 던졌습니다.

"성체성사에서 그리스도의 몸과 피가 실제로 존재한다고 믿습니까?" 이것은 엘리자베스에게 던져진 함정 같은 확인 질문이었습니다. 솔직히 "아니요."라고 대답했다간 이단으로 몰려 처형될 수 있었죠. 하지만 엘리자베스는 이렇게 대답했다고 합니다.

"그리스도께서는 이르시되, '이것은 내 몸이니라' 하셨습니다. 나는 그의 말씀을 믿습니다."

이 교묘한 대답으로 그녀는 위기를 모면했고, 나중에 메리가 죽자, 잉글랜드 여왕이 되었습니다. 그녀는 상대방의 확인 질문을 뒤집어 자신의 생존 전략으로 활용한 것이죠.

여왕이 된 후, 엘리자베스는 참여 유도 질문의 대가가 되었습니다. 결혼을 재촉하는 의회에 그녀는 이렇게 물었습니다.

"잉글랜드가 이미 나의 남편이라면, 내가 또 다른 남편을 가져야 할 이유가 무엇입니까?"

이 질문은 반문이 아니라, 의회 의원들에게 국가와 군주의 관계에 대해 다시 생각하게 만드는 전략적인 참여 유도 질문이었습니다. 그 결과 엘리자베스 여왕은 45년간 홀로 잉글랜드를 통치했습니다.

세 번째 주인공은 질문으로 역사를 바꾼 간디입니다. 1930년, 영국의 식민 지배 아래 있던 인도에서 간디는 소금 행진을 시작했습니다. 당시 영국은 인도인들이 소금을 직접 생산하는 것을 금지하고 있었죠. 한 영국 기자가 간디에게 탐침 질문을 던졌습니다.

"왜 하필 소금입니까? 훨씬 더 중요한 문제들이 있지 않습니까?"

간디는 이렇게 대답했습니다.

"가장 가난한 인도인에게도 소금은 필수품입니다. 영국이 이것마저 통제한다면, 그것은 우리 존재의 본질적인 부분을 통제하는 것입니다."

그리고 간디는 영국 기자들에게 자신만의 참여 유도 질문을 던졌습니다.

"만약 당신이 식량을 구하기 위해 애쓰던 부모의 눈물을 한 번도 본 적이 없다면, 어떻게 우리의 투쟁을 이해할 수 있겠습니까?"

이 질문은 단순한 반문이 아니라, 영국인들에게 식민지 현실을 상상해 보도록 초대하는 질문이었습니다. 간디의 이 질문은 국제 언론을 통해 퍼졌고, 전 세계 사람들이 인도의 독립운동에 관심을 두게 했습니다.

마지막은 질문으로 세상을 바꾼 인물, 스티브 잡스 이야기를 빼놓을 수 없습니다. 애플의 CEO로 복귀한 1997년, 회사는 파산 직전이었습니다. 그때 잡스는 임원 회의에서 결정적인 확인 질문을 던졌습니다.

"우리가 만드는 제품을 당신이라면 정말로 사고 싶습니까? 당신이라면 친구에게 추천하고 싶습니까?"

이 질문에 아무도 확신 있게 "예"라고 대답하지 못했습니다. 그다음 잡스는 참여 유도 질문을 던졌습니다.

"만약 돈이 문제가 아니라면, 우리는 어떤 제품을 만들고 싶습니까?"

이 두 가지 질문이 애플의 방향을 완전히 바꿔 놓았습니다. 잡스는 복잡한 제품 라인을 대폭 정리하고 iMac, iPod, iPhone으로 이어지는 혁신적인 제품들을 내놓았죠. 그의 질문이 세계에서 가장 가치 있는 기업을 탄생시킨 것입니다.

역사는 우리에게 질문의 힘을 증명합니다. 소크라테스의 탐침 질문은 그를 죽음으로 이끌었지만, 서양 철학의 기초를 세웠습니다. 엘리자베스 1세는 교묘한 대답으로 위기를 모면했고, 참여 유도 질문으로 자신의 통치를 강화했습니다. 간디는 참여 유도 질문으로 세계의 관심을 인도 독립운동으로 돌렸고, 잡스는 확인 질문과 참여 유도 질문으로 애플을 부활시켰습니다.

질문으로 세상을 바꾼 역사적 인물들의 지혜를 일상에 적용하려면, 몇 가지 효과적인 질문 원칙을 기억해야 합니다. 무엇보다 '네/아니오'로 답할 수 있는 폐쇄형 질문보다 '무엇을/어떻게/언제/왜'로 시작하는 개방형 질문을 활용하세요. 이는 좁은 골목길 대신 넓은 대로를 선택하는 것과 같습니다. 대화의 가능성이 무한히 확장되니까요.

또한 질문의 순서도 중요합니다. 처음에는 쉬운 질문으로 상대방의 경계를 낮추고, 점차 어려운 질문으로 이동하세요. 일반적인 질문에서 시작해 구체적인 질문으로 파고드는 전략은 마치 7장에서 배운 브리징 테크닉처럼 대화의 흐름(Flow)을 자연스럽게 만듭니다. 그리고 무엇보다 청중의 수준과 관심사를 고려한 질문이야말로 진정한 공감의 시작입니다.

지금까지 우리는 대화를 물 흐르듯 이어가는 Flow의 3가지 방법 중 2가지-브리징 테크닉과 질문 기반 참여 방법을 살펴보았습니다. 다음은 마지막 열쇠인 타이밍 감각(Timing Sensitivity)을 만나게 됩니다. 언제 말하고, 언제 침묵해야 하는지, 그 미묘한 순간을 포착하는 능력이야말로 대화의 리듬을 완성하는 최종 단계입니다. 대화의 타이밍 마스터가 될 여정이 여러분을 기다립니다.

9장

타이밍 감각, 공감의 시그널
―대화의 깊이를 더하는 순간들

인류 역사상 가장 많이 반복된 말 "내 마음을 몰라"

업무로 한창 바쁜 오후, 컴퓨터 화면을 뚫어지게 바라보며 보고서 마감 시간과 씨름하던 때였습니다. 그때 핸드폰이 울렸고, 발신자 표시에 '아버지'라는 글자가 반짝였습니다.

"아들, 나 지금 좀 곤란한 상황이야."

아버지 목소리가 평소보다 조금 떨렸습니다. 평상시 타고 다니시던 오토바이로 골목길을 지나던 중 갑자기 택시와 부딪혔다고 했습니다. 다행히 크게 다치지는 않으셨지만, 10년 넘게 함께한 그 오토바이는 앞쿠분이 완전히 찌그러졌다고 했습니다.

"법적으로 어떻게 되는지 좀 알아봐 줄래? 택시 기사가 자기 잘못 아니라면서 정말 뻔뻔하게 굴어."

그 순간 저는 마감이 30분 앞으로 다가온 보고서만 보였습니다.

"아, 네. 지금 제가 급한 마감이 있어서요. 저녁에 퇴근해서 알아보고 전화를 드릴게요."

통화를 서둘러 끝내고 일에 몰두했습니다. 아버지의 사고는 잠시 머릿속에서 밀려났죠. 저녁에 퇴근 후, 약속대로 몇 분간 인터넷을 검색한 뒤 아버지께 전화를 걸었습니다.

"아버지, 알아보니까 골목길에서 사고는 대부분 쌍방 과실로 처리된대요. 보험사에 연락해서 절차대로 처리하시면 될 것 같아요."

잠시 전화기 너머로 침묵이 흘렀습니다.

"그렇구나… 알았다."

아버지의 목소리에서 실망감이 묻어났지만, 저는 해결책을 드렸다는 안도감에 가볍게 통화를 마쳤습니다.

몇 달 후, 어머니와 통화하던 중 충격적인 이야기를 들었습니다.

"네 아버지가 요새 밤마다 혼잣말하시는데 '우리 가족들은 나에게 관심이 별로 없는 것 같아.'라고 중얼거리신다. 특히 그 오토바이 사고 이후로 더 우울해지신 것 같아."

그 말을 듣는 순간, 얼굴에 찬물을 끼얹은 듯 정신이 번쩍 들었습니다. 그제야 깨달았습니다. 아버지께 필요했던 건 법적 조언이 아니었습니다. 그분이 진짜 원하셨던 건, "괜찮으세요, 아버지? 많이 놀라셨겠네요. 오랫동안 타신 오토바이라 더 속상하시겠어요. 제가 지금 당장 달려갈까요?" 단 한마디 공감이 필요했던 겁니다. 사고 현장에 홀로 서서, 자신이 아끼던 오토바이가 망가진 모습을 바라보며 느꼈을 상실감과 분노 그리고 나들에게 받지 못한 위로….

3년 후, 아버지는 갑작스러운 암 판정으로 세상을 떠나셨습니다. 장례식장에서 아버지의 오래된 지갑을 정리하던 중, 접힌 종이 한 장을 발견했습니다. 사고 당일 택시 기사와 주고받은 연락처가 적힌 메모였습니다. 그 종이를 3년간 지갑에 간직하고 계셨던 겁니다.

그날 저녁, 저는 텅 빈 아파트에 홀로 앉아 눈물을 흘렸습니다. "아버지, 정말 죄송해요. 그때 아버지의 마음을 헤아리지 못했어요." 이제는 돌이킬 수 없는 후회가 되어버린 그 순간, 단 한 번의 공감 시그널이 얼마나 큰 차이를 만들 수 있었을지를 깨달았습니다.

공감은 생존을 위한 필수 장치이다

공감은 인간만의 독특한 특성이라고 생각하기 쉽지만, 사실이는 깊은 진화적 뿌리가 있습니다. 영장류학자 프란스 드 발에 따르면, 침팬지와 보노보 같은 유인원들도 분명한 공감 행동을 보여줍니다. 침팬지는 싸움에서 패배한 동료를 위로하고, 보노보는 다친 새를 조심스럽게 돌보기도 합니다.

공감은 두 가지 주요 경로를 통해 진화했습니다.

첫째는 부모 돌봄과의 연관성입니다. 모든 포유류는 자식의 신호에 민감하게 반응해야 합니다. 예를 들어, 아기의 울음소리에 즉각 반응하는 어미의 능력은 자손의 생존 가능성을 크게 높였습니다. 청각 장애가 있는 침팬지 어미가 아기의 울음소리를 듣지 못해 실수로 아기를 다치게 하는 사례는 이러한 메커니즘의 중요성을 보여주지요.

둘째는 사회적 협력의 필요성입니다. 초기 인류는 집단생활을 하며 포식자로부터 보호받고, 협력적 사냥으로 더 많은 음식을 확보했습니다. 효과적인 협력을 위해서는 다른 구성원의 감정 상태와 목표에 세심하게 주의를 기울여야 했습니다. 사자 무리에서 암사자가 다른 암사자들의 사냥 모드를 재빨리 알아차리는 것처럼, 집단의 성공을 위해서는 서로의 상태에 민감하게 반응해야 했던 것이죠.

공감의 진화는 단순한 형태에서 복잡한 형태로 발전해 왔습니다. 가장 기본적인 수준은 감정적 전염(emotional contagion)으로, 다른 이의 감정 상태에 자동으로 영향받는 현상입니다. 그다음 단계는 자신과 타인을 구분하면서도 타인의 감정을 느끼는 능력이 발달합니다. 마지막으로 가장 복잡한 형태는 인지적 공감으로, 타인의 상황과 관점을 정신적으로 취할 수 있는 능력을 말합니다.

이러한 공감의 진화적 발달은 마치 러시아 인형처럼 층층이 쌓여 있습니다. 새로운 층이 발달해도 내부의 기본 층은 여전히 존재합니다. 따라서 공감은 문화적으로 구성된 것이 아니라, 우리의 유전자에 단단히 각인된 생물학적 특성이며, 이를 우리는 삶을 통해 정교화하고 발전시킵니다.

1990년대 초, 이탈리아 파르마 대학의 연구팀은 원숭이 실험에서 우연히 놀라운 발견을 합니다. 원숭이가 땅콩을 집어먹을 때 활성화되는 특정 뇌세포들이, 원숭이가 다른 원숭이(또는 연구자)가 땅콩을 집어먹는 모습을 '볼 때'도 똑같이 활성화된다는 것이었죠.

이것이 바로 거울 뉴런 시스템 (mirror neuron system)[1]입니다. 쉽게 말해, 우리 뇌는 남의 행동을 볼 때, 마치 우리가 직접 그 행동을 하는 것처럼 반응합니다. 놀랍게도 이 시스템은 감정에도 작동합니다.

그리고 더 놀라운 사실은, 미러 뉴런 시스템의 발달 정도가 개인마다 다르다는 점입니다. 2018년 스탠퍼드 대학의 연구에 따르면, 정치인, 심리치료사, 협상 전문가 등 '사람 다루는 일'에 능한 직업군은 평균보다 훨씬 활성화된 미러 뉴런 시스템을 가지고 있다고 합니다.

여기서 잠깐! 그럼, 공감 능력은 타고나는 걸까요? 타고나지 못한 사람은 어쩌죠? 걱정하지 마세요. 내비게이션 앱처럼, 공감

---

[1] 거울 뉴런 시스템 이론은 상대방의 행동이나 감정을 관찰할 때 뇌에서 활성화되어, 모방 및 공감 형성에 기여하는 메커니즘입니다. 이 개념은 대화 중 상대방의 말과 제스처를 자연스럽게 반영하는 과정을 설명하는 데 도움이 됩니다(Rizzolatti & Craighero, 2004).

능력도 지속적으로 업데이트가 가능합니다. 신경가소성(neuroplasticity)이라는 뇌의 놀라운 특성 덕분에, 우리는 의식적인 훈련을 통해 공감 회로를 강화할 수 있습니다.

흔히 공감(empathy)과 교감(sympathy)을 혼동하는 경우가 많습니다. 간단히 설명하자면:

교감: "아이고, 힘들겠네요. 저도 비슷한 경험 있어요."
공감: "그 상황에서 그런 기분이 드셨군요. 더 말씀해 주시겠어요?"

교감이 치즈버거라면, 공감은 치즈버거 + 감자튀김 + 콜라 + 애플파이의 세트 메뉴입니다. 교감은 상대의 감정을 인정하는 것이고, 공감은 그 감정으로 들어가 함께 느끼는 것입니다.

그런데 왜 어떤 사람들은 공감을 잘하고, 어떤 사람들은 그렇지 않은 걸까요?

영국의 심리학자 존 볼비(John Bowlby)와 메리 에인스워스(Mary Ainsworth)가 개발한 애착 이론(attachment theory)[2]

---

2 애착 이론은 존 볼비와 메리 에인스워스가 개발한 것으로, 생애 초기 양육자와 관계가 정서적 발달에 영향을 미친다고 설명합니다. 안전한 애착은 긍정적인 관계와 신뢰를 형성하며, 이는 공감 능력의 발달에도 긍정적인 영향을 미칩니다. 애착 스타일은 이후의 사회적 관계와 정서적 건강에 중요한 역할을 합니다. Bowlby, J. (1969). *Attachment and Loss: Vol.*

에 따르면, 우리의 공감 능력은 생애 초기 주 양육자와의 관계에 깊은 영향을 받습니다.

안정형 애착을 형성한 아이들은 자신의 감정을 인식하고 표현하는 능력이 발달하며, 이는 타인의 감정을 이해하는 공감 능력의 기초가 됩니다. 반면, 불안정 애착을 경험한 아이들은 종종 감정 조절과 공감에 어려움을 겪을 수 있습니다.

애착 문제가 있으면 공감 능력도 영원히 부족할까요? 전혀 그렇지 않습니다. 심리학자 수 존슨(Sue Johnson)의 연구[3]에 따르면, 성인이 된 후에도 의미 있는 관계 경험을 통해 애착 패턴을 변화시킬 수 있다고 합니다. 말 그대로 "늦었다고 생각할 때가 가장 빠른 때"인 셈이죠.

공감은 세 단계로 이루어집니다:

---

1. Attachment. New York: Basic Books. Ainsworth, M. D. S. (1978). *Patterns of Attachment: A Psychological Study of the Strange Situation*. Hillsdale, NJ: Erlbaum. Shonkoff, J. P., & Phillips, D. A. (2000). *From Neurons to Neighborhoods: The Science of Early Childhood Development*. Washington, DC: National Academy Press.

3 수 존슨(Sue Johnson)의 연구에 따르면, 성인이 된 후에도 의미 있는 관계 경험을 통해 애착 패턴을 변화시킬 수 있습니다. 이는 Emotionally Focused Therapy(EFT)를 통해 성인 관계에서 애초 불안을 해결하고 더 안전한 애착을 형성하는 데 중점을 둡니다. Johnson, S. M. (2004). *The Practice of Emotionally Focused Couples Therapy: Creating Connection*. New York: Routledge.

1. **인식**(Recognition): 상대방의 감정을 알아차리는 단계
2. **공명**(Resonance): 그 감정에 함께 반응하는 단계
3. **표현**(Expression): 이해를 전달하는 단계

많은 사람들이 1단계와 2단계는 잘하지만, 3단계에서 실패합니다. '아, 그 마음 이해해요.' 생각만 하고 표현하지 않는 거죠. 반면, 3단계만 기계적으로 하는 사람들도 있습니다. "많이 힘드셨겠네요."라고 말하면서도 눈은 핸드폰 화면을 보는 식으로요. 진정한 공감은 이 세 단계가 완벽하게 조화를 이룰 때 발생합니다. 그리고 그 조화를 이루는 열쇠가 바로 '공감의 시그널'입니다.

쇼핑몰 에스컬레이터에서의 교훈

큰아들이 세 살 때였습니다. 인근 쇼핑몰에서 주말 나들이를 즐기던 날이었죠. 에스컬레이터에 오르기 전 저는 평소처럼 아이에게 당부했습니다.

"아빠 손 꽉 잡아야 해, 위험해."

하지만 아이는 그날따라 유난히 촐랑대며 말을 듣지 않았습니다. 혼자서도 탈 수 있다는 듯 제 손을 뿌리치더니 에스컬레이터에 올랐습니다. 예상대로 문제가 생겼습니다. 에스컬레이터 거의 끝부분에 도달했을 때 아이가 균형을 잃고 퐈당 넘어진 거죠.

무릎이 에스컬레이터 모서리에 부딪혔고, 곧바로 큰 울음소리가 쇼핑몰에 울려 퍼졌습니다. 그 순간 제 안의 '완벽한 아빠'가 등장했습니다. 저는 아이의 머리를 살짝 쥐어박으며 훈계했습니다.

"아빠가 손 꽉 잡으라고 했지? 자~알 되었구. 아빠 말 안 들으면 다쳐."

가뜩이나 무릎이 아파 울던 아이는 제 말에 더욱 크게 울기 시작했습니다. 저는 아이가 교훈을 얻어야 한다고 생각했지만, 아내의 반응은 완전히 달랐습니다. 아내는 즉시 무릎을 굽혀 아이의 눈높이에 맞추었습니다.

"많이 아프지? 어디 보자, 무릎이 빨갛게 됐네."

아이는 여전히 울고 있었습니다.

"아까 넘어질 때 굲이 놀랐겠다. 갑자기 쿵! 하고 넘어지니까 무섭고 아팠구나."

아내는 아이 눈을 바라보며 부드러운 목소리로 말했습니다. 놀랍게도 아이 울음이 조금씩 잦아들었습니다.

"에스컬레이터가 끝나는 부분에서 갑자기 움직임이 달라져서 균형을 잃었구나. 그래서 무릎이 부딪혔고, 아프고 깜짝 놀랐지?"

아이는 울음을 멈추고 고개를 끄덕였습니다. "응, 쿵! 했어. 무서웠어."

"그랬구나. 많이 무서웠겠다. 다음에는 엄마 손잡고 타자. 그럼 더 안전하게 탈 수 있을 거야."

아이는 이제 완전히 진정되어 자신의 무릎을 문지르며 고개를 끄덕였습니다.

"응, 다음에는 엄마 손을 잡을게. 그리고… 아빠, 미워!" 하며 저를 노려보는 것이었습니다.

그 순간 깨달았습니다. 아내는 훈계 대신 공감을 선택했고, 그것이 훨씬 효과적이었죠. 무슨 일이 일어난 걸까요? 이것이 바로 공감의 마법입니다. 그 마법은 특정한 '시그널'들을 통해 전달됩니다.

먼저, 언어적 공감 시그널은 우리가 말을 통해 상대방의 감정과 경험을 이해하고 있음을 전달하는 방식입니다. 그중 가장 강력한 기술은 반영적 경청(Reflective Listening)입니다.

반영적 경청이란 상대방의 말을 그대로 되돌려주는 것이 아니라, 그 말에 담긴 감정과 의미를 파악해 자신의 말로 요약해 전달하는 기술입니다.

위 사례에서 아내는 아이의 경험을 "**에스컬레이터가 끝나는 부분에서 갑자기 움직임이 달라져서 균형을 잃었구나. 그래서 무릎이 부딪혔고, 아프고 깜짝 놀랐지?**"라고 반영했습니다. 이렇게 상대방의 경험을 인정하고 명명해 주는 것은 감정의 혼돈 속에서 길을 찾아주는 등대와 같습니다.

반영적 경청의 마법 공식은 다음과 같습니다.

"당신이 _____하게 느끼는 것 같군요. 왜냐하면 _____했기 때문이죠."

공감적 확인 문구도 중요한 언어적 시그널입니다:

- "그런 상황에서 그렇게 느끼는 건 당연해요."
- "누구라도 그런 상황에서는 똑같이 느꼈을 거예요."
- "그런 경험을 하셨다니 정말 힘드셨겠네요."

이런 문구들은 상대방의 감정을 정당하게 하며, "당신은 이상한 사람이 아니에요."라는 메시지를 전달합니다.

효과적인 어휘 선택도 간과할 수 없습니다. 감정 어휘를 풍부하게 사용하는 사람일수록 공감 능력이 높다는 연구 결과가 있습니다. "화가 난다", "슬프다" 같은 기본 감정 어휘를 넘어, "실망했다", "원망스럽다", "의기소침하다" 같은 세분화된 감정 어휘를 사용하면 상대방의 경험을 더 정확하게 포착할 수 있습니다. 직장에서 동료가 프로젝트에서 실패했을 때, 단순히 "안됐네요."라고 말하는 대신 "이 프로젝트에 들인 모든 노력이 인정받지 못해 허무하고 속상하겠네요."라고 말한다면 깊은 공감이 가능합니다.

한편, 공감의 70% 이상은 비언어적 채널을 통해 전달됩니다. 이것이 바로 텍스트 메시지로는 진정한 공감을 전달하기 어려운 이유입니다.

눈 맞춤은 가장 강력한 비언어적 공감 시그널 중 하나입니다. 앞선 사례에서 아내가 무릎을 굽혀 아이의 눈높이에 맞추었던 것은 우연이 아닙니다. 눈 맞춤은 "지금 당신에게 온전히 집중하고 있어요."라는 메시지를 전달합니다.

하지만 단순히 응시하는 것이 아니라, 공감적 눈 맞춤에는 규칙이 있습니다. 지속 시간은 3~5초가 적절하며, 대화 중에는

70~80% 정도 눈 맞춤을 유지하는 것이 이상적입니다. 100% 응시는 오히려 위협적으로 느껴질 수 있습니다.

고개 끄덕임은 "당신의 말을 듣고 있어요."라는 신호입니다. 특히 속도와 폭이 중요한데, 빠르고 작은 끄덕임은 단순한 동의를, 느리고 큰 끄덕임은 깊은 이해와 공감을 나타냅니다.

미세 표정(micro-expressions)은 200분의 1초 만에 나타났다가 사라지는 표정으로, 우리가 의식적으로 통제하기 어렵습니다. 상대방의 이야기를 들으며 자연스럽게 나타나는 미세한 슬픔, 놀람, 공감의 표정은 진실한 반응을 보여줍니다.

목소리 톤은 생각보다 훨씬 중요합니다. 같은 "이해해요."라도 어떤 톤으로 말하느냐에 따라 진심 어린 공감이 될 수도, 냉소적인 무시가 될 수도 있습니다. 공감적 톤은 보통 조금 낮고, 부드러우며, 속도가 약간 느립니다.

5장에서 살펴본 템포 조절이 여기서도 적용됩니다. 상대방이 감정적인 이야기를 할 때 우리의 말 속도를 약 20% 늦추면 자연스럽게 공감의 깊이가 더해집니다.

신체적 자세도 공감을 표현하는 강력한 도구입니다. 몸을 약간 앞으로 기울이는 것은 관심을 표현하며, 팔짱을 끼거나 뒤로 기대는 것은 방어적이거나 무관심한 자세로 해석됩니다.

다음은 실제 대화에서 이러한 공감 시그널이 어떻게 작용하는지 보여주는 두 가지 사례입니다.

사례 1: 공감 부재의 대화

아내: 오늘 팀장님이 내 아이디어를 회의 중에 무시했어. 정말 속상했어.

남편: (휴대전화를 보며) 그 팀장 원래 그런 사람이잖아. 너무 신경 쓰지 마.

아내: 하… 됐어. 말았어.

남편: 뭐? 내가 뭘 잘못 말했어?

사례 2: 공감 가득한 대화

아내: 오늘 팀장님이 내 아이디어를 회의 중에 무시했어. 정말 속상했어.

남편: (휴대전화를 내려놓고 몸을 아내 쪽으로 기울이며) 정말? 어떤 일이 있었던 거야? (비언어적 공감 반영적 경청)

아내: 발표 자료를 열심히 준비했는데, 팀장이 대충 넘기더니 나중에 보자고 했어.

남편: (천천히 고개를 끄덕이며) 열심히 준비한 발표인데 제대로 보지도 않고 넘겼다니, 정말 무시당했다고 생각되었겠다. (감정 반영 + 공감적 확인)

아내: 맞아, 마치 내 노력이 아무 가치도 없는 것처럼 느껴졌어.

남편: 그런 상황에서 속상한 건 당연해. 나라도 그랬을 거야. (공감적 확인)

첫 번째 대화에서 남편은 아내의 감정을 무시하고 성급한 해결책을 제시했습니다. 반면 두 번째 대화에서는 언어적, 비언어적 공감 시그널을 모두 활용해 아내의 경험과 감정을 인정했습니다.

요즘 SNS를 활용하여 대화를 많이 합니다. 그런데 이러한 디지털 환경의 경우 공감을 표현하는 것은 특별한 도전이라고 할 수 있습니다. 비언어적 신호가 대부분 사라지기 때문이죠. 하지만, 문자 메시지에서도 공감을 표현하는 전략이 있으니 활용해 보시기 바랍니다.

1. **구체적으로 표현하기**: "힘내!"보다는 "발표 준비하느라 밤새웠다면서? 정말 대단하다. 오늘 긴장되겠지만, 그동안 준비한 걸 생각하면 분명 잘할 거야."
2. **반응 시간 활용하기**: 감정적인 메시지에 너무 빨리 답하면 충분히 생각하지 않은 것처럼 느껴질 수 있습니다. 1~2분의 지연은 "당신 메시지를 진지하게 읽고 생각했어요."라는 신호가 됩니다.
3. **이모티콘과 이모지 현명하게 사용하기**: 서울대 연구에 따르면, 적절한 이모티콘 사용은 텍스트 커뮤니케이션의 감정 전달력을 28% 향상한다고 합니다. 특히 눈이 포함된 이모티콘(예: ^_^)이 더 효과적입니다.

화상 회의에서는 프레임 안에 상체가 더 많이 보이도록 조정하고, 카메라를 직접 보는 연습이 필요합니다. 또한 대면 상황보다 표정과 끄덕임을 약간 과장하는 것이 효과적입니다.

또, 공감 표현은 문화에 따라 크게 달라지는데요. 서양 문화에서는 직접적인 눈 맞춤이 공감의 신호지만, 일부 아시아 문화에서는 눈을 마주치는 것이 무례하게 여겨질 수 있습니다.

일본에서는 상대방이 말할 때 작은 소리로 "하이(はい)" 또는 "웅(うん)"이라고 맞장구치는 '아이즈치(相槌)'가 공감의 중요한 신호입니다. 반면 미국에서는 이런 잦은 맞장구가 상대의 말을 끊는 것으로 오해될 수 있습니다.

핀란드에서는 침묵이 불편한 신호가 아닌 존중과 공감의 표현일 수 있습니다. "내가 당신의 말을 깊이 생각하고 있어요."라는 의미가 되죠.

이런 문화적 차이를 이해하는 것은 글로벌 환경에서 필수적입니다. 수전 E. 폴거 교수는 "글로벌 공감은 자신의 문화적 필터를 인식하고, 다른 문화의 공감 신호를 배우는 것부터 시작된다."라고 말합니다.

공감의 시그널은 복잡한 기술처럼 보이지만, 사실은 인간으로서 모두가 타고난 능력입니다. 거창한 말이나 행동이 아닌, 진심어린 관심과 이해의 표현이 핵심입니다.

공감 시그널 마스터하기

"아니, 이게 무슨 개소리야! 이 인간들은 진짜…."

막둥이가 노트북을 보며 분노에 차서 혼잣말로 욕을 내뱉었습니다. 17만 구독자를 보유한 천문 유튜버인 막둥이는 신경이 매우 예민한 편이라 항상 구독자 수와 댓글에 민감했습니다.

"막둥아, 가족들 앞에서 그렇게 욕하는 건 좀 아니지 않니?"

제 훈계에 막둥이는 갑자기 눈물을 글썽이더니 "아빠도 내 마음 몰라!" 하며 엉엉 울면서 방으로 뛰어 들어갔습니다. 공감 커뮤니케이션을 기업에서 가르치는 제가 정작 가장 가까운 가족에게는 제대로 적용하지 못하고 있었던 겁니다. 아이러니의 끝판왕이죠. 소 잃고 외양간 고치는 심정으로 막둥이의 방문을 두드렸습니다.

"방해해서 미안해. 좀 이야기해도 될까?"

막둥이는 고개만 겨우 끄덕였습니다.

"아까 무슨 일이 있었는지 더 얘기해 줄 수 있을까?"

"한 시청자가 '이 정도 지식으로 유튜브 방송을 하면 안 된다'고 댓글을 달았어요. 제가 며칠 밤을 새워 준비한 내용인데…."

이제야 저는 제 실수를 깨달았습니다. 저는 막둥이의 감정을 인정하는 단계를 건너뛰고 바로 훈계라는 해결 단계로 뛰어든 것이었죠. 공감은 아는 게 아니라 실천하는 것입니다. 수영을 이론으로만 배운 사람이 바다에 던져진 기분이었죠.

"정말 속상했겠구나. 열심히 준비한 내용에 그런 댓글을 받으면 누구나 화가 날 거야."

막둥이의 눈에서 안도감이 보였습니다. 저는 그제야 깨달았습니다. 공감은 근육과 같아서 매일 훈련이 필요하다는 것을요. 전에는 "다음에는 더 잘하면 돼.", "더 열심히 해야지."라는 해결책이나 훈계로 대화를 끝냈을 테지만, 이번에는 달랐습니다.

다음 날부터 저는 감정 일기를 쓰기 시작했습니다.

"오늘 아내가 말할 때 어떤 감정이 보였나?", "내 말에 상대방이 보인 반응은 무엇인가?" 이런 질문들이 저 공감 근육을 키우는 웨이트 트레이닝이 되었습니다.

대부분의 사람이 5~10개의 감정 단어만 사용한다는 연구 결과를 읽고 깜짝 놀랐습니다. 저도 "기쁨", "슬픔", "분노" 같은 기본 감정만 반복해서 언급하고 있었거든요. 그래서 매일 하나씩 새로운 감정 단어를 배우기로 했습니다. '회한', '흥분', '초조함', '설렘', '만족', '좌절', '당혹감' 등 세밀한 감정 어휘를 알게 되니 상대방 감정을 더 정확히 읽을 수 있었습니다. 흑백 TV에서 컬러 TV로 업그레이드한 기분이었어요.

특히 효과적이었던 건 미러(Mirror)-포즈(Pause)-프레임(Frame) 기법이었습니다. 상대방 말을 그대로 반영하고(미러), 의도적인 침묵으로 생각할 공간을 제공하고(포즈), 감정을 재구성해서 표현하는(프레임) 이 세 단계는 놀라운 변화를 불러왔습니다. 막둥이에게 "악성 댓글이 정말 화가 나게 했구나."라고 말하고, 잠시 침묵한 뒤, "유튜브에 많은 시간과 열정을 쏟았는데, 그런 댓글을 보면 너무 서운하고 화가 날 수밖에 없겠다."라고 말하니 대화의 분위기가 완전히 달라졌습니다.

공감할 때 앞서 설명한 템포도 중요했습니다. 약간의 속도 조절이 대화의 깊이를 결정짓더군요. 특히 감정적인 대화에서는 템포를 20% 정도 늦추는 것만으로도 상대방이 더 이해받는다고 느꼈습니다. "너무… 많이… 힘들었겠네요." 이처럼 느리게 말하는 건 오히려 부자연스럽지만, 자연스럽게 호흡을 조금 길게 가져가는 것은 "당신의 말에 주의를 기울이고 있어요."라는 메시지를 전달했습니다.

또한, '공감적 침묵'이라는 타이밍 전략도 활용하면 좋습니다. 이것도 이미 언급했듯이 상대방이 감정적인 이야기를 마쳤을 때 즉시 응답하지 않고 3초간 침묵을 유지하는 것이었죠. 이 짧은 시간은 "당신 말을 진지하게 받아들이고 있어요."라는 메시지를 전달했습니다. 처음에는 3초가 3시간처럼 느껴졌지만, 연습하니 자연스러워졌습니다.

대화의 흐름에서는 '공감 에스컬레이터'를 타고 올라가는 연습을 했습니다. 낮은 수준의 공감("그런 일이 있었군요.")에서 시작해 점차 깊은 공감("그 경험이 당신에게 어떤 의미였는지 더 알고 싶어요.")으로 이동하는 기술이었죠. 수영장의 얕은 물에서 시작해 점차 깊은 물로 나아가는 것처럼요.

하지만 가끔 실패하기도 했습니다. 공감 실패의 네 가지 유형을 직접 경험했거든요. 성급한 해결(상대방이 감정을 다 표현하기도 전에 해결책 제시), 화제 전환(불편한 감정에서 벗어나기 위해 주제 바꾸기), 과도한 동일시("나도 똑같은 일 겪었어"), 감정 무시("그렇게 민감할 필요 없어") 등이요. 이런 실패를 겪을 때마다 자책하지 않고 배움의 기회로 삼았습니다. 공감은 완벽을 요구하는 것이 아니라, 진정성을 요구하는 것이니까요.

어느 날 막둥이가 제 방으로 찾아왔습니다.

"아빠, 내 영상 하나만 봐주세요. 새로 만든 건데요."

저는 바쁜 일정 중이었지만, 막둥이의 눈빛에서 열정이 느껴져 영상을 틀었습니다. 블랙홀에 관한 설명 영상이었는데, 놀랍도록 명확하고 재미있었습니다.

"이거 정말 대단한데? 어떻게 이렇게 복잡한 개념을 쉽게 설명했지?"

막둥이가 웃으며 말했습니다.

"아빠한테 배웠잖아요. 공감하는 법요."

제가 의아해하자, 막둥이가 덧붙였습니다.

"아빠가 항상 말씀하시잖아요. 상대방의 입장에서 생각해 봐야 한다고. 그래서 시청자들이 어떤 질문을 가질지, 어떤 부분이 어려울지 먼저 생각했어요."

그 순간 깨달았습니다. 템포, 타이밍, 흐름이라는 대화의 3박자에 공감이라는 마지막 퍼즐이 더해질 때, 대화는 정보 교환이 아닌 인간적 연결의 순간으로 변모한다는 것을요. 훌륭한 요리사가 소금의 중요성을 아는 것처럼, 대화의 마에스트로는 공감의 가치를 압니다.

"정말 자랑스럽다, 막둥아."

"그리고요…." 막둥이가 씩 웃으며 말을 이었습니다. "그 욕설 댓글 단 사람 알고 보니 제 영상을 잘못 이해한 사람이더라고요. 제가 공감하며 설명했더니, 지금은 제 채널 1호 후원자가 됐어요."

저는 입이 떡 벌어졌습니다. "정말? 그런 기적이?"

막둥이가 폭소를 터뜨렸습니다. "아니요, 그건 농담이고요. 그냥 차단했어요."

때로는 공감보다 '차단' 버튼이 더 효과적인 법이죠. 어쩌면 진정한 공감은 상대방 입장을 이해하는 동시에, 자신의 경계도 지키는 균형에서 오는 건지도 모릅니다.

다음 장에서는 그라이스의 협동 원리와 같은 대화의 과학적 기반을 더 깊이 탐구하며, 지금까지 배운 실용적 기술들의 이론적 토대를 살펴보겠습니다. 공감이라는 렌즈로 세상을 보면, 정말 많은 것이 달라 보이니까요.

일상에서 Flow 마스터 7가지 실천 전략

1. **브리징 어휘 활용하기** "그런데", "마침 말씀하신 김에", "그것과 관련하여" 같은 브리징 어휘는 주제 간 부드러운 전환을 가능하게 합니다. 이런 표현을 의식적으로 사용하면 대화가 갑자기 방향을 바꾸는 느낌 없이 자연스럽게 이어집니다. 매일 새로운 브리징 표현을 하나씩 연습해 보세요.

2. **주제 마인드맵 그리기** 중요한 대화나 회의 전에 다룰 주제들의 마인드맵을 간단히 그려보세요. 주제 간 논리적 연결고리를 미리 파악하면 대화 중 자연스러운 흐름을 유지하기 쉽습니다. "이 주

제에서 저 주제로 어떻게 자연스럽게 넘어갈까?"를 미리 생각해 두는 것만으로도 큰 차이가 생깁니다.

3. **'그래서 요점은…' 기법 사용하기** 복잡한 설명 후에는 "그래서 요점은…"이라는 표현으로 핵심을 요약해 주세요. 이는 청자가 대화의 흐름을 놓치지 않게 해줍니다. 특히 전문적인 내용이나 다단계 정보를 전달할 때 주기적으로 이 기법을 활용하면 청자의 이해와 집중을 도울 수 있습니다.

4. **질문 레이더 개발하기** 대화 중 상대방의 관심사나 호기심을 파악하는 '질문 레이더'를 개발하세요. 상대의 디세한 반응(눈빛 변화, 몸 기울임 등)에 주의를 기울이고, 그것을 다음 질문이나 주제로 연결하는 연습을 하세요. "방금 ○○에 관심이 있어 보이셨는데, 더 알고 싶으신가요?"와 같은 관찰 기반 질문은 대화의 흐름을 생동감 있게 만듭니다.

5. **흐름 방해 요소 관리하기** 대화의 흐름을 방해하는 요소들(스마트폰 알림, 주변 소음, 불필요한 중단 등)을 의식적으로 관리하세요. 중요한 대화 전에는 방해 요소를 최소화하고 예상치 못한 중단이 발생했을 때는 '어디까지 이야기했더라?'라고 물어 흐름을 복원하세요. 흐름은 연속성에서 비롯됩니다.

6. **감정 변화에 민감하기** 대화의 흐름은 논리적 연결뿐만 아니라 감정적 연결에도 크게 의존합니다. 상대방의 감정 변화(목소리 톤, 표정 변화 등)에 민감하게 반응하고, 필요하다면 흐름을 그것에 맞게 조정하세요. "방금 표정이 조금 변하셨는데, 이 주제가 불편하신가요?"라고 물어보는 것은 감정적 흐름을 존중하는 방법입니다.

7. **대화 후 흐름 분석하기** 중요한 대화가 끝난 후 5분만 투자하여 흐름이 좋았던 순간과 끊겼던 순간을 분석해 보세요. "어떤 전환이 자연스러웠고, 어떤 부분에서 대화가 정체되었는가?" 이런 자기 성찰은 소통 기술을 지속적으로 향상하는 가장 효과적인 방법입니다. 가능하다면 피드백을 구하는 것도 큰 도움이 됩니다.

4부

대화의 DNA
: 전설적 소통가들의 비밀 레시피

10장

대화의 골든룰
−그라이스가 밝혀낸 무의식적 협력의 법칙

하모 스토리

장범준의 '여수 밤바다'를 흥얼거리며 아내와 결혼기념일 여행을 떠났습니다. 반도의 중앙부에서 고속도로를 타고 5~6시간 열심히 달려 호랑이 발 끝자락 즈음에 도착하니 쪽빛 바다가 화악 펼쳐졌습니다. 바로 아름다운 항구도시 여수麗水였죠.

나무위키에 따르면, 고려의 왕건이 삼국을 통일한 뒤 전국을 순행할 때, "이 지역은 인심이 좋고 여인들이 아름다운데 그 이유가 무엇이냐?" 물었다고 합니다. 신하들이 "물이 좋아서 인심이 좋고 여인들이 아름답습니다."라고 답해서 지명을 여수麗水라 했다는 이야기가 전해진다고 합니다. 신하들이 말한 '물이 좋다'는 게 실제 물(水)을 가리키는 건지, 다른 의미로 '물이 좋다'는 건지는 의문이었습니다.

장시간 운전 끝에 여수에 도착하니 무척 배가 고팠습니다. 호텔 체크인 후, 프런트에 근처 횟집을 물어서 전화번호를 얻었습니다.

"아, 여보세요? 횟집이죠?"

"지지직… 아 ㄴㄴ 지직…."

"여보세요? 잘 안 들리는데요. 횟집 맞쥬?"

"지직… 네 맞… 지지직 ㅇ요."

전화 연결 상태가 너무 안 좋아서 여수가 도시가 아니라 시골 읍내인 줄 알았습니다. 간신히 다시 연결되었습니다.

"거, 뭐 뭐 있어요? 회 있나요?"

"지지직… 아, 네… ㅎ모ㅎ모."

"그래요, 10만 원짜리로 하나 준비해 주세요. 둘이 먹을 거예요."

"ㅎ모, 지직, 10만 원짜리요? 지지지지직."

횟집 주인은 전화가 지지직거리는 상황에서도 거친 억양으로 '하모 하모' 어쩌고 했습니다. 하모라고 했으니 다 알아들었다는 뜻이겠지? 여수가 남도라서 사투리가 심한가? 잠시 생각했습니다. 갑자기 여수가 남도이긴 한데, 전라남도인지 경상남도인지 헷갈렸습니다. 6시간 운전의 피로에 더 이상 생각하기도 싫어져서 횟집으로 출발했습니다.

10분 거리의 횟집에 도착하니, 이미 이것저것 전채(스끼다시)가 한 상 가득 차려져 있었습니다. 수족관에서 뜰채를 휘휘 내젓고 있는 후덕하게 생긴 아저씨가 가게 주인인 듯했습니다. 여수 특산물인 '여수 밤바다' 소주 한 병을 시키고 이것저것 전채를 맛

보았습니다. 그중에 장어 속살처럼 보이는 게 있어 물었습니다.

"사장님, 이거 먹는 거예요?"

"하모."

"어떻게 먹어요?"

"끓는 물에 살짝 샤부샤부 해서 드세요."

"네, 감사합니다."

오호~ 하얀 속살이 입에서 살살 녹았습니다.

"여기 정말 좋다. 스끼다시로 이런 좋은 샤부샤부도 주고 말이야."

우리는 희희낙락 여수 밤바다 소주를 한 병 더 마셨습니다. 술이 불콰하게 올라오니, 밖은 정말 여수 밤바다였습니다. 살짝 밤비도 내리고 있었죠.

한 시간 여가 지나, 전채 요리는 다 끝나가는데 이상했습니다. 왜 주문한 회는 안 나오지? 벌써 소주 두 병을 마셔 알딸딸해진 우리는 후덕한 주인을 불렀습니다.

"주인아저씨, 우리 메인 왜 안 나오는가유?"

"어떤 거요?"

"회 말이에요. 회!"

"무슨 회 말이에요?"

"호텔에서 주문했잖아요. 10만 원짜리."

"지금 드셨잖아요?"

"엥?"

아니, 아저씨가 농담하시는 건가? 전채 요리만 잔뜩 깔아놓고 정작 10만 원짜리 주요리인 회는 안 주고?

"아저씨, 저희 스끼다시만 잔뜩 먹었어요. 주문한 10만 원짜리 회 주셔야죠?"

"하모, 지금 드신 게, 하모 10만 원짜리인데요."

"이상한 아저씨네. 자꾸 하모하모 하시면서 왜 안 주세요?"

"지금 드신 메뉴 이름이 하모에요."

"네???"

"바닷장어 샤부샤부. 이게 하모라고요."

어이쿠! 아까 장어 속살 샤부샤부가 10만 원짜리 주요리였다고? 그 이름이 '하모'라고?

후덕한 주인아저씨가 당황한 우리 부부에게 하모에 대해 한참 설명해 주었습니다. 하모는 우리말로는 갯장어 또는 참장어라 불리는데, 일본인들이 여름철 보양식으로 즐겨 먹는 생선이라고 합니다. 그래서 우리나라 내수용보다는 일본에 수출을 많이 했는데, 그때 일본어 하무(물다)에서 하모라는 용어로 변형되어 사용됐다고 했습니다.

잠시 머리를 긁적이고 있는데, 후덕한 주인장이 기다리라고 하며 주방으로 들어갔습니다. 뚝딱뚝딱 뭘 한참 하더니 10여 분 뒤에 싱싱한 우럭과 가자미를 한 접시 썰어 가지고 나왔습니다. 사람 좋은 웃음을 흘리며, "하여튼 하모를 잘못 알아들으셨구마. 척 보니 두 분 다 서울 촌놈이시고만요. 크크. 이왕 오신 김에 풀코스로 드시고 가시구려." 했습니다.

"아… 저, 그냥, 됐는데요. (긁적)"

"돈 더 내라고 안 할 텅게, 그냥 드숑."

전화로 하모 하모 하길래 "예 예~"라는 남도 사투리인 줄로만 알았던 우리 부부는 다시 한번 여수 밤바다 소주 1병을 시키지 않을 수 없었습니다. 나올 때 죄송하고 감사하다고 했더니 후덕한 주인이 엄지손가락을 치켜세우며 말했습니다.

"괜찮아요, 여기는 여수니께."

왕건의 일화에 나오는 "물 좋은 지역"이라는 여수의 어원이, 다른 의미에서의 "물이 좋다"라고 인정하지 않을 수 없는 아름답고 정겨운 여수 밤이었습니다.

이 경험은 대화가 얼마나 쉽게 잘못될 수 있는지 그리고 왜 특정 규칙이 필요한지를 완벽하게 보여주었습니다.

언어학자 폴 그라이스(Paul Grice)는 이런 일상적인 대화가 보이지 않는 협력의 원리로 운영된다고 주장했습니다. 그의 이론에 따르면 우리가 겪은 '하모의 비극'은 네 가지 기본 대화 규칙, 즉 '원리'가 위반되었기 때문에 발생했던 것입니다.

대화의 4가지 숨은 원리

그라이스의 협력 원리는 간단합니다.

모든 대화는 참여자 간의 협력을 전제로 이루어진다는 것이죠. 우리는 보통 이런 원리를 의식하지 못합니다. 중력이 존재하는지 의식하지 않고 걷는 것처럼, 대화 속에서 규칙들을 무의식적으로 따르고 있습니다. 하지만 규칙이 깨질 때, 우리는 비로소 그것의 존재를 느끼게 됩니다. 남해에서의 저녁 식사처럼 말이죠.

그라이스가 제안한 네 가지 원리를 평범한 표현 대신, 좀 더 기억에 남을 수 있는 표현으로 재구성해 보겠습니다.

1. 양의 원리: "말은 금과 같다. 필요한 양만큼만 사용하라."

너무 많거나 너무 적은 정보는 대화를 방해합니다. 호텔 프런트에 간단한 횟집 추천과 전화번호만 물었는데, 여수 관광 정보부터 주변 음식점 품평까지 듣게 되었다면 이 원리가 위반된 것입니다. 필요한 정보만 주고받는 것이 효율적인 의사소통의 기본입니다.

양의 원리가 잘 지켜지는 대화는 이렇습니다:

"근처에 좋은 횟집이 있나요?"

"네, '바다향기'가 좋습니다. 신선한 해산물로 유명하고, 10분 거리에 있어요. 전화번호는 OOO-OOOO입니다."

딱 필요한 정보만 주고받았다면, 불필요한 시간 낭비와 정신적 피로를 덜 수 있을 것입니다.

2. 질의 원리: "진실은 산소와 같다. 없으면 대화가 질식한다."

거짓이거나 증거가 없는 말은 하지 않는 것이 이 원리의 핵심입니다. 레스토랑 주인은 이 원리를 잘 지켰습니다. 그는 하모가 바닷장어라는 사실을 알려주었고, 후에도 하코의 어원과 용도까지 정직하게 설명해 주었습니다. 문제는 정보의 진실성이 아니라 내가 그 정보를 잘못 해석한 것이었죠.

"하모, 지금 드신 게, 하모 10만 원짜리인데요."라는 주인의 말은 사실이었습니다. 대화가 실패한 것은 내가 '하모'라는 단어를 경상도 사투리 '알겠다'로 잘못 이해해서이지, 주인이 거짓말을 했기 때문은 아니었습니다.

3. 관련성의 원리: "모든 단어는 목적지가 있다. 방향을 잃지 말라."

대화의 주제와 관련 있는 내용만 말해야 합니다. 전화 통화 중 횟집 예약에 집중해야 하는데, 주변 정보나 호텔 정보 등 관련 없는 내용으로 대화가 흘러간다면 이 원리가 위반된 것입니다.

관련성의 원리가 지켜졌다면: "회 있나요?" "네, 오늘은 특히 하모가 신선합니다. 하모는 바닷장어인데요. 샤부샤부로 드시면 최고입니다."

이렇게 주제에 집중된 대화가 오가며 오해는 줄어들 것입니다.

4. 태도의 원리: "안개 낀 언어는 누구도 원하지 않는다. 선명함이 힘이다."

모호함을 피하고 명확히 표현해야 합니다. 위 사례에서 저는 이러한 원리를 심각하게 위반했습니다. "하모 하모~"라고 대답하면서 무슨 의미인지 명확히 확인하지 않았고, '하모'가 무엇인지 물어보지도 않았습니다. 결과적으로 바닷장어 샤부샤부와 회라는 완전히 다른 음식 사이의 혼동이 생겼습니다.

명확하게 대화했다면: "하모가 무슨 음식인가요?", "바닷장어 샤부샤부입니다.", "아, 저희는 생선회가 먹고 싶은데, 회도 있나요?" 이렇게 질문과 대답이 오가며 결과는 완전히 달라졌을 것입니다.

우리의 여수 식당 경험은 그라이스의 네 가지 원리가 일상에서 어떻게 작동하는지 그리고 그것이 깨졌을 때 무슨 일이 발생하는지 생생하게 보여줍니다. 이러한 원리 위반이 항상 부정적인 결과만 가져오는 것은 아닙니다. 문학, 유머, 풍자에서는 의도적으로 이 규칙들을 깨뜨려 창의적인 효과를 만들어 내기도 합니다.

예를 들어, 양의 원리를 의도적으로 위반한 유명한 마크 트웨인 글은 특유의 유머를 만들어 냈습니다.

"짧게 쓰려고 했는데 시간이 없어서 길게 썼습니다."

이는 함축적으로 짧게 쓴 좋은 글은 더 많은 시간과 노력이 필요하다는 메시지를 전달합니다.

혹은 영화 '인셉션'에서 주인공이 "꿈속에서 10시간은 현실의 5분과 같다."라고 말할 때, 관련성의 원리를 일부러 어기며 관객의 호기심을 자극합니다. 코미디언들 역시 태도의 원리를 일부러 위반하여 웃음을 자아내죠. "저는 채식주의자입니다. 고기만 빼고 다 먹어요."와 같은 모순된 표현이 그 예입니다.

문학에서는 특히 질의 원리 위반이 흔합니다. 가령 윌리엄 포크너의 소설 『소리와 분노』(The Sound and the Fury, 1929)에서는 의도적으로 거짓되거나 불완전한 정보를 제공하는 화자가 등장합니다. 이런 '신뢰할 수 없는 화자'를 통해 작가는 독자가 진실을 스스로 찾아내도록 유도하죠.

심지어 광고에서도 이런 위반은 흔히 볼 수 있습니다. "이 제품은 당신의 인생을 바꿀 것입니다."라는 과장된 주장은 질의 원리를 의도적으로 위반하지만, 소비자들은 이를 광고의 관행으로 받아들입니다.

그라이스의 원리를 이해하는 것은 대화에 실패하지 않으며, 더 풍부하고 효과적인 소통을 가능하게 합니다. 서로 다른 문화권이나 세대 간 소통에서는 이러한 원리의 적용이 달라질 수 있다는 점도 중요합니다. 예를 들어, 일부 아시아 문화에서는 직접적인 거절이 불편하기 때문에 태도의 원리가 다르게 적용되기도 합니다.

하지만 중요한 것은 우리가 무의식적으로 협력의 원리를 따른다는 사실입니다. 우리는 서로를 이해하기 위해 노력하고, 이 네 가지 기본 원리를 가이드라인으로 삼아 의미 있는 대화를 만들어 갑니다. 때로는 실패하더라도, 그것이 우리에게 더 나은 소통의 방법을 가르쳐 줍니다.

여수에서 겪은 해프닝이 당시에는 당황스러웠지만, 결과적으론 무료 회와 함께 소중한 추억과 교훈을 얻었습니다. 무엇보다 그라이스의 원리를 직접 체험하는 생생한 사례가 되었죠. 그리고 "여기는 여수니께." 하는 주인장의 따뜻한 정이 느껴지는 말 한마디는, 때로는 화용론적 규칙보다 인간적인 이해와 여유가 더 중요할 수 있음을 일깨워 주었습니다.

일상에서의 그라이스 대화 방법

"우리 모두의 시간은 금입니다. 발언은 간결하게, 사실에 기반해서, 논점에 집중해서, 명확하게 부탁드립니다."

전 직장 회사 사장이 매주 월요일 아침 회의에서 하는 말입니다. 그런데 이 선언 직후 그는 주말에 다녀온 골프장 이야기로 20분을 채웁니다. 그라이스의 네 가지 원리를 완벽하게 요약하는 사람이 가장 먼저 그것을 위반하는 아이러니.

그라이스의 원리는 비즈니스 세계에서 특히 빛납니다. 이메일에서 "안녕하세요, 날씨가 정말 좋네요. 어제 보낸 보고서 관련해서…." 같은 서론을 과감히 생략한다면, 받는 사람의 시간을 존중하는 동시에 본인의 타이핑 근육도 아낄 수 있습니다. 양의 원리가 적용된 황금 비율은 '메일 내용=핵심÷불필요한 공손함' 입니다.

직업별로 이 원리는 각기 다른 얼굴을 보입니다. 교사에게는 양의 원리가 필수입니다. "병자호란은 조선과 청의 전쟁이었어요. 누가 이겼을까요?"라는 말이 "1637년 병자호란은 청나라 홍타이지가 이끈 군대가 조선을…."이라는 설명보다 학생들 눈이 스마트폰으로 도망가는 속도를 현저히 줄입니다.

의사가 "약간 염증이 있네요."라고 하면 환자는 집에 가서 구글링합니다. 하지만 "당신의 목구멍에 세균 감염이 있어서 항생제가 필요합니다."라고 명확히 말하면, 환자는 처방을 따르고 병원 리뷰에 별 다섯 개를 줍니다. 태도의 원리(명확성)가 의사-환자 신뢰의 핵심입니다.

영업사원들, 주목하세요! "이 진공청소기는 우주선 기술로 만들어졌고, 블루투스가 연결되며, 인공지능이 탑재되어 있습니다."라는 말을 들은 고객은 실제로 "그래서 내 집의 강아지 털을 제거해 준다고요?"라는 질문만 머릿속에 맴돕니다. 관련성의 원리는 고객의 실제 문제에 집중하게 만듭니다.

디지털 세계에서 소통은 그라이스의 원리가 더욱 빛나는 장소입니다. 화상회의에서 "음… 그러니까… 아마도 그 문제는… 어… 다음 주쯤 해결될 것 같아요."라는 말은 인터넷 연결 문제로 "음… 지직… 아마… 지직… 다음… 지직…."으로 들립니다. 결과는? 모두가 "죄송합니다만, 다시 말씀해 주시겠어요?"라고 물으면서 5분이 증발합니다. "이 문제는 다음 주 금요일까지 해결하겠습니다."처럼 명확한 표현이 모두의 시간을 구원합니다.

AI와 대화도 예외는 아닙니다. "헤이 시리, 오늘 비 와?"라고 물으면, "오늘 서울은 맑습니다."처럼 간결한 대답이 돌아옵니다. "헤이 시리, 내 인생이 왜 이렇게 꼬였지?"라고 물으면 글쎄요. 그건 아직 AI의 영역을 벗어나는 질문이지만, 답변은 분명 간결할 겁니다.

그라이스의 원리를 일상에 적용하는 연습법은 간단합니다. 말하기 전 3초 멈추고 "이 정보가 필요한가, 사실인가, 관련이 있는가, 명확한가?"를 자문하세요. 이 네 질문에 모두 '아니오'라면, 그것은 아마 당신의 전 애인 이야기일 가능성이 높습니다. 저장하지 말고 삭제하세요.

중요한 이메일을 보내기 전에 다시 읽어보세요. 첫 번째 초안이 감정의 산물이라면, 두 번째 초안은 이성의 산물이 될 것입니다. 특히 '전체 답장'과 '답장 전체 보내기' 버튼의 차이를 확실히 이해하게 될 테니까요. (전자는 회신, 후자는 재앙입니다.)

템포, 타이밍, 흐름, 공감과 함께 그라이스의 원리는 완벽한 대화의 오케스트라를 이룹니다. 여수에서의 '하모' 경험처럼, 때로는 "하모 하모"라는 오해가 무료 회와 잊지 못할 추억으로 이어질 수 있습니다. 결국 인생 최고의 스토리는 종종 최악의 오해에서 시작된다는 것을 기억하세요. 그리고 그 오해를 웃음으로 바꾸는 비결이 바로 그라이스의 마법입니다.

앞서 배운 템포(Tempo), 타이밍(Timing), 흐름(Flow), 공감(Empathy)과 그라이스의 협력 원리는 완벽한 대화의 시너지를 이룹니다.

템포는 양의 원리와 연결됩니다. 적절한 속도로 필요한 양의 정보를 전달해야 하니까요. 타이밍은 관련성의 원리와 손을 잡습니다. 적절한 때에 관련 있는 내용을 이야기하는 것이 중요하니까요. 흐름은 정보의 질과 관련이 있고, 공감은 태도의 원리와 맞닿아 있습니다. 상대방이 이해할 수 있는 방식으로 명확하게 표현해야 하니까요.

이 모든 요소가 하나로 통합될 때, 대화는 정보 교환을 넘어 진정한 인간적 연결로 발전합니다. 여수에서 '하모' 경험처럼 말이죠. 비록 처음에는 오해가 있었지만, 결국 인간적인 이해와 배려를 통해 더 풍요로운 경험이 되었습니다.

다음 장에서는 그라이스의 협력 원리를 보완하는 리치의 공손성 원리에 대해 알아보겠습니다. 효과적인 의사소통이 중요하다면, 공손함은 의사소통을 지속하게 하는 윤활유입니다. 그리고 "매끄러운 관계의 기술: 리치의 공손성 원리와 관계 역학의 해부"에서는, 어떻게 우리가 상대방의 체면을 지켜주면서도 메시지를 효과적으로 전달할 수 있는지 탐구할 것입니다.

그라이스의 원리를 마스터하는 것은 우리를 대화의 마에스트로로 만들어 줍니다. 때로는 실수하더라도, 그 실수가 주는 교훈과 웃음은 또 다른 의미의 '여수 밤바다'가 되어 우리의 기억 속에 오래도록 남을 것입니다.

11장

매끄러운 관계의 기술
–리치의 공손성 원리와 관계 역학의 해부

"저기, 잠깐만요." -말 한마디에 담긴 매력의 비밀

여러분은 영화 '악마는 프라다를 입는다'에서 유명한 장면을 기억하시나요? 메릴 스트립이 연기한 미란다 프리슬리가 단 세 마디, "그게 전부야(That's all)?"를 말할 때마다 모든 직원이 혼비백산하는 장면 말입니다.

언뜻 공손해 보이는 이 말 한마디가 왜 그토록 모두를 공포에 떨게 할까요? 반면, 같은 영화에서 "좀 도와줄래?"라는 다른 직원들의 요청에는 앤디(앤 해서웨이)가 기꺼이 응하는 모습을 보게 됩니다.

똑같은 요청인데, 어떤 것은 불안과 공포를, 다른 것은 협조와 신뢰를 끌어냅니다. 이 미묘한 차이의 비밀은 무엇일까요?

그 답은 우리가 '어떻게 말하는가'에 있습니다. 특히, 상대방의 체면을 얼마나 세심하게 배려하느냐에 달려있죠. 이것이 바로 영국의 언어학자 제프리 리치(Geoffrey Leech)가 평생을 연구한 공손성의 원리(Politeness Principle)입니다.

"야, 이것 좀 해."라는 명령문과 "혹시 이것 좀 도와주실 수 있을까요?"라는 질문문 차이를 생각해 보세요. 내용은 동일하지만, 반응은 하늘과 땅 차이겠죠?

몇 년 전, 제가 경험한 흥미로운 일화가 있습니다. 주니어 시절, 같은 본부의 두 팀장이 저에게 비슷한 업무 지원을 요청했습니다. A 팀장은 "이 자료 정리해 줘. 내일까지 필요하니까."라고 했고, B 팀장은 "혹시 시간 될 때 이 자료를 정리해 줄 수 있을까요? 가능하다면 내일까지면 좋겠는데 말이죠."라고 했죠.

여러분이라면 어느 쪽에 더 호의적으로 반응하겠습니까? 그리고 다음번에 또 요청이 왔을 때, 누구를 더 기꺼이 도와주고 싶을까요?

리치의 공손성 원리가 이렇게 강력한 이유는 무엇일까요? 그것은 우리가 가진 '체면(face)'을 지키고 싶은 기본적인 욕구를 건드리기 때문입니다. 공손함은 단순한 예절이 아니라, 인간관계의 윤활유이자 강력한 영향력의 도구가 됩니다.

리치는 공손성의 비밀을 네 가지 핵심 원칙으로 정리했습니다:

요령의 원리(Tact Maxim)
- 상대방의 부담을 최소화하는 표현 기술

칭찬의 원리(Approbation Maxim)

> - 비판은 최소화하고 칭찬은 극대화하는 방법
>
> **동의의 원리**(Agreement Maxim)
> - 불일치를 최소화하고 동의점을 찾는 전략
>
> **교감의 원리**(Sympathy Maxim)
> - 상대방의 감정을 인정하고 반응하는 기술

이 네 가지 원칙이 어떻게 우리의 일상 대화를 완전히 바꿔 놓을 수 있을까요? 미란다 프리슬리의 "그게 전부야?"가 표면적으로는 공손하지만 왜 모두를 공포에 떨게 만드는지 그리고 어떻게 하면 진정성 있는 공손함으로 상대의 마음을 열 수 있는지, 이어지는 장에서 함께 탐험해 보겠습니다.

요령의 원리(Tact Maxim) - "어떻게 물어볼까?"

요령의 원리는 상대방의 부담을 최소화하는 언어 전략입니다. 이는 단순히 '예의 바른' 말투를 사용하는 것이 아니라, 상대방의 선택권과 자율성을 존중하는 소통 방식입니다.

한국어에서는 '좀', '잠깐', '혹시'와 같은 작은 표현들이 이 원리의 마법 주문처럼 작용합니다. 이런 완곡어법은 상대방에게 심리적 공간을 제공하여 요청에 대한 압박감을 줄여줍니다.

"이것 '**좀**' 도와줄래요?"(○)

"이것 도와줘."(×)

단 한 글자의 차이지만, 상대방이 느끼는 압박감은 하늘과 땅 차이입니다.

"회의록 작성 부탁드립니다." (직접적 요청)

"회의록 작성을 부탁드려도 될까요?" (요령의 원리 적용)

두 번째 문장이 훨씬 부드럽게 느껴지는 이유는 명령형이 아닌 의문형을 사용하고, 상대방의 선택권을 존중하기 때문입니다.

재미있는 점은 이 원리의 문화적 차이입니다. 영어권에서는 "Could you possibly~" 같은 표현이 일반적이지만, 독일어나 러시아어에서는 이런 표현이 오히려 우유부단하게 들릴 수 있습니다. 한국어의 경우, 높임말과 결합된 간접 표현("혹시 검토해 주실 수 있으실지요?")이 요령의 원리를 극대화합니다. 일본어에서는 "~していただけませんか"(시테 이타다케마센카: 해주실 수 없을까요? 뜻)라는 이중 부정 형태로 더욱 공손함을 강조하죠. 중국어에서는 "麻烦你"(마판니: 수고를 끼쳐 미안합니다, 정중한 부탁의 말)와 같이 자신의 요청이 상대에게 불편함을 줄 수 있음을 미리 인정하는 방식으로 요령의 원리를 적용합니다.

그렇다면 이 원리를 실생활에 어떻게 적용할 수 있을까요?

1. 명령형 대신 질문형 활용하기
"창문 닫아!" → "창문 좀 닫아줄래?"

2. 가능성 표현 추가하기
"보고서 검토해 줘!" → "혹시 시간 되면 보고서 검토해 줄 수 있어?"
3. 이유 제시하기
"자리 비켜!" → "제가 짐을 내려놓아야 해서, 잠시 비켜주실 수 있을까요?"
4. 상대의 상황 인정하기
"지금 와!" → "지금 바쁘시겠지만 잠시 와주실 수 있을까요?"

요령의 원리는 말투의 문제가 아닙니다. 그것은 인간관계에서 상대방의 영역과 자율성을 존중하는 메시지를 전하는 강력한 전략입니다.

칭찬의 원리(Approbation Maxim)
-소금처럼 적절히 사용하기

"와~ 오늘 볼링 정말 잘 친다! 레인이 제대로 받쳐줬나 보네."
볼링장에서 종종 마주치는 동호회 회원 중 한 분이 즐겨 하는 말입니다. 칭찬처럼 들리지만 묘하게 찝찝한 기분이 드는 이유를 곰곰이 생각해 봤습니다. 알고 보니 이 '칭찬'은 실력보다 환경(좋은 레인)에 성공 원인을 돌립니다. 이것이 바로 '독성 칭찬'의 완벽한 예시입니다. 겉으로는 달콤하지만, 속은 독약처럼 쓴 말이죠.
칭찬은 요리의 소금과 같습니다. 적절히 치면 음식이 살아나지만, 과하면 모든 것을 망칩니다. 비판도 마찬가지고요. 그래서 저는 이 두 가지 재료로 만드는 '관계 요리법'을 연구해 왔습니다.

제가 발견한 황금 비율은 이렇습니다:

> **구체성 + 진정성 + 균형감 = 완벽한 소통**

첫째, 칭찬은 구체적일수록 힘이 셉니다. "잘했어요."라는 말은 비타민 없는 영양제 같아요. 겉보기엔 그럴싸하지만, 효과는 없죠. 반면 "이 디자인에서 색상 대비가 정말 인상적이네요."라는 표현은 상대방에게 "내가 당신의 작업을 진짜로 봤어요."라는 메시지를 전달합니다.

둘째, 비판은 항상 칭찬 사이에 끼워 넣으세요. 쓴 약을 달콤한 잼으로 감싸는 것처럼요. "이 기획안의 자료 분석이 탄탄해요. 다만 결론 부분이 조금 급하게 마무리된 것 같네요. 전체적인 구성은 매우 논리적이에요." 이렇게 하면 비판의 쓴맛이 칭찬의 단맛에 중화됩니다. 이 방법이 바로 '비판 샌드위치' 스킬입니다.

> **빵(칭찬) + 패티(비판) + 빵(칭찬)**

"이 보고서의 데이터 분석은 매우 철저하네요(칭찬). 다만 결론 부분이 좀 불분명한 것 같습니다(비판). 전체적인 구성력은 정말 좋았어요(칭찬)."

이것이 효과적인 이유는 심리학적으로 사람들이 대화의 시작과 끝부분을 가장 오래 기억하는 초두 효과(primacy effect)[1]와 최신 효과(recency effect)[2]를 활용하기 때문입니다. 비판은 중간에 끼워 넣어 그 충격을 완화하는 거죠.

셋째, 사람이 아닌 행동을 비판하세요. "당신은 항상 마감을 지키지 않아요."가 아니라 "이번 보고서가 마감일을 넘긴 것 같은데, 무슨 어려움이 있었나요?"라고 말하세요. 전자는 인격 공격이고, 후자는 문제 해결의 시작입니다. 한 번은 팀원에게 "너는 왜 그렇게 꼼꼼하지 못해?"라고 말했다가, 그가 "글쎄요, 제 DNA 때문인 것 같은데 고칠 방법이 있을까요?"라고 대답해서 제가 더 당황했던 기억이 있습니다.

마지막으로, 비판을 개선 제안으로 바꾸세요. "이 프레젠테이션은 지루해요."보다 "핵심에 애니메이션을 추가하면 더 생동감이 있을 것 같아요"라는 표현이 훨씬 건설적입니다. 전자는 문제를 지적하고 끝이지만, 후자는 문제에 대한 해결책까지 제시합니다.

저는 아내 요리에 "이거 좀 짜네."라고 한마디 했다가, 3개월

---

1 초두 효과(primacy effect)는 정보를 처리할 때 처음에 접한 정보가 나중에 접한 정보보다 더 큰 영향을 미치는 인지적 편향을 말합니다. 이는 첫인상이 중요한 이유를 설명하며, 사람들이 초기에 받은 정보를 바탕으로 전반적인 판단을 형성하는 경향을 보여줍니다.

2 최신 효과(recency effect)도 초두 효과처럼 정보의 순서가 기억에 미치는 영향을 설명하는 심리학적 현상입니다. 최신 효과는 가장 최근에 접한 정보가 더 잘 기억되고 판단에 더 큰 영향을 미치는 경향을 말합니다.

간 직접 요리해야 했습니다. 나중에 제가 깨달은 비법은 "소금이 조금 강한데, 다음에는 마지막에 넣으면 더 맛있을 것 같아."라고 말하는 것이었죠.

사회생활 30년이 넘어 제가 가장 크게 배운 것은, 비판할 일이 생길 때마다 1:3 법칙을 따르는 것입니다. 한 번 비판하기 전에 세 번 진심으로 칭찬하는 거죠. 놀랍게도 이렇게 하니 비판할 일 자체가 줄어들더군요. 칭찬이 변화의 가장 강력한 촉매제이기 때문입니다.

결국 인생은 긴 협상의 연속이고, 칭찬과 비판을 적절히 사용하는 기술은 협상 테이블에서 강력한 무기입니다. 상대방의 자존감을 지키면서도 필요한 변화를 끌어낼 수 있으니까요. 뜨거운 감자를 맨손으로 건네지 않고, 접시에 담아 전달하는 것처럼요. 내용은 같지만, 전달 방식의 차이가 협상의 차이를 만듭니다.

칭찬의 원리는 비판은 최소화하고 칭찬은 극대화하는 전략입니다. 이는 아부하라는 뜻이 아니라, 상대방의 체면을 지켜주면서도 필요한 비판은 효과적으로 전달하는 기술입니다.

동의의 원리(Agreement Maxim)
- "이견도 다리를 건너서"

"마케팅 전략은 너무 보수적이에요. 더 파격적인 접근이 필요합니다." 회의실 공기가 순식간에 얼어붙었습니다. 모두가 눈길을 돌려 누가 어떻게 반응할지 지켜보고 있었죠. 그때 세 가지 반응이 나왔습니다.

첫 번째 동료는 마치 펜싱 선수처럼 즉각 반격했습니다. "아니요, 그렇지 않습니다. 지금 같은 불확실한 시장에서는 보수적 접근이 맞아요." 회의실 온도가 영하로 떨어지는 소리가 들리는 듯했습니다.

두 번째 동료는 다른 접근법을 택했습니다. "마케팅 전략에 혁신적 요소가 필요하다는 점에 공감합니다. 다만, 현재 시장 상황을 고려하면 리스크 관리도 함께 고민해야 할 것 같습니다."

갑자기 회의실에 미묘한 변화가 일어났습니다. 긴장이 풀리고, 고개를 끄덕이는 사람들이 생겼죠. 이것이 바로 '동의의 원리'가 지닌 마법입니다.

저는 협상 교육을 진행하면서 종종 이런 사례를 보여주곤 합니다. 그리고 항상 묻습니다. "누구의 방식이 더 설득력 있었나요?" 대부분 참가자는 두 번째 접근법을 선택합니다. 그들도 모르게 동의의 원리에 이끌린 것이죠.

한 번은 제 아내와 휴가지를 놓고 다툰 적이 있습니다. 저는 산을, 아내는 바다를 원했죠.

"바다에서 휴식하고 싶다는 당신 마음, 충분히 이해해요. 일상에서 벗어나 자연을 느끼고 싶은 점에서 우리 생각이 같아요. 다만 산에서는 더 다양한 활동도 할 수 있고, 당신이 좋아하는 조용한 시간도 가질 수 있을 것 같아서요."

결과는 어땠을까요? 그해 여름, 우리는 산과 바다가 모두 보이는 해안가 리조트로 휴가를 떠났습니다. 동의의 원리가 만든 완벽한 타협이었죠.

동의의 원리를 활용하는 방법은 여러 가지가 있습니다:

먼저, 상대방과 공통점 찾기는 마치 대화의 GPS와 같지요. 아무리 멀리 떨어진 의견이라도 어딘가는 접점이 있기 마련입니다. "우리 모두 회사의 성장을 원한다는 점에서는 같은 마음입니다"라는 말 한마디면 가장 적대적인 회의도 방향을 찾을 수 있습니다.

부분 동의는 영리한 전략입니다. "데이터 보안의 중요성에는 전적으로 동의합니다. 다만 접근 방식에서 조금 다른 생각이 있습니다." 이런 방식은 축구 경기에서 수비수를 한 명 한 명 제치고 공격하는 것과 같습니다. 모든 수비수와 동시에 싸우는 것보다 훨씬 효과적이죠.

제가 아는 영업 본부장님은 가정법 활용에 탁월하셨는데요. "만약 예산이 조금 더 있다면 부사장님께서 말씀하신 그 방법이 최선일 겁니다. 하지만 현재 자원 제약을 고려하면…." 이는 상대방의 의견을 존중하면서도 현실적 제약을 상기시키는 우아한 방법입니다. "당신 생각은 완벽한 세상에서는 옳아요."라고 말하는 것과 같아요. 은근슬쩍 "하지만 우리는 완벽한 세상에 살지 않죠."라는 뉘앙스를 덧붙이면서요.

질문으로 전환하는 기술은 가장 소크라테스적인 접근법입니다. "그 접근법이 과거에 효과적이었다고 하셨는데, 현재 변화된 시장 환경에서도 같은 결과를 얻을 수 있을지 의문입니다?" 이렇게 물으면 상대방은 자신의 주장을 재검토하게 됩니다. 쓰고 보니 약간 비꼬는 질문 방법인 것 같기는 하네요.

확증 편향(confirmation bias)[3]이라는 심리적 특성 때문에 사람들은 자신의 의견이 옳다는 증거만 찾으려 합니다. 동의의 원리는 이 심리를 활용해 상대방의 방어벽을 낮추는 것입니다. 상대가 "이 사람은 내 말을 진지하게 듣고 있구나."라고 느끼는 순간, 언어의 마법이 시작됩니다.

결국 동의의 원리는 대립을 대화로, 갈등을 협력으로 전환하는 마법 같은 도구입니다. 그리고 이 마법의 주문은 의외로 간단합니다.

"당신 말이 맞습니다. 그리고…."

교감의 원리(Sympathy Maxim)
- "그런 기분이 드셨군요."

"이번 프로젝트에서 제 아이디어가 모두 거절됐어요. 정말 속상합니다." 이런 말을 들었을 때, 여러분은 어떻게 반응하시나요?

---

3 확증편향(Confirmation bias)은 자신의 기존 신념이나 가설을 지지하는 정보만을 선택적으로 수집하고 해석하며, 반대되는 정보는 무시하거나 과소평가하는 인지적 편향을 말합니다. 이는 사람들이 자신이 보고 싶은 것만 보고, 듣고 싶은 것만 듣는 심리적 경향으로 나타납니다.

A: 그럴 수도 있지. 다음에 더 노력해 봐.

B: 에이, 별거 아니야. 나도 맨날 거절당하는데 뭐.

C: 그런 일이 있었군요. 열심히 준비한 아이디어가 거절되면 정말 속상하죠.

C의 반응이 바로 교감의 원리를 적용한 것입니다. 교감의 원리는 상대방의 감정을 인정하고 반응하는 기술로, 반감은 최소화하고 공감은 극대화하는 전략입니다.

앞서 9장에서 이미 언급했듯이, 교감(Sympathy)과 공감(Empathy)은 명확히 구분되는 개념입니다. 교감이 상대방의 감정을 인정하고 지지하는 표면적 행위라면, 공감은 감정을 함께 느끼는 더 깊은 수준의 연결입니다. 리치의 교감 원리는 완전한 공감까지는 요구하지 않지만, 상대방의 감정을 존중하고 인정하는 사회적 의례로서 중요합니다.

심도 있는 비교를 위해, 아래 표는 다양한 상황에서 교감과 공감이 어떻게 다르게 표현되는지 보여줍니다:

상황	교감(Sympathy) 표현	공감(Empathy) 표현
실패한 발표	"속상하시겠네요. 다음에는 더 잘될 거예요."	"발표 준비를 많이 했는데 그런 결과를 받으면 정말 허탈하죠. 저도 비슷한 경험이 있어서 그 감정이 어떤지 알 것 같아요."
승진 축하	"축하해요! 정말 기쁘시겠네요."	"그동안 얼마나 열심히 노력했는지 알기에, 지금 느끼는 그 성취감이 어떤지 충분히 공감돼요."

가족 문제	"많이 힘드시겠네요. 안타깝습니다."	"가족 문제로 그런 상황에 처하면 정말 마음이 아프고 혼란스러울 것 같아요. 어떤 부분이 가장 힘드신가요?"
건강 우려	"걱정이 많으시겠어요. 좋은 결과가 있길 바랍니다."	"검사 결과를 기다리는 불안한 시간이 얼마나 힘든지 이해해요. 제가 옆에서 어떻게 도와드릴 수 있을까요?"

이 표에서 볼 수 있듯이, 교감은 상대방의 감정을 인정하는 사회적 반응이지만, 공감은 그 감정으로 들어가 함께 경험하고 탐색하는 더 깊은 접근입니다.

교감 표현의 기본 패턴은 다음과 같습니다:

> 1. **감정 인식**: "실망스러우셨군요."
> 2. **감정 타당화**: "그런 상황에서 이렇게 느끼는 건 당연합니다."
> 3. **지지 표현**: "힘든 시간이지만, 곁에서 응원하고 있어요."

교감 원리는 특히 사회적 의례로서 기능이 강합니다. 누군가 슬픈 소식을 전할 때 "그 말을 들으니, 마음이 아프네요."라고 말하는 것은 단순한 예의가 아니라, 사회적 유대를 강화하는 중요한 의례입니다.

언어적 교감 신호는 문화마다 다르게 나타납니다. 영어에서는 "I'm sorry to hear that."이 일반적이지만, 한국어에서는 "많

이 속상하셨겠네요."와 같이 상대방의 감정 상태를 직접 언급하는 표현이 더 흔합니다. 일본어의 경우 "お気の毒に"(오키노도쿠니)라는 특별한 의로 표현이 있습니다.

앞선 5장과 8장에서 다룬 비언어적 신호와 질문 기법도 교감 표현에 중요한 역할을 합니다. 다만 교감의 원리에서는 이러한 기술들이 상대방의 감정을 인정하고 존중하는 데 초점을 맞춥니다. 고개 끄덕임, 앞으로 기울인 자세와 같은 비언어적 표현은 "당신의 감정을 존중합니다."라는 메시지를 전달하죠.

교감의 원리를 상황에 맞게 조절하는 것도 중요합니다. 비즈니스 상황에서는 절제된 교감 표현이 적절할 수 있지만, 친밀한 관계에서는 더 직접적인 교감 표현이 필요할 수 있습니다.

"프로젝트가 지연되어서 유감입니다." (비즈니스 상황)

"많이 힘들었겠다. 정말 속상하겠구나." (친밀한 관계)

교감의 전략적 활용은 갈등 상황에서 특히 효과적입니다. 상대방의 감정을 먼저 인정하면 방어적 태도가 현저히 줄어들기 때문입니다.

"당신의 실망감을 이해합니다. 저도 이 결과에 만족하지 못하고 있어요."

교감의 원리를 효과적으로 적용하는 방법은 다음과 같습니다:

1. **감정에 이름 붙여주기**: "속상하겠네요." "실망스럽겠어요."
2. **상대방의 관점 인정하기**: "그런 상황에서는 누구나 이렇게

느낄 수 있어요."
3. **감정과 상황 연결하기**: "그런 일이 있었군요. 정말 화가 났겠어요."
4. **판단을 유보하기**: "잘했다/잘못했다" 대신 감정에 초점 맞추기

    교감은 단순한 감정적 반응이 아니라 관계를 강화하는 사회적 도구입니다. 상대방의 감정 상태를 인정하고 반응함으로써, 우리는 "당신의 감정은 중요합니다."라는 메시지를 전달합니다.
    상황과 관계의 특성에 따라 교감 표현과 공감 표현이 필요한 순간은 달라집니다. 일반적으로 관계의 친밀도와 상황의 심각성이 이 선택을 좌우합니다.

교감 표현이 적절한 상황

업무적 관계에서 동료가 프로젝트를 놓쳤을 때:
"많이 실망스럽겠네요. 다음 기회가 있을 겁니다."

협력사 직원이 가족 문제로 일정 조정을 요청할 때:
"어려우신 상황인 것 같습니다. 일정 조정해 드리겠습니다."

지인의 승진 소식을 들었을 때:
"축하드립니다! 정말 기쁘시겠어요."

SNS에서 지인의 건강 문제 소식을 접했을 때:

"빠른 쾌유를 빕니다. 걱정되시겠어요."

비즈니스 파트너의 사업 실패 소식:

"그런 일이 있으셨군요. 많이 힘드실 것 같습니다."

공감 표현이 필요한 상황

친한 친구나 가족이 심각한 상실을 경험했을 때:

"정말 마음이 아프다. 내가 옆에 있을게. 지금 어떤 마음인지 이해해."

오랜 동료가 부모상을 당했을 때:

"상실감이 얼마나 클지 생각하면 내 마음도 무너지는 것 같아. 필요한 것 있으면 언제든 말해줘."

팀원이 중요한 개인적 위기를 겪고 있을 때:

"그런 상황에서 일에 집중하기 정말 어려울 거야. 어떻게 도울 수 있을지 같이 생각해 보자."

배우자나 연인의 깊은 좌절감:

"네가 이 일에 얼마나 정성을 쏟았는지 알기에, 지금 느끼는 실망감이 얼마나 클지 이해해. 지금 네 곁에 있을게."

자녀가 또래 관계에서 상처받았을 때:

"친구들에게 그런 말을 들으면 정말 속상했겠구나. 엄마/아빠도 어릴 때 비슷한 경험이 있었어."

실제로 같은 상황이라도 관계에 따라 적절한 반응은 달라질 수 있습니다. 예를 들어, 직장 동료가 승진에서 누락되었을 때:

그저 같은 부서의 동료라면:

"아쉽네요. 다음 기회가 있을 거예요."(교감)

오랜 시간 함께 일한 친한 동료라면:

"이번에 얼마나 준비했는지 내가 잘 아는데, 정말 실망이 크겠다. 뭐라도 도움이 필요하면 말해."(공감)

정리하자면, 교감은 사회적 관계의 기본적인 윤활유로, 대부분 일상적 상호작용에서 충분합니다. 반면 공감은 더 깊은 정서적 연결이 필요한 중요한 순간이나 친밀한 관계에서 필요한 접근법입니다. 둘 사이의 적절한 균형을 찾는 것이 진정한 관계 역학의 마스터가 되는 길입니다.

이러한 리치의 네 가지 원리는 공손함이라는 표면 아래 숨겨진 인간관계의 심오한 역학을 보여줍니다. 이 원칙들은 예절 이상으로, 우리의 관계와 소통이 어떻게 구조화되는지를 보여주는 지도와 같습니다.

진짜와 가짜 공손함의 차이

"저는 정말 죄송하지만, 혹시 가능하시다면⋯." 이런 말을 들으면 어떤 느낌이 드나요? 말은 공손하지만, 왠지 불편함이 느껴지죠.

공손함은 소금과 같습니다. 적당히 넣으면 맛을 살리지만, 너무 많으면 음식을 망칩니다. 진정한 공손함은 '보여주기'가 아닌 '진심 어린 관계 형성'에 있습니다.

커피숍에서 본 장면을 들려드릴게요. 어떤 손님이 커피를 쏟았을 때, 직원이 다가와 "괜찮으세요? 새 커피를 바로 준비해 드릴게요."라고 말했습니다. 특별한 말은 아니었지만 진심 어린 걱정과 즉각적인 도움이 함께했기에 손님은 금방 안심했죠.

신혼 초, 친구들과 회식하고 꽤 취한 채로 집에 들어갔습니다. 아내가 팔짱을 끼고 거실에서 기다리고 있더군요. 평소 같았으면 "미안해, 늦었네"라고 했겠지만, 그날은 술기운에 장난기가 발동했습니다.

갑자기 허리를 90도로 숙이고 격식 있는 목소리로 말했어요.

"존경하옵는 아내 각하, 소인이 귀가 시간을 어기고 이렇게 심야에 도착해서 만 분의 일이라도 죄송한 마음을 표현하고자 정중히 사과드리는 바입니다."

아내는 처음엔 어리둥절했지만, 제가 계속해서 "만약 가능하시다면, 물론 전혀 의무는 아니지만, 혹시라도 시간이 허락하신다면, 약간의 해장국을 하사해 주실 수 있으실는지요."라고 말하자 웃음을 터뜨렸습니다.

"뭐 하는 거야? 취했어도 너무 오버하는 거 아니야?"

저도 웃으며 대답했죠. "미안해, 장난이야. 드라마에서 본 대사 따라 해봤어."

아내는 고개를 절레절레 흔들며 부엌으로 향했습니다.

"그냥 솔직하게 말하는 게 훨씬 낫겠다. 이런 말투는 당신이랑 전혀 안 어울려."

결국 아내는 해장국을 끓여주었고, 저는 평소처럼 자연스러운 대화로 돌아왔습니다. 그날 밤 우연히 깨달은 건, 아무리 정중한 말투라도 진심이 느껴지지 않으면 오히려 관계가 어색해진다는 사실이었죠. 과한 수식어보다 간결한 진심이 더 큰 힘을 가진다는 걸 새삼 느꼈습니다.

반면, "제가 뭘 잘못 이해한 건지 모르겠지만…." 같은 말은 어떤가요? 겉으로는 공손해 보이지만, 실제로는 상대를 비난하는 '수동 공격적 공손함'입니다.

한 회의에서 팀장이 "혹시 김 대리님, 이번에도 마감을 놓치실 건지 여쭤봐도 될까요? 물론 바쁘시다는 걸 모두 이해하지만요."라고 말했습니다. 공손한 형식 뒤에 날카로운 비난이 숨어 있죠.

(장난이었지만) 아내와의 사례에서 보듯이 과도한 공손함도 문제입니다. "가능하시다면, 혹시 괜찮으시다면, 번거로우시겠지만" 한 문장에 이렇게 많은 공손 표현이 필요할까요? 과잉 공손은 오히려 신뢰도를 떨어뜨리고, 핵심 메시지를 흐리며, 관계를 딱딱하게 만듭니다.

진정한 공손함은 기술이 아닌 태도에서 비롯됩니다. 상대를 진심으로 존중하고 배려하는 마음이 있다면, 적절한 공손함은 자연스럽게 따라옵니다. 공손함의 목적은 결국 대화를 더 효과적으로 만들고, 관계를 풍요롭게 하는 것입니다.

TTF 프레임워크와 커뮤니케이션 원칙의 통합

지금까지 우리는 대화의 리듬을 지배하는 세 가지 핵심 요소, 템포(Tempo), 타이밍(Timing), 플로우(Flow)를 살펴보았습니다. 조금 과장하면, 세 요소가 소통의 삼위일체라고 할 수 있습니다. 이 요소들이 적절히 조화될 때 더욱 효과적인 전략이 되겠지요?

5가지 상황별 TTF 조합과 커뮤니케이션 원리
그라이스의 협력 원리와 리치의 공손성 원리를 TTF 프레임워크에 통합한 대화 전략

상황	템포	타이밍	플로우	그라이스 윤리	리치 원리
갈등 해결	라르고 (0.8x)	적극적 경험	브리징 테크닉	질 (Quality)	요령의 원리
설득	알레그로 (1.2x)	맥락 복구	질문을 통한 참여	관련성	칭찬의 원리
협상	안단테 (0.9x)	의도적 침묵	"예스, 그리고"	양(Quantity) 최적의 정보	동의의 원리
창의적 회의	다중 리듬	텐 테이킹 균형	타이밍 감각 개발	관련성	칭찬의 원리
부부 싸움	라르기시모	의도적 침묵	타이밍 감각 개발	질 (Quality)	공감의 원리

위 표는 5가지 주요 대화 상황에서 TTF 요소들이 그라이스의 협력 원리와 리치의 공손성 원리와 어떻게 어우러지는지 보여줍니다. 물론 이 다이어그램이 모든 것을 알려주진 않겠지만, 적어도 숙달된 대화의 달인이 되기 위한 기본은 됩니다.

갈등 해결 상황에서는 라르고(0.8x) 템포가 효과적입니다. 말이 느리면 화가 덜 나는 법이죠. 적극적 경청과 브리징 테크닉은 타임머신처럼 잘못 흘러간 대화를 원점으로 되돌려놓습니다. 그라이스의 질(Quality) 원리와 리치의 요령 원리는 이론적으로 들릴 수 있지만, 쉽게 말하면 "진실만 말하되, 모든 진실을 다 말하진 마세요."라는 지혜입니다.

설득에서는 알레그로(1.2x) 템포가 중요합니다. 조금 빠르게 말하면 상대방이 생각할 시간이 줄어들어 반박하기 어려워진다는 점, 알고 계셨나요? 물론 너무 빠르면 경매사나 래퍼로 오해를 받으니 적당히요. 맥락 복구와 질문으로 그라이스의 관련성 원리와 리치의 칭찬 원리를 자연스럽게 구현하는 것이 추가적인 비결입니다.

협상은 안단테(0.9x) 템포가 이상적입니다. 너무 느리지도, 너무 빠르지도 않은 '골디락스 존'의 속도입니다. 의도적 침묵과 '예스, 그리고' 방식을 활용하는 것이 중요합니다. "당신 말도 맞고, 내 말도 맞아요."라는 접근법이지요. 그라이스의 양(Quantity) 원리는 카드를 다 보여주지 않는 지혜를, 리치의 동의 원리는 "나는 별로지만, 당신은 대단해요."라는 대화의 기술을 가르쳐 줍니다.

창의적 회의에서는 다중 리듬이 효과적입니다. 때로는 빠르게, 때로는 느리게, 계절이 변하듯 자연스럽게 바꿔주세요. 턴 테이킹 균형으로 모든 사람에게 발언권을 주되 타이밍 감각 개발로 대화가 우주로 날아가지 않게 지구 중력을 유지하는 것이 포인트입니다. 그라이스의 관련성 원리와 리치의 칭찬 원리는 "엉뚱한 아이디어도 환영합니다. 단, 주제와 완전히 동떨어지지만 않는다면요."라는 메시지를 전달합니다.

부부 싸움(아, 이 영원한 숙제!)에서는 라르기시모 템포가 필수입니다. 특히 "당신 그릇 안 닦았어?"라는 질문에는 더더욱요. 의도적 침묵과 타이밍 감각 개발이 중요합니다. 때로는 말하지 않는 것이 말하는 것보다 더 웅변적이라는 사실, 결혼 27년 차인 저도 이제야 깨닫고 있습니다. 그라이스의 질(Quality) 원리와 리치의 공감 원리는 "당신 말이 맞아요."라는 말이 어떤 논리보다 강력할 수 있음을 가르쳐 줍니다.

이 장에서 특히 리치의 공손성 원리를 통해 관계 역학의 심층적 측면을 탐구했습니다. 그러나 지금까지 살펴본 5가지 상황은 우리가 일상에서 맞닥뜨리는 대화의 한 단면에 불과합니다. 다음 장에서는 더욱 실생활에 밀접한 10가지 상황에서 TTF 프레임워크를 적용하는 방법을 살펴보겠습니다. 이론에서 실전으로, 이제 진짜 대화의 리듬 지배자가 되는 여정을 시작합니다.

12장

소통의 마에스트로 되기
-TTF 프레임워크의 실전 적용과 마스터 전략

"즉흥 연주자가 악보를 버리고 자유롭게 연주할 수 있는 건, 수천 시간의 연습으로 이론이 자신의 일부가 되었기 때문이다."

재즈 음악가 찰리 파커의 말을 처음 들었을 때, 저는 감탄하면서도 살짝 불만이 있었습니다.

그렇다면 나는 언제쯤 '소통의 찰리 파커'가 될 수 있을까? 하고 말이죠. 아마 여러분도 비슷한 생각을 했을지도 모르겠습니다. 11장이나 되는 대화 이론을 공부했는데, 실전에서는 여전히 '어… 그게…'로 시작하는 문장이 튀어나오니 말입니다.

안심하세요. 저도 '효과적인 소통 기술' 강의가 있던 바로 그 날 아침, 아내와 말다툼에서 모든 원칙을 까맣게 잊고 "그건 네가 잘못 생각한 거야!"라고 외쳤던 적이 한두 번이 아닙니다. 이론과 실전의 갭이란 어쩔 수 없나 봅니다.

그런데 재미있는 점은, 이런 실패 경험이 쌓일수록 오히려 소통 기술이 몸에 배기 시작한다는 겁니다. 자전거를 타다 넘어질 때마다 균형 감각이 좋아지는 것처럼요. (물론 뼈가 부러지지 않는 선에서요.)

11장을 함께하면서 우리는 대화의 템포(Tempo), 타이밍(Timing), 흐름(Flow)이라는 TTF 프레임워크를 중심으로 소통의 과학과 예술을 탐구해 왔습니다. 그런데 실제 대화는 어떤가요? 아침 회의에서 갑자기 팀장님이 "이거 누가 담당이었지?"라고 물었을 때, 우리 머릿속에 "음, 이 상황에서는 타이밍 감각을 활용하여 3초간 침묵 후 적절한 템포로…"라는 생각이 떠오를까요? 아마도 "으악. 나 아닌데! 옆 사람 쳐다봐야지!"라는 생각이 먼저 들지 않을까요?

대화는 요리와 비슷합니다. 소금, 설탕, 간장, 고춧가루를 따로 배우지만, 실제 요리에서는 이 모든 것을 한꺼번에 넣죠. "잠깐, 지금 소금 넣는 시간이니까 소금만 넣고, 5분 후에 설탕 타임…" 하면 웃음거리가 되겠죠. 대화도 마찬가지입니다. 템포, 타이밍, 흐름이 모두 한꺼번에 적용되어야 합니다.

아내는 저보다 소통 기술이 뛰어납니다. 특히 '침묵의 기술'이 일품이죠. 어느 날 제가 실수로 새 냄비를 태웠을 때, 아내는 아무 말도 하지 않았습니다. 단지 태운 냄비를 잠시 바라보다가 천천히 저를 쳐다봤죠. 그 눈빛에 담긴 '교과서 전체'가 저를 강타했습니다. "여보, 사실 내가 그…." 변명을 시작하려고 하는데 입에서 저절로 "미안해, 내일 새것으로 사 올게."라는 말이 튀어나왔습니다. 그녀는 단 한마디도 하지 않고 대화의 리듬을 완벽하게 지배한 것입니다!

이번 장에서는 그런 '대화의 마법사'가 되는 법을 알아보겠습니다. 이론이 실전으로 어떻게 통합되는지, 복잡한 상황에서 어떻게 여러 기술을 조합해야 하는지 살펴볼 것입니다. 특히 우리가 일상에서 자주 마주치는 10가지 까다로운 소통 상황과 해법을 제시하겠습니다.

"아니, 그래서 팀장이 갑자기 불호령을 내릴 때는 어떻게 대처하는 건데요?", "회의 중에 동료가 내 아이디어를 훔쳐 자기 것인 양 말할 때는요?", "어머니가 또 정치 이야기를 꺼내면서 '넌 아직 어려서 세상 물정을 몰라'라고 하실 때는요?"

바로 이런 질문들에 대한 답을 찾아보겠습니다. 물론 정답은 없습니다. 하지만 더 나은 선택지는 분명히 있지요. 마치 체스에서 여러 수 중에서 최선의 한 수를 찾는 것처럼, 소통의 마에스트로는 상황에 맞는 최적의 전략을 선택합니다.

그리고 기억하세요. 저도 아내와 대화하다가 "방금 그건 공감이 아니라 조언이었어!"라는 지적을 수시로 받습니다. 우리는 여전히 배우는 중이니까요. 그저 꾸준히 연습하다 보면, 언젠가 대화의 리듬이 몸에 배어 나도 모르게 소통의 마에스트로가 되어 있을 겁니다. 자전거 타는 법을 완전히 잊어버린 줄 알았다가도, 안장에 앉는 순간 몸이 저절로 움직이는 것처럼 말이죠.

자, 이제 영화 '매트릭스'의 네오처럼 소통의 코드를 해킹하러 떠나볼까요? "I know kung fu."가 아니라 "I know how to talk!"라고 말할 수 있는 그날까지!

이럴 땐 어떻게? 복합적 소통 상황 10가지와 해법

"아는 것과 행하는 것 사이에는 대서양이 있다."라는 말처럼, 이론을 아는 것과 그것을 실제로 적용하는 것은 완전히 다른 영역입니다. 이제 우리가 실생활에서 자주 마주치는 10가지 복합적인 소통 상황과 그 해법을 살펴보겠습니다. 상황마다 여러분이 선택할 수 있는 네 가지 옵션을 제시하고, 최적의 방법이 무엇인지 TTF 프레임워크를 기반으로 분석해 보겠습니다.

퀴즈 쇼에 참여한 것처럼 각 상황을 읽고 스스로 답을 선택해 보세요. 그런 다음 해설을 통해 최적의 방법이 무엇인지 확인해 보시기 바랍니다.

상황 1

셋 이상의 다자간 토론에서 두 사람 사이에 갈등이 발생했을 때

회사 전략 회의 중입니다. 마케팅팀 김 팀장과 재무팀 이 팀장이 예산 배분 문제로 격렬하게 대립합니다. 두 사람 목소리는 점점 커지고, 얼굴은 붉어져 갑니다. 다른 참석자들은 불편한 표정으로 고개를 숙이고 있고, 회의는 완전히 생산성을 잃었습니다. 당신은 이 회의의 중간 직급 참가자로, 어떻게 상황을 중재할 수 있을까요?

A "두 분 다 좋은 의견인데 이렇게 대립하시면 회의가 진행이 안 됩니다. 다음 안건으로 넘어가는 게 어떨까요?"

B 조용히 지켜보다가 회의가 끝난 후 각 팀장에게 개별적으로 자신의 의견을 전달한다.

C "잠시 시간을 갖고 우리가 모두 동의할 수 있는 지점부터 찾아보면 어떨까요? 두 분 모두 회사의 성장을 위해 최선의 방법을 찾고 계신다는 점은 분명합니다."

D "죄송합니다만, 제가 보기엔 김 팀장님 의견이 더 타당해 보입니다. 이 팀장님, 좀 더 유연하게 생각해 보시는 건 어떨까요?"

최적안: C

해설: 이 상황은 방해 패턴과 시간적 불일치가 동시에 발생한 복합적인 소통 실패 사례입니다. 최적안 C는 세 가지 핵심 전략을 결합합니다:

1. **템포 조절(Tempo)**: "잠시 시간을 갖고"라는 표현으로 격앙된 대화의 속도를 의도적으로 늦추고 있습니다. 5장에서 배운 것처럼, 갈등 상황에서는 라르고(Largo)처럼 천천히 말하는 것이 감정을 진정시키는 데 효과적입니다.
2. **동의의 원리(Agreement Maxim)**: 11장에서 배운 리치의 공손성 원리 중 '동의의 원리'를 적용하여 "우리가 모두 동의할 수 있는 지점"을 찾자고 제안합니다. 이는 불일치를 최소화하고 공통점을 극대화하는 전략입니다.
3. **브리징 테크닉(Bridging Technic)**: 7장에서 배운 브리징 기법을 활용해 "두 분 모두 회사의 성장을 위해 최선의 방법을 찾고 계신다."라는 표현으로 대립하는 의견 사이에 다리를 놓고 있습니다.

반면, A는 갈등을 회피하는 접근법으로 문제 해결이 아닌 문제 회피에 가깝습니다. B는 현 상황을 방치하는 것으로 회의 시간 낭비를 초래합니다. D는 한쪽 편을 들어 갈등을 더 악화시킬 위험이 있습니다.

차선안: A

비록 문제 해결은 아니지만, 최소한 더 이상의 갈등 악화를 방지하고 다른 안건으로 넘어갈 수 있습니다. 후속 조치로 별도의 시간에 두 팀장 간의 조율 미팅을 제안할 수 있습니다.

상황 2

소통 기술을 구사하는데 상대방이 반칙 소통을 할 경우

당신은 중요한 프로젝트 협상을 위해 파트너 회사를 방문했습니다. 상대방 협상 담당자는 계속해서 "지금 결정 안 하면 다른 회사와 계약할 것"이라며 압박하고, 당신이 말하려 할 때마다 말을 자르며, 때로는 "어차피 젊은 사람이 뭘 알겠어요."라는 발언으로 당신의 전문성을 깎아내립니다. 당신은 어떻게 대응하겠습니까?

A 똑같은 방식으로 강하게 대응하며 "저도 이런 식으로 대화할 수 있습니다만, 그게 도움이 될까요?"라고 말한다.

B "제가 느끼기에 지금 우리 대화가 다소 일방적으로 흐르는 것 같습니다. 서로 존중하는 방식으로 대화를 이어가면 더 생산적인 결과를 얻을 수 있을 것 같은데요, 어떻게 생각하세요?"

C 상대방의 태도를 무시하고 계속해서 비즈니스 내용에만 집중한다.

D "죄송합니다만, 이런 상황에서는 협상이 어렵겠습니다. 다음에 다시 만나 뵙겠습니다."라고 말하고 자리를 떠난다.

최적안: B

해설: 이 상황은 방해 패턴, 맥락 이탈 그리고 공손성 원리 위반이 복합적으로 일어나는 케이스입니다. 최적안 B는 다음과 같은 세 가지 전략을 결합합니다:

1. **메타 대화(Meta-conversation)**: 6장에서 배운 '대화에 관한 대화'를 시작함으로써 상황을 객관화합니다. "제가 느끼기에 지금 우리 대화가…"라는 표현은 현재 대화 패턴 자체를 주제로 삼아 문제를 명시적으로 드러냅니다.
2. **요령의 원리(Tact Maxim)**: 11장에서 배운 리치의 공손성 원리 중 '요령의 원리'를 활용하여 상대방의 체면을 지켜주면서도 문제점을 지적합니다. "서로 존중하는 방식으로"라는 표현은 직접적인 비난이 아닌 바람직한 방향을 제시하는 간접적 접근법입니다.
3. **참여 유도 질문(Engaging Questions)**: 8장에서 배운 질문 기법 중 '참여 유도 질문'을 사용하여 "어떻게 생각하세요?"라고 물음으로써 상대방에게 반응의 기회를 제공합니다.

A는 상황을 더 악화시킬 위험이 있고, C는 문제를 방치하여 계속된 무례함을 초래할 수 있습니다. D는 협상 자체를 포기하는 것으로, 최후의 수단으로만 고려해야 합니다.

차선안: A

상대방이 B에 반응하지 않을 경우, A처럼 명확하게 경계를 설정하는 것이 필요할 수 있습니다. 다만 이때는 상대방과 동일한 수준으로 내려가지 않고, 전문성과 존중을 유지하는 것이 중요합니다.

상황 3

매번 비효율적인 주간 회의를 개선하고 싶을 때

당신 팀의 주간 회의는 항상 2시간으로 예정되어 있지만, 실제로는 3시간 이상 끌며 별다른 결정 없이 끝납니다. 일부 동료들은 장황하게 말하고, 일부는 아예 참여하지 않으며, 회의 안건은 자주 이탈합니다. 팀장은 이 상황을 인지하고 있지만, 특별한 조치를 취하지 않습니다. 당신은 어떻게 이 상황을 개선할 수 있을까요?

A 회의에 참여하지 않는 사람들에게 직접적으로 의견을 물어보고, 장황하게 말하는 사람들에게는 "죄송합니다만, 시간이 제한되어 있으니, 핵심만 말씀해 주시겠어요?"라고 요청한다.

B 팀장에게 개인적으로 회의 진행 방식의 개선을 제안한다. "팀장님, 제가 다른 조직에서 효과적이었던 회의 운영 방식을 몇 가지 알고 있는데, 한번 시도해 보면 어떨까요?"

C 다음 회의 전에 "회의 효율성을 위한 제안"이라는 문서를 작성하여 팀원들에게 공유하고, 회의 시작 시 5분만 시간을 달라고 요청하여 간단히 발표한다.

D 팀원들에게 익명 설문조사를 돌려 회의에 대한 의견을 수집한 후, 그 결과를 팀장에게 제시한다.

최적안: B

해설: 이 상황은 턴 테이킹 불균형, 맥락 이탈 그리고 시간적 불

일치가 복합된 문제입니다. 최적안 B는 다음 전략들을 활용합니다:

1. **칭찬의 원리(Approbation Maxim)**: 11장에서 배운 리치의 공손성 원리 중 '칭찬의 원리'를 활용하여 팀장의 체면을 지켜줍니다. 직접적인 문제 지적이 아닌, 긍정적인 제안 형태로 접근하기 때문입니다.
2. **교량형 브리징(Bridging)**: 7장에서 배운 브리징 테크닉 중 '교량형'을 활용하여 "다른 조직에서 효과적이었던"이라는 표현으로 경험과 제안을 연결합니다.
3. **요령의 원리(Tact Maxim)**: "한번 시도해 보면 어떨까요?"라는 의문문 형태로 제안하여 팀장에게 선택권을 부여함으로써 부담을 줄입니다.

A는 당신이 공식적인 권한 없이 회의를 조정하려 시도하는 것으로, 다른 팀원들과 갈등을 초래할 수 있습니다. C와 D는 팀장을 우회하는 접근법으로, 팀장의 권위를 약화시키고 신뢰가 손상될 위험이 있습니다.

차선안: D
B가 효과가 없을 경우, 익명 설문조사는 객관적인 데이터를 제공함으로써 변화의 필요성을 보다 설득력 있게 제시할 수 있습니다. 이때 중요한 것은 설문 결과를 팀장과 개인적으로 공유하여 체면을 지켜주는 것입니다.

상황 4

감정이 격해진 고객이나 동료를 진정시켜야 할 때

당신이 운영하는 매장에 한 고객이 매우 화가 난 상태로 들어왔습니다. 목소리가 크고, 얼굴이 붉으며, 다른 고객들도 불편한 표정으로 쳐다봅니다. 고객은 지난주에 구매한 제품이 불량이라며 "이런 식으로 장사하면 망하게 될 거예요!"라고 소리칩니다. 당신은 어떻게 대응하겠습니까?

A "진정하세요. 소리 지르시면 해결하기 어렵습니다. 차분하게 말씀해 주시겠어요?"

B "정말 죄송합니다. 많이 불편하셨겠네요. 잠시 이쪽으로 와서 앉으시면서 어떤 문제가 있었는지 자세히 말씀해 주시겠어요?"

C 즉시 환불 또는 교환을 제안하며 "빠르게 처리해 드리겠습니다. 기다리시겠어요?"라고 말한다.

D "죄송합니다만, 이런 식으로 소리 지르시면 도와드릴 수 없습니다. 진정되셨을 때 다시 방문해 주세요."

최적안: B

해설: 이 상황은 감정적 격화와 공개적 체면 위협이 결합한 복합적 상황입니다. 최적안 B는 다음과 같은 전략들을 결합합니다:

1. **라르고 타이밍(Largo Timing)**: 5장에서 배운 것처럼, 갈등 상황에서는 더 느린 템포로 말하는 것이 효과적입니다. "잠시

이쪽으로 와서 앉으시면서"라는 표현은 시간과 공간을 확보하여 상황의 속도를 늦추는 효과가 있습니다.
2. 공감 시그널(Empathy Signal): 9장에서 배운 공감 표현을 활용하여 "많이 불편하셨겠네요."라는 말로 고객의 감정을 인정합니다. 이는 상대방의 감정을 무시하지 않고 존중한다는 신호를 보내는 것입니다.
3. 참여 유도 질문(Engaging Questions): 3장의 질문 기법을 활용하여 "어떤 문제가 있었는지 자세히 말씀해 주시겠어요?"라고 물음으로써 화난 감정에서 구체적인 문제 해결로 초점을 전환합니다.

A는 "진정하세요"라는 표현이 오히려 상대의 감정을 무시하는 것으로 받아들여질 수 있습니다. C는 문제의 근본 원인을 파악하지 않고 빠른 해결책만 제시하는 것으로, 고객 만족도가 낮아질 수 있습니다. D는 고객의 불만을 완전히 무시하는 접근법으로, 상황을 더 악화시킬 위험이 큽니다.

차선안: C
고객이 매우 흥분한 상태에서 B 접근법이 효과가 없을 경우, 즉시 환불/교환을 제안하는 C 방법이 상황을 빠르게 진정시킬 수 있습니다. 다만 이후에 추가 소통을 통해 근본 원인을 파악하는 것이 중요합니다.

상황 5

팀원이나 자녀에게 부정적인 피드백을 전달해야 할 때

당신의 팀원(또는 자녀)이 중요한 프로젝트(또는 시험)에서 기대 이하의 성과를 냈습니다. 이번이 처음은 아니며, 개선을 위한 피드백이 필요한 상황입니다. 동시에 상대방의 자존감과 동기를 손상하지 않는 것도 중요합니다. 어떻게 피드백을 전달하겠습니까?

A "이번 성과가 많이 아쉽네요. 무엇이 문제였는지 스스로 생각해 볼 수 있을까요?"

B "솔직히 말해서 이번 성과는 기대에 미치지 못했어요. 앞으로는 더 노력해야 할 것 같아요."

C "이번 프로젝트에서 당신의 창의적인 접근 방식이 인상적이었어요. 다만, 결과물의 완성도와 마감 기한 준수 면에서는 개선의 여지가 있어 보입니다. 어떻게 하면 다음에 더 나아질 수 있을지 함께 생각해 볼까요?"

D 잠시 상황을 지켜보다가, 개선되지 않으면 그때 피드백을 주기로 한다.

최적안: C

해설: 이 상황은 칭찬과 비판의 균형 그리고 공감과 객관성 사이의 조화가 필요한 사례입니다. 최적안 C는 다음과 같은 전략들을 결합합니다:

1. **칭찬의 원리(Approbation Maxim)**: 11장에서 배운 리치의 '칭찬 원리'를 적용하여 "창의적인 접근 방식이 인상적이었어요."라는 진정성 있는 칭찬으로 시작합니다. 이는 '비판 샌드위치' 기법의 첫 번째 요소입니다.
2. **질과 태도의 원리(Quality & Manner Maxims)**: 10장에서 배운 그라이스의 협력 원리 중 '질'과 '태도'의 원리를 적용하여 "완성도와 마감 기한 준수 면에서는 개선의 여지가 있어 보입니다."라는 구체적이고 명확한 피드백을 제공합니다.
3. **참여 유도 질문(Engaging Questions)**: 8장의 질문 기법을 활용하여 "어떻게 하면 다음에 더 나아질 수 있을지 함께 생각해 볼까요?"라는 질문으로 상대방을 해결책 모색에 참여시킵니다.

A는 구체적인 피드백 없이 상대방에게 책임을 전가하는 접근법입니다. B는 너무 직접적인 비판으로 상대방의 자존감을 손상할 위험이 있습니다. D는 필요한 피드백을 회피하는 것으로, 문제 해결을 지연시킵니다.

차선안: A
상대방이 자기성찰 능력이 높거나 관계가 매우 긴밀한 경우, A처럼 질문을 통해 스스로 문제점을 발견하도록 유도하는 방법도 효과적일 수 있습니다. 다만 이후에는 구체적인 피드백과 지원이 뒤따라야 합니다.

> **상황 6**
>
> **복잡한 정보나 어려운 뉴스를 전달해야 할 때**
>
> 당신은 회사의 구조조정 계획을 팀원들에게 알려야 합니다. 일부 직원들은 다른 부서로 이동하게 되고, 프로젝트 우선순위도 변경됩니다. 팀원들은 이 소식에 불안해할 것이 분명합니다. 복잡한 정보와 어려운 소식을 어떻게 전달하겠습니까?

A 모든 정보를 한 번에 빠르게 전달하여 불확실성의 기간을 최소화한다. "안녕하세요, 오늘 중요한 소식이 있습니다. 회사가 구조조정을 진행합니다. 홍길동, 김철수, 이영희는 다음 주부터 마케팅팀으로 이동하게 됩니다. 나머지 사항은 이메일로 보내드리겠습니다."

B 개인적으로 영향을 받는 직원들에게 먼저 개별적으로 알린 후, 팀 전체 미팅을 통해 전체 계획을 설명한다.

C 팀 미팅을 소집하여 "회사가 새로운 도전에 직면해 있습니다. 우리 모두 함께 이겨낼 수 있을 거예요!"라고 긍정적으로 시작한 후, 점차 구체적인 변화 사항을 설명한다.

D 구조조정 배경과 이유를 먼저 설명하고, 큰 그림에서 작은 부분으로 점진적으로 정보를 전달한 후, 질문과 우려를 듣는 시간을 충분히 마련한다.

최적안: D

해설: 이 상황은 복잡한 정보 전달과 감정적 대응 관리가 동시에

필요한 케이스입니다. 최적안 D는 다음과 같은 전략들을 결합합니다:

1. **템포 변화(Tempo Variation)**: 5장에서 배운 템포 조절 기법을 활용하여, 배경 설명은 안단테(약간 느리게)로, 구체적 정보는 모데라토(보통 속도)로, 질문 시간은 다시 라르고(천천히)로 템포를 변화시킵니다. 이는 정보의 성격에 따라 적절한 속도를 선택하는 것입니다.
2. **브리징 테크닉(Bridging Technic)**: 7장의 브리징 기법을 활용하여 "큰 그림에서 작은 부분으로" 정보를 연결함으로써 청중의 이해도를 높입니다.
3. **질문 기반 참여(Question-based Participation)**: 8장에서 배운 것처럼, 충분한 질문 시간을 마련함으로써 팀원들의 불안과 우려를 표현할 기회를 제공합니다.

A는 너무 직접적이고 갑작스러운 접근법으로, 팀원들의 불안을 증폭시킬 위험이 있습니다. B는 개인 미팅과 팀 미팅의 순서는 좋지만, 구체적인 소통 전략이 부족합니다. C는 긍정적인 시작은 좋으나, 과도한 낙관주의는 오히려 신뢰를 저하시킬 수 있습니다.

차선안: B

직접적으로 영향을 받는 직원들과 먼저 개별적으로 대화하는 것은 그들에게 존중을 표하는 방식입니다. 다만 이후의 팀 미팅에서는 D의 접근법을 결합하여 활용하는 것이 효과적입니다.

상황 7

다국적 팀 또는 다양한 배경의 사람들과 소통할 때

당신은 한국, 미국, 일본, 인도 출신 멤버들로 구성된 글로벌 프로젝트팀의 리더입니다. 화상 회의에서 중요한 결정을 내려야 하는데, 문화적 차이로 인한 소통 장애가 분명히 존재합니다. 일본팀원은 거의 말을 하지 않고, 미국팀원은 계속 의견을 주도하며, 인도팀원은 간접적인 표현을 많이 사용합니다. 이런 다양한 소통 스타일을 어떻게 조율하겠습니까?

A 모든 사람이 동일한 소통 방식을 따르도록 표준화된 회의 규칙을 수립한다. "오늘부터 모든 의견은 찬성/반대를 먼저 밝히고 이유를 설명하는 방식으로 진행하겠습니다."

B 회의 전에 의제를 배포하고 각자 자신의 방식으로 의견을 미리 제출하게 한 후, 회의에서는 이를 바탕으로 논의한다.

C 발언 순서를 정해 모든 사람이 돌아가며 말할 기회를 얻도록 하고, 특히 침묵하는 팀원에게는 직접 질문하며 의견을 구한다.

D 문화적 소통 스타일의 차이를 인정하는 메타 대화로 시작하고, 다양한 참여 방식(서면/구두)을 허용하며, 문화에 맞는 질문 기법을 활용하여 각 팀원 의견을 끌어낸다.

최적안: D

해설: 이 상황은 다양한 문화적 배경을 가진 팀원들의 서로 다른 소통 스타일을 조율해야 하는 복잡한 과제입니다. 최적안

D는 다음과 같은 전략들을 결합합니다:

1. **메타 대화(Meta-conversation)**: 6장에서 배운 메타 대화 기법을 활용하여 "우리 팀에는 다양한 문화적 배경과 소통 스타일이 있습니다. 이런 다양성은 우리의 강점이지만, 때로는 소통의 어려움을 가져올 수 있습니다."라고 명시적으로 소통 방식에 대해 논의합니다. 이를 통해 문화적 차이에 대한 인식을 높이고 상호 이해를 촉진합니다.

2. **문화적 차이를 고려한 질문 기법**: 8장의 질문 기술을 문화적 맥락에 맞게 응용합니다. 일본팀원에게는 "타나카 씨, 이 접근법의 장점에 대해 어떻게 생각하시나요?"와 같이 개방형 질문을 미리 알려주고, 인도팀원에게는 "파텔 씨, 이 방안이 고객 만족도에 미칠 영향에 관해 의견을 나눠주실 수 있을까요?"와 같이 맥락을 제공하는 질문을 활용합니다.

3. **다양한 참여 채널 제공**: 7장에서 배운 브리징 테크닉을 응용하여 구두 발언, 채팅 입력, 회의 전/후 이메일 의견 제출 등 다양한 참여 방식을 허용합니다. 이는 문화적으로 직접적인 발언이 불편한 팀원들에게 참여 기회를 제공합니다.

4. **턴 테이킹 균형 유지**: 4장에서 배운 턴 테이킹 관리를 통해 미국팀원의 지나친 주도를 완화하고, 다른 팀원들의 발언 기회를 보장합니다. "좋은 의견 감사합니다. 이제 다른 분들 관점도 들어보면 좋겠습니다."와 같은 부드러운 개입으로 균형을 맞춥니다.

A는 문화적 다양성을 무시하고 일률적인 방식을 강요하는 접근법으로, 일부 팀원들의 불편함과 소외감을 증가시킬 수 있습니다. B는 사전 준비 측면에서 좋지만, 실시간 상호작용의 기회를 줄이고 문화 간 대화의 기회를 제한합니다. C는 모든 사람에게 발언 기회를 주는 점은 좋으나, 일부 문화권(특히 일본)에서는 준비 없이 직접적인 질문을 받는 것이 불편할 수 있습니다.

차선안: B
회의 전에 의제를 미리 배포하고 의견을 수집하는 방식은 준비 시간이 필요한 문화권 팀원들에게 도움이 됩니다. 그러나 이 방법도 실시간 회의에서 D의 접근법을 부분적으로 통합하여 활용하는 것이 효과적입니다.

상황8

팀원에게 개선이 필요한 부분에 대해 피드백을 줘야 할 때

당신은 마케팅팀의 관리자로 최근 입사한 우수하지만, 자존심이 강한 신입 직원에게 피드백을 줘야 합니다. 이 직원은 창의적이고 열정적이지만, 프레젠테이션에서 핵심 메시지가 불명확하고 시간 관리가 미흡합니다. 이미 몇몇 동료들이 신입 직원의 발표를 이해하기 어렵다는 불만을 제기했습니다. 어떻게 효과적으로 피드백을 전달하겠습니까?

A 문제점을 명확하게 나열하며 직접적으로 지적한다. "당신의 프레젠테이션은 핵심 메시지가 불명확하고 시간 관리가 부족합니다. 이런 부분들을 개선해야 합니다."

B 다른 팀원의 발표를 예시로 들며 간접적으로 개선점을 암시한다. "김 대리의 발표는 핵심 메시지가 명확해서 좋았어요. 다들 이런 방식으로 발표했으면 좋겠네요."

C 긍정적인 측면을 먼저 인정하고, 개선점을 구체적으로 제안한 후, 다시 긍정적인 전망으로 마무리하는 '피드백 샌드위치' 방식을 사용한다.

D 자기 평가를 유도하는 질문으로 시작하여 스스로 문제점을 깨닫게 한다. "최근 프레젠테이션에 대해 어떻게 생각하나요? 어떤 부분이 잘 되었고 개선이 필요하다고 생각하나요?"

최적안: C

해설: 이 상황은 자존심 강한 직원에게 개선이 필요한 피드백을 전달해야 하는 민감한 경우입니다. 최적안 C는 다음과 같은 전략들을 결합합니다:

1. **칭찬의 원리(Approbation Maxim)**: 11장에서 배운 리치의 공손성 원리 중 칭찬의 원리를 적용한 '피드백 샌드위치' 기법을 활용합니다. "당신의 창의적인 아이디어와 열정은 팀에 큰 활력을 가져다줍니다(긍정). 다만 프레젠테이션에서 핵심 메시지를 더 명확히 하고 시간 관리에 좀 더 신경 쓴다면(개선점), 당신의 뛰어난 아이디어가 팀에 더 효과적으로 전달될 것 같습니다(긍정적 전망)."

2. **안단테 타이밍(Andante Timing)**: 5장에서 배운 타이밍 조절 기법을 활용하여 개선점을 언급할 때는 평소보다 약간 느린 속도(약 0.9배)로 말함으로써 신중함과 배려를 표현합니다. 이는 비판적 내용이 덜 공격적으로 느껴지게 합니다.

3. **구체적 제안과 예시**: 개선점을 언급할 때 추상적인 비판("불명확하다")보다 구체적인 제안("발표 시작에 3가지 핵심을 요약하면 청중의 이해를 도울 수 있습니다")을 제시합니다. 이는 7장의 브리징 테크닉을 활용하여 문제와 해결책을 연결하는 방식입니다.

4. **교감의 원리(Sympathy Maxim)**: 11장에서 배운 교감의 원리를 적용해 "새로운 팀에 적응하면서 많은 기대에 부응하려는

노력이 얼마나 부담스러운지 이해합니다."라고 상대방의 감정을 인정해 줍니다.

A는 너무 직접적인 비판으로 자존심 강한 직원의 방어적 태도를 유발할 가능성이 높습니다. B는 간접적이고 모호한 방식으로 명확한 피드백이 전달되지 않을 수 있습니다. D는 좋은 접근법이지만, 자기 인식이 부족한 직원의 경우 문제를 제대로 파악하지 못할 수 있습니다.

차선안: D

자기 평가를 유도하는 질문 방식은 직원의 자기 인식을 높이고 주도적인 개선을 이끌어낼 수 있다는 장점이 있습니다. "최근 발표에서 청중의 반응은 어땠나요?"와 같은 질문으로 시작하여 스스로 문제점을 발견하게 한 후, C의 방식을 결합하여 구체적인 개선점을 제안할 수 있습니다.

상황 9

기술적으로 복잡한 내용을 비전문가에게 설명해야 할 때

당신은 IT 부서의 데이터 분석가로, 최근 개발한 AI 기반 고객 행동 예측 모델에 대해 마케팅 및 영업 임원들에게 프레젠테이션을 해야 합니다. 이 모델은 복잡한 알고리즘과 통계적 개념을 사용하지만, 비즈니스에 중요한 가치를 제공합니다. 청중 대부분은 기술적 배경이 없으며, 이전에도 유사한 프레젠테이션이 너무 기술적이라 이해하기 어려웠다는 불만이 있었습니다. 어떻게 복잡한 정보를 효과적으로 전달하겠습니까?

A 기술적 정확성을 위해 모든 세부 내용과 알고리즘 작동 방식을 자세히 설명한다. "우리 모델은 LSTM 신경망과 XGBoost를 결합한 앙상블 방식으로, 피어슨 상관계수가 0.87에 달하는 우수한 예측력을 보입니다."

B 비전문가도 이해할 수 있는 유추와 시각적 자료를 활용하고, 비즈니스 가치와 실제 사례를 중심으로 설명한다. "이 AI 모델은 마치 경험 많은 영업사원이 고객의 미세한 행동 패턴을 읽는 것과 같습니다. 실제로 A 고객사에서는 이 모델 덕분에 이탈 위험 고객을 선제적으로 파악하여 매출이 15% 증가했습니다."

C 기술적 내용은 최소화하고 결과와 ROI만 간략하게 요약한다. "이 모델은 고객 이탈률을 20% 감소시키고, 마케팅 효율을 30% 높일 것으로 예상됩니다. 자세한 내용은 후속 자료로 공

유하겠습니다."

D 임원들에게 필요한 기술적 개념을 먼저 교육한 후, 모델에 대해 설명한다. "먼저 머신러닝의 기본 개념과 데이터 분석 방법론에 대해 30분간 설명한 후, 우리 모델의 작동 방식을 살펴보겠습니다."

최적안: B

해설: 이 상황은 기술적으로 복잡한 내용을 비전문가 청중에게 전달해야 하는 전형적인 경우입니다. 최적안 B는 다음과 같은 전략들을 결합합니다:

1. **유추형 브리징**(Analogical Bridging): 7장에서 배운 브리징 테크닉 중 '유추형 브리징'을 활용하여 복잡한 기술적 개념을 일상적인 경험에 연결합니다. "이 머신러닝 모델은 마치 수천 개의 고객 상호작용을 분석하여 패턴을 찾아내는 초인적 비서와 같습니다.'와 같은 비유를 통해 추상적 개념을 구체화합니다.

2. **템포 변화**(Tempo Variation): 5장에서 배운 템포 조절 기법을 활용하여 핵심 개념 설명 시에는 안단테 템포(약 0.9배 속도)로 천천히 설명하고, 성공 사례나 비즈니스 가치를 언급할 때는 알레그로 템포(약 1.2배 속도)로 속도를 높여 역동성을 부여합니다.

3. **시각화와 스토리텔링**: 복잡한 데이터와 개념을 시각적 자료로 변환하고, 실제 사례를 스토리텔링 방식으로 전달합니다. "A

사의 마케팅팀은 이 모델을 통해 특정 고객 세그먼트가 주말에 더 활발하게 구매한다는 인사이트를 얻어 캠페인 타이밍을 조정했고, 이는 45%의 전환율 상승으로 이어졌습니다."
4. **그라이스의 양의 원리**(Quantity Maxim): 10장에서 배운 그라이스의 협력 원리 중 양의 원리를 적용하여 필요한 정보만 제공합니다. 기술적 세부 사항은 부록이나 후속 자료로 제공하고, 임원들에게는 의사결정에 필요한 핵심 정보만 전달합니다.
5. **참여 유도 질문**(Engaging Questions): 8장에서 배운 질문 기법을 활용하여 "이런 고객 행동 예측이 여러분의 영업 전략에 어떤 영향을 미칠 것 같나요?"와 같은 질문으로 청중의 참여를 유도합니다.

A는 그라이스의 관련성 원리를 위반하여 청중에게 불필요하고 이해하기 어려운 정보를 제공합니다. C는 중요한 정보를 지나치게 단순화하여 모델의 가치를 충분히 전달하지 못할 수 있습니다. D는 시간 효율성이 떨어지고 임원들의 관심을 잃을 위험이 있습니다.

차선안: C
결과와 ROI를 중심으로 간략하게 요약하는 방식은 바쁜 임원들에게 효율적일 수 있습니다. 다만 이 접근법에도 B의 유추와 사례를 부분적으로 결합하여 이해도를 높이는 것이 효과적입니다.

상황 10

동료와의 심각한 갈등 후 관계를 회복해야 할 때

당신은 마케팅팀의 프로젝트 매니저로, 지난주 중요한 고객 프레젠테이션 준비 과정에서 재무팀의 박 과장과 심각하게 의견 충돌했습니다. 회의 중 두 사람 모두 목소리를 높였고, 당신은 "항상 재무팀은 혁신적인 아이디어에 제동을 건다."라고 말했으며, 박 과장은 "마케팅팀은 현실성 없는 제안으로 회사 자원을 낭비한다."라고 반박했습니다. 이 갈등은 다른 팀원들도 목격했으며, 이후 박 과장은 당신의 이메일에 답변하지 않고 필요한 재무 데이터 공유를 미룹니다. 그러나 다가오는 중요 프로젝트를 위해 두 팀의 협업이 필수적입니다. 어떻게 깨진 관계를 회복하겠습니까?

A 공식적인 사과 이메일을 보내고 필요한 재무 데이터를 신속히 보내달라고 요청한다. "지난 회의에서 있었던 일은 유감입니다. 프로젝트 진행을 위해 재무 데이터가 필요하니 보내주시면 감사하겠습니다."

B 상급자에게 중재를 요청하고 재무팀과의 소통 문제를 공식적으로 제기한다 "재무팀과의 협업에 어려움이 있어 프로젝트가 지연되고 있습니다."

C 시간이 해결해 주길 기다리며 당분간 직접적인 소통은 피하고 다른 팀원을 통해 필요한 정보를 얻는다.

D 1:1 만남을 요청하여 메타 대화로 갈등 상황을 다루고, 상호 이해와 공동 목표를 재확인한 후, 향후 협업 방식에 대해 합의한다.

최적안: D

해설: 이 상황은 심각한 갈등 후 동료와의 관계 회복이 필요한 경우입니다. 최적안 D는 다음과 같은 전략들을 결합합니다:

1. **메타 대화(Meta-conversation)**: 6장에서 배운 메타 대화 기법을 활용하여 "우리 사이에 있었던 갈등 상황에 관해 이야기해 볼 수 있을까요? 서로의 관점을 더 잘 이해하고 앞으로의 협업 방식을 함께 모색하고 싶습니다."라고 소통 자체에 초점을 맞춥니다. 이는 문제 해결이 아닌 관계 회복에 우선순위를 두는 접근법입니다.
1. **라르고 템포(Largo Tempo)**: 5장에서 배운 템포 조절 기법을 적용하여 평소보다 느린 속도(약 0.8배)로 대화합니다. 이는 침착함과 진중함을 전달하고, 상대방에게 생각하고 반응할 시간을 제공합니다.
2. **공감 시그널(Empathy Signals)**: 9장에서 배운 공감 표현 기법을 활용하여 "재무팀의 비용 관리 책임이 얼마나 부담스러울 수 있는지 생각해 보니 이해가 됩니다."와 같이 상대방 입장을 인정합니다. 또한 눈 맞춤, 앞으로 기울인 자세 등 비언어적 공감 신호도 함께 사용합니다.

3. **동의의 원리(Agreement Maxim)**: 11장에서 배운 동의의 원리를 적용하여 "우리 모두 회사의 성공이라는 같은 목표를 위해 일하고 있다는 점에서는 동의하실 거로 생각합니다."와 같이 공통점을 먼저 강조합니다.
4. **구체적 협업 전략 제안**: 갈등 인정과 감정 해소 후에는 "앞으로는 프로젝트 초기 단계에서 마케팅 아이디어와 재무적 실현 가능성을 함께 검토하는 시간을 마련하면 어떨까요?"와 같이 구체적인 협업 방식을 제안합니다.

A는 이메일이라는 매체가 진정성 전달에 한계가 있고, 실질적인 관계 회복보다는 업무 진행에만 초점을 맞추고 있습니다. B는 갈등을 상급자에게 전가하는 방식으로, 관계 악화를 심화시킬 수 있습니다. C는 소극적 접근법으로 문제 해결을 지연시키고 다른 팀원들에게 부담을 전가합니다.

차선안: A

만약 박 과장이 1:1 만남을 거부한다면, 진정성 있는 사과 이메일이 대안이 될 수 있습니다. 그러나 형식적 사과가 아닌, 자기 잘못을 구체적으로 인정하고 상대방의 관점을 이해하려는 노력을 보여주는 내용이어야 합니다. "마케팅팀의 아이디어에 대한 재무적 우려를 무시하고 일반화하여 표현한 것은 적절하지 않았습니다. 재무팀의 중요한 역할을 이해하며, 앞으로는 초기 단계부터 함께 협력하여 실현할 방안을 모색하고 싶습니다."

지금까지 우리는 대화의 리듬을 지배하는 세 가지 핵심 요소—템포(Tempo), 타이밍(Timing), 흐름(Flow)—이라는 삼대 천왕을 만나봤습니다. 삼겹살을 먹을 때 쌈장, 소금, 고추장을 골라 쓰듯, 우리는 상황에 맞게 세 가지 요소를 적재적소에 활용해야 합니다. 다시 한번 반복 요약하자면, 템포는 3-3-6 법칙으로 대화의 속도를 조절하고, 타이밍은 턴 테이킹의 춤을 통해 말하고 들을 때를 결정하며, 흐름은 브리징과 질문, 공감으로 대화의 강을 만들어 냅니다. 그리고 그라이스와 리치는 우리에게 이론적인 지도를 제공하는 위대한 항해사였습니다.

사실 이 모든 것이 어렵게 느껴지더라도 걱정하지 마세요. 완벽한 대화란 존재하지 않습니다. 대화의 리듬을 완전히 마스터했다고 자부하는 순간에도 예상치 못한 '하모'가 튀어나와 우리를 당황하게 하니까요. 중요한 건 완벽함이 아니라 계속해서 나아가는 것입니다. 처음 자전거를 배울 때처럼, 한 번에 모든 것을 통달할 수는 없지만, 조금씩 균형을 잡아가다 보면 어느새 바람을 가르며 달리고 있는 자신을 발견하게 될 테니까요.

TTF 자가 진단 시스템: AI를 활용한 나의 대화 패턴 분석

마지막으로, 현대 기술을 활용하면 여러분의 대화 패턴을 객관적으로 진단하고 개선할 수 있습니다. 아래 단계별 가이드를 따라 나만의 TTF 프로파일을 만들어 보세요.

AI를 활용한 나만의 TTF 프로파일 만들기

1단계: 대화 기록 확보하기

- 스마트폰의 회의 녹음 기능이나 통화 녹음 앱을 활용해 실제 대화를 기록합니다.
- 회의, 1:1 대화, 협상, 갈등 상황 등 다양한 맥락의 대화를 포함하면 더욱 좋습니다.
- 녹음 전 참여자의 동의를 구하는 것을 잊지 마세요!

2단계: 텍스트 변환하기

- 녹음된 음성은 음성-텍스트 변환 AI 서비스나 앱(예: Otter.ai, Rev, Google Speech-to-Text 등)을 활용해 텍스트로 변환합니다.
- 변환된 텍스트에 화자를 명확히 구분하고, 가능하다면 시간 표시도 포함하세요.

3단계: AI 분석 프롬프팅하기

다음 프롬프트를 AI 대화 모델(Claude, ChatGPT 등)에 입력하고 변환한 대화 텍스트를 함께 제공하세요:

[대화 분석 요청 프롬프트]
　너는 지금부터 대화 분석(Converation Analysis) 및 커뮤니케이션 진단 전문가이다. 첨부한 txt 자료를 분석 지시 프롬프트 내용에 맞추어 분석하라

[자료 첨부]
　대화 녹취록을 붙여넣기

[분석 지시 프롬프트]
　1. TTF 구조적 분석:

- 템포: 말의 속도와 리듬 패턴 분석 (빠름/보통/느림 비율 포함)
- 타이밍: 순서 교대 빈도(%) 및 전환 지점(TRP) 적시성 평가
- 플로우: 주제 전환의 자연스러움과 맥락 유지력 평가
- 침묵과 중복 발생 패턴 및 효과 분석

2. 커뮤니케이션 원칙 준수도:
   - 그라이스 협력 원칙 준수도 평가 (양/질/관련성/태도)
   - 리치 공손성 원칙 적용 수준 (타협/찬동/겸양/관용)
   - 대화 내 권력 역학 분석 (발언권 분배, 방해 패턴 등)

3. 상황별 TTF 전략 평가:
   - 갈등/설득/협상/창의적 논의 등 상황별 최적 TTF 적용 여부
   - 효과적이었던 TTF 패턴과 개선이 필요한 패턴 식별

4. 종합 진단 및 개선점:
   - 강점 3가지와 개선점 3가지 제시
   - 대화자별 TTF 프로파일 요약
   - 구체적인 개선 전략 제안 (예시 문장 포함)

5. 출력 형식:
   - 섹션별 시각적 구분 (Markdown 활용)
   - 주요 발견 사항은 **굵게** 표시
   - 구체적 대화 예시 인용
   - 템포/타이밍/플로우 점수 시각화 (1-10척도)

4단계: 결과 해석 및 적용하기

- AI가 생성한 분석 결과를 검토하고 자신의 대화 패턴의 강점과 개선점을 확인합니다.
- TTF 프로파일에 기반하여 개선 계획을 세웁니다.
- 정기적으로 분석을 반복하여 발전 과정을 추적합니다.

샘플 분석 결과

아래는 실제 대화 분석 결과의 예시입니다.

TTF 프로파일 요약

요소	점수 (1-10)	주요 특징
템포	7.5	설득 상황에서 알레그로 템프(1.2x) 효과적 활용, 갈등 상황에서 템포 조절 미흡
타이밍	6.2	순서 교대 성공률 68%, 상대방 발언 중단 빈도 높음
플로우	8.1	자연스러운 주제 전환, 메타포와 질문을 통한 효과적 연결

주요 강점
1. 템포 변화의 전략적 활용: 중요 정보 전달 시 의도적 감속, 설득 시 7 속 패턴 명확
2. 질문을 통한 효과적 플로우 유지: 개방형 질문으로 대화 방향 조절 능력 우수
3. 그라이스의 양 원칙 준수: 간결하고 필요한 정보만 제공하는 효율적 커뮤니케이션

개선 필요 영역
1. 타이밍 인식 강화 필요: TRP 인식 부족으로 인한 상대방 발언 중단 빈도 높음
2. 라르고 템포 활용 부족: 갈등 상황에서 템포 감속 전략 미흡
3. 리치의 공감 격률 적용 약화: 상대방 관점 인정 및 존중 표현 부족

총평
분석 대상자는 전반적으로 설득과 정보 전달에 강점을 보이는 전략적 커뮤니케이터 유형입니다. 플로우 관리와 템포 조절 능력이 우수하여 목표 지향적 대화에서 높은 효율성을 발휘합니다. 다만 갈등 상황이나 감정이 개입된 대화에서는 타이밍 감각과 공감 능력 향상이 필요합니다. '3-3-6 법칙'을 활용한 의식적인 템포 감속과 '메타 대화' 기법을 통한 상대방 발언권 존중을 연습한다면, 현재 7.3점 수준의 종합 TTF 역량이 9점 0 상으로 향상될 것으로 기대됩니다. 특히 리더십 역량에서 팀 구성원 간 균형 잡힌 소통을 이끌어내는 데 큰 발전이 있을 것입니다.

이 진단 시스템은 이론적 이해를 넘어 실제 자신의 대화 패턴을 객관적으로 분석하고 개선할 수 있는 강력한 도구입니다. TTF 프레임워크를 일상에 적용하여 효과적인 소통가로 성장하는 여정에 함께하세요.

일상에서 TTF 프레임워크 마스터 7가지 통합 전략

1. 대화 환경에 맞는 TTF 조합 선택하기 상황에 맞는 TTF 조합을 의식적으로 선택하세요. 회의에서는 적당히 빠른 템포, 정확한 타이밍, 논리적 흐름이 필요할 수 있습니다. 반면 갈등 상황에서는 느린 템포, 여유 있는 타이밍, 공감적 흐름이 더 효과적입니다. 환경에 따라 TTF 다이얼을 조정하는 연습을 하세요.

2. 5분 TTF 체크인 습관화하기 중요한 대화 전 5분만 투자하여 자신의 TTF를 체크하세요. "오늘 이 대화에서 어떤 템포가 적절할까?", "타이밍 측면에서 주의할 점은?", "어떤 흐름으로 대화를 이끌어갈까?" 이런 간단한 자기 질문은 대화의 질을 크게 향상시킵니다.

3. TTF 멘토 찾기 주변에서 대화의 리듬을 잘 다루는 사람을 찾아 관찰하고 배우세요. 그들이 템포를 어떻게 조절하는지, 발언 타이밍을 어떻게 잡는지, 대화 흐름을 어떻게 유지하는지 주의 깊게 살펴보세요. 필요하다면 직접 피드백을 요청하는 것도 좋은 방법입니다.

4. 대화 리플레이 기법 활용하기 중요한 대화가 끝난 후, 몇 분간 그 대화를 '리플레이'하며 TTF 관점에서 분석해 보세요. "어느 순간에 템포가 너무 빨랐나?", "어떤 타이밍에서 실수했나?", "흐름이 끊긴 지점은 어디였나?" 이런 분석은 다음 대화를 위한 값진 교훈을 줍니다.

5. TTF 통합 연습하기 홀로 대화를 연습할 때 의식적으로 TTF 요소를 결합해 보세요. 예를 들어, 처음 30초는 느린 템포로, 다음 30초는 중간 템포로, 마지막 30초는 빠른 템포로 말하되, 각 구간에서 타이밍과 흐름을 유지하는 연습을 해보세요. 이런 '멀티태스킹' 연습은 실제 대화에서 유연성을 높여줍니다.

6. 문화적 TTF 감수성 키우기 다양한 문화권의 TTF 패턴을 이

해하고 적응하는 능력을 키우세요. 미국식 빠른 템포와 직접적 흐름, 일본식 느린 템포와 간접적 흐름, 남유럽의 리드미컬한 템포와 감정적 흐름 등 문화마다 TTF 패턴이 다릅니다. 글로벌 환경에서 일하는 현대인에게 이런 감수성은 필수입니다.

7. **TTF 실험 일지 작성하기** 한 달 동안 매주 하나씩 TTF 요소를 의식적으로 변화시키는 실험을 해보세요. 예를 들어 첫 주는 평소보다 20% 느린 템포로 말하기, 둘째 주는 모든 대화에서 3초 규칙 적용하기, 셋째 주는 브리징 표현 적극 활용하기 등의 실험을 하고 결과를 기록하세요. 이런 체계적인 접근은 자신만의 TTF 스타일을 발전시키는 데 큰 도움이 됩니다.

■ 에필로그 ■

에스컬레이터에서 넘어진 큰 아이 이야기, BJ 한다는 딸아이 이야기, 천문대 유튜버 막둥이 이야기, 심장 발작으로 응급실에 실려 간 아내, 오토바이 사고를 당한 아버지, 여수 횟집에서 '하모' 부부 에피소드 등, 이 책에서 함께한 이야기들은 제 인생의 '대화 실패 컬렉션' 일부에 불과합니다. 사실 출판사는 제 모든 실패담을 다 넣자면 백과사전 시리즈로 내야 한다며 단호히 거부했답니다. (농담입니다. 아마도 그러지 않았을까요?)

인생의 리듬과 대화의 리듬은 놀랍도록 닮았습니다. 롤러코스터처럼 때로는 급상승했다가, 때로는 급하강하고, 가끔은 거꾸로 뒤집히기도 합니다. 성급한 마음에 대화 템포를 잘못 맞추면 '여수 하모 사건'처럼 10만 원짜리 장어 샤부샤부를 '예스, 알겠습니다'로 알아듣는 황당한 상황이 벌어지기도 하고요. 하지만 그런 실수들이 우리 인생에 특별한 맛을 더해주는 것도 사실입니다. (물론 그 순간에는 땅이 열려 그 속으로 들어가고 싶겠지만요.)

우리는 모두 완벽한 소통가로 태어나지 않습니다. 제가 그랬듯이, 여러분도 때로는 말을 더듬고, 턴 테이킹의 타이밍을 놓치고, 공감해야 할 때 해결책을 제시하는 실수를 하게 될 겁니다. 하지만 그럴 때마다 "아~ 내가 TTF를 잊었구나."라고 생각하며 다시 시작하면 됩니다.

TTF 프레임워크는 요리 레시피처럼 정확히 따라야 하는 공식이 아닙니다. 오히려 재즈 연주자의 즉흥 연주처럼, 상황에 맞게 유연하게 적용하며 자신만의 스타일을 만들어 가는 즐거운 여정입니다. 때로는 템포가 빨라지고, 때로는 침묵이 필요하며, 가끔은 질문 대신 그저 안아주는 것이 최고의 대화법일 수도 있으니까요.

여러분의 대화 그리고 인생에 아름다운 리듬이 함께 하기를 바랍니다. 여러분만의 특별한 템포로, 완벽한 타이밍에, 끊김이 없는 흐름으로 세상과 소통하세요. 그리고 가끔 '하모'를 '예스'로 알아들어도 웃는 여유를 가지시길 바랍니다. 어쩌면 그렇게 생긴 오해와 실수가 인생에서 가장 특별한 추억이 될지도 모르니까요.

대화의 리듬을 지배하는—아니, 때로는 리듬에 휩쓸리기도 하는—여러분의 유쾌한 여정에 행운이 함께 하기를!

2025년 5월
저자 김용모 드림